Die Symbolik der Herdentiere II

über den Tyr-Hirsch, den Freyr-Eber, den Heimdall-Widder und die Thor-Böcke

Band 42b der Reihe „Die Götter der Germanen"

Bücher von Harry Eilenstein

Astrologie

- Astrologie (496 S.)
- Photo-Astrologie (428 S.)
- Horoskop und Seele (120 S.)

Magie

- Handbuch für Zauberlehrlinge (408 S.)
- Tarot (104 S.)
- Physik und Magie (184 S.)
- Die Magie-Formel (156 S.)
- Krafttiere – Tiergöttinnen – Tiertänze (112 S.)
- Schwitzhütten (524 S.)

Meditation

- Der Lebenskraftkörper (230 S.)
- Die Chakren (100 S.)
- Das Chakren-System mit den Nebenchakren (296 S.)
- Meditation (140 S.)
- Drachenfeuer (124 S.)
- Reinkarnation (156 S.)

Kabbala

- Kursus der praktischen Kabbala (150 S.)
- Eltern der Erde (450 S.)
- Blüten des Lebensbaumes:
    - Die Struktur des kabbalistischen Lebensbaumes (370 S.)
    - Der kabbalistische Lebensbaum als Forschungshilfsmittel (580 S.)
    - Der kabbalistische Lebensbaum als spirituelle Landkarte (520 S.)

Religion allgemein

- Muttergöttin und Schamanen (168 S.)
- Göbekli Tepe (472 S.)
- Totempfähle (440 S.)
- Christus (60 S.)
- Dakini (80 S.)

- Vajra (76 S.)

Ägypten

- Hathor und Re 1: Götter und Mythen im Alten Ägypten (432 S.)
- Hathor und Re 2: Die altägyptische Religion – Ursprünge, Kult und Magie (396 S.)
- Isis (508 S.)

Indogermanen

- Die Entwicklung der indogermanischen Religionen (700 S.)
- Wurzeln und Zweige der indogermanischen Religion (224 S.)

Germanen

- Die Götter der Germanen (Band 1 – 80)
- Odin (300 S.)

Kelten

- Cernunnos (690 S.)
- Der Kessel von Gundestrup (220 S.)
- Der Chiemsee-Kessel (76)

Psychologie

- Über die Freude (100 S.)
- Das Geheimnis des inneren Friedens (252 S.)
- Das Beziehungsmandala (52 S.)
- Gefühle und ihre Verwandlungen (404 S.)
- einsgerichtet (140 S.)
- Liebe und Eigenständigkeit (216 S.)
- Von innerer Fülle zu äußerem Gedeihen (52 S.)
- Die Symbolik der Krankheiten (76 S.)

Kunst

- Herz des Tanzes – Tanz des Herzens (160 S.)

Drama

- König Athelstan (104 S.)

Kontakt: www.HarryEilenstein.de / Harry.Eilenstein@web.de

Herstellung und Verlag: Books on Demand GmbH, Norderstedt   **ISBN:** 9783732288434

Die Themen der einzelnen Bände der Reihe „Die Götter der Germanen"

Inhaltsverzeichnis

7

A Hirsch

I Wortschatz

Der Hirsch und die Hindin gehören zu den Herdentieren, die in der germanischen Religion eine größere Bedeutung gehabt haben.

Der Hirsch-Wortschatz enthält jedoch keine Hinweise auf die Hirsch-Mythen der Germanen.

germanisch:

herut	- Hirsch (englisch: 'hart')
hindo	- Hindin (englisch: 'hind')

altnordisch:

hjörtr	- Hirsch
hind	- Hindin (Hirschkuh)
dyr(a)	- Reh, Hirsch, Hörnertier, Tier (englisch: „deer" für „Hirsch"; deutsch: 'Tier')
dyra-veidr	- Hirschjagd
dyr-hundr	- „Hirsch-Hund" = Jagdhund
dyr-kalfr	- Hirsch-Kalb = Kitz
dyrs-horn	- Stierhorn, Trinkhorn
dalr	- Hirsch (zu „dal" für „Bogen, Tal, Horn")

I 2.   Das edle Tier

I 2. a)   Völsungen-Saga

„Dies habe ich geträumt,“ sprach Gudrun, „daß wir, viele von uns, aus dem Frauenhaus hinausgingen und einen besonders großen Hirsch sahen, der alle anderen Hirsche, die je gesehen wurden, weit übertraf, und sein Haar war golden. Und diesen Hirsch wollten alle erjagen, aber ich allein fing ihn. Er schien mir besser als alle anderen Dinge; aber danach hast Du, Brynhild, ihn vor meinen Knien geschossen und getötet und es war eine solche Verzweiflung in mir, daß ich sie kaum ertragen konnte. Und anschließend gabst Du mir einen Wolfs-Welpen, der mich mit dem Blut meiner Brüder bespritzte.“

Brynhild sprach: „Ich will Dir Deinen Traum lesen und so werden die Dinge hernach geschehen: Sigurd wird zu Dir kommen, der, den ich zu meinem Geliebten erkoren habe. Und Grimhild wird ihm Met vermischt mit schädlichen Dingen geben, was uns alle in einen großen Kampf stürzen wird. Ihn wirst Du haben und ihn wirst Du schon bald missen. Und Du wirst König Atli ehelichen und Du wirst Deine Brüder verlieren und Atli in seinem Bett ermorden.“

Da Sigurd eine Saga-Variante des jungen, am Morgen wiedergeborenen einstigen Sonnengott-Göttervaters Tyr ist, könnte sein Vergleich mit einem Hirsch ein Hinweis auf eine Verbindung des Tyr mit dem Hirsch sein.

I 2. b)   Völsungen-Saga

So ist es: Niemand, der von diesen Neuigkeiten hörte, sagte, daß es solch einer wie Sigurd war, noch in der Welt zu finden sei und daß niemals ein solcher Mann geborene worden war – so voller Tugend war er – und das sein Name niemals in den niederländischen oder den nordischen Sprachen vergehen würde, solange die Erde steht.

Die Geschichte erzählt, daß eines Tages, als Gudrun in ihrer Kemenate saß, zu sprechen begann:

„Die Tage waren besser, als ich Sigurd hatte. Er stand so weit über anderen Menschen wie Gold über Eisen steht oder der Lauch über den anderen Gräsern des Feldes oder der Hirsch über den anderen wilden Tieren – bis meine Brüder mir solch einen Mann, den ersten und besten aller Männer, neideten und nicht schlafen konnten, bis sie ihn getötet hatten.

Auch hier wird Sigurd einem Hirsch vergleichen.

I 2. c)   Das andere Gudrun-Lied

König Dietrich war bei Atli und hatte dort die meisten seiner Mannen verloren. Dietrich und Gudrun klagten einander ihr Leid.
Sie sprach zu ihm und sang:

„Die Maid der Maide erzog mich, die Mutter
Im leuchtenden Saal. Ich liebte die Brüder,
Bis mich Giuki mit Gold bereifte,
Mit Gold bereifte und Sigurden gab.

So war Sigurd bei den Söhnen Giukis
Wie über Halme sich hebt edler Lauch,
Wie hoch der Hirsch ragt über Hasen und Füchse
Und glutrotes Gold scheint über graues Silber."

Hier findet sich dieser Vergleich ein drittes mal – es hat den Anschein, als ob dieser Vergleich ein feststehendes Motiv gewesen sei, was für ein größeres Alter und einen eventuellen mythologischen Hintergrund dieses Gleichnisses spricht.

I 2. d)   Bruchstück einer Saga über einige frühe Könige in Dänemark und Schweden

Hier wird ein König einem Hirsch verglichen:

Und am Abend, als König Hroerek zu Bett ging, bereitete Aud ihm ein neues Bett auf der Mitte des Fußbodens und sagte dem König, daß er in ihm schlafen und sich merken solle, was Träume, „und erzähle es mir dann am Morgen." Und sie legte sich in ein anderes Bett.
Und am Morgen kam Aud und frug ihn nach seinen Träumen.
„Ich träumte, ich stände in einem Wald,", sprach er, „und dort sah ich eine Ebene neben mir, flach und schön, und dort sah ich einen Hirsch auf dieser Ebene stehen. Dann kam ein Leopard aus dem Wald gerannt und mir schien, daß sein Fell wie Gold war, und der Hirsch stieß sein Geweih unter die Schulter des Tieres und es fiel tot

nieder.

Als nächstes sah ich einen Drachen herbeifliegen, der auf den Hirsch niederstieß und ihn mit seinen Krallen ergriff und ihn in Stücke zerriß.

Dann sah ich einen Bären mit einem Jungen und der Drache wollte den Jungen fangen, aber der Bär beschützte ihn.

Dann erwachte ich."

Sie sprach: „Dies ist ein vorhersagender Traum und Du solltest gegen meinen Vater, den König Ivar, auf der Hut sein, falls er Dich zu betrügen versucht, wenn wir ihn treffen, denn in dem Traum hast Du den Streit von Königen gesehen; und es wird einen Kampf zwischen ihnen geben und es wäre gut, wenn Du nicht der wärst, für den der Hirsch stand, aber ich fürchte, daß das sehr wahrscheinlich Du bist."

I 2. e) Gesta danorum

Hier wird ein König indirekt einem Hirsch verglichen:

Er war so rasch zum Krieg bereit wie ein Fluß, der zum Meer hinabströmt, und er war so schnell zum Kampf bereit wie ein Hirsch auf seinen gespaltenen Hufen zur Flucht bereit ist.

I 2. f) Hugdietrich

In den folgenden Strophen stickt eine Königstochter Hirsche und Hindinnen, was nur ein sehr indirekter Hinweis auf die „edle Symbolik" dieses Tieres ist.

„Hildeburg die Schöne / ist die Magd genannt.
Ihresgleichen fände niemand, / durchführ er alles Land,
Weder Königstocher / noch irgend andre Magd,
Die zu des Landes Frauen / Dir billig besser behagt.
... ...

Nun heiß mir gewinnen / die beste Meisterin,
Daß man nicht bessre findet / im Lande her und hin,
Die mich am Stickrahmen / mit Seide wirken lehrt,
Und Wild und Zahm entwerfen, / wie es im Walde fährt;

Auch an der Haube bilden   /   Wunder ohne Zahl,
Und ringsher goldne Borten,   /   eine breit, die andre schmal,
Mit Hirschen und Hinden,   /   als ob sie lebend sein:
Ich will mit Listen werben   /   um das schöne Mägdelein. "

I 2. g)   Gürtelschnalle von Pforzen

Auf dieser um ca. 550 n.Chr. in Schwaben im Ostallgäu hergestellten Gürtelschnalle findet sich die eine Runen-Inschrift, deren Deutung leider nicht sicher ist.

Aigil und Ailrun verdammen die Hirsche.

Dies könnte eine frühchristliche Ablehnung des heidnischen Brauches, sich zum Julfest mit Hirschfellen zu verkleiden, sein. Dieser Brauch ist die Wurzel des Motivs des von Rentieren gezogenen Schlittens des Weihnachtsmannes.
Möglicherweise bedeutet die Inschrift jedoch:

Aigil und Ailrun kämpften am Fluß Iltahun.

I 2. h)   Zusammenfassung

Der Hirsch wurde dem Sigurd und manchmal auch den Königen vergleichen. Da Sigurd eine Saga-Variante des ehemaligen Sonnengott-Göttervaters Tyr und die Könige bei ihrer Krönung (bis um 500 n.Chr., als Tyr durch Odin abgesetzt wurde) einen Jenseitsreise zu Tyr unternommen haben, könnte der Hirsch in den Mythen vor 500 n.Chr. ein Tier des Tyr gewesen sein.

I 3.   Das Verirren auf der Hirschjagd

Siehe zu diesem Thema auch das gleichnamige Kapitel in Band 55a.

I 3. a)   Saga über Hervor und König Heidrek den Weisen

Es war einmal ein Mann, der wurde Sigrlami genannt und herrschte über Garda-
riki. Das ist Rußland. Seine Tochter war Eyfura, die die Schönste aller Mädchen war.
Eines Tages, als der König zur Jagd ausritt, verlor er seine Männer aus den Augen.
Während er einen Hirsch verfolgte, gelangte er immer tiefer in den Wald, aber als die
Sonne versank, hatte er ihn noch immer nicht erlegt.

Dieser König ist nur aus der Herverar-Saga bekannt.

Sein Name setzt sich aus „sigr" für „Sieg" und „lami" für „Lahmer" zusammen und
bedeutet somit „siegreicher Lahmer" oder „siegreicher Krüppel". Dies ist zunächst
einmal ein etwas seltsamer Name, der sich jedoch erklärt, wenn man bedenkt, daß der
siegreiche Kriegsgott-Göttervater Tyr in der Unterwelt zu dem Schmied Wieland
wurde, dessen Kniesehnen von Loki, der im Wieland-Lied als König Nidud erscheint,
durchtrennt wurden.

In dieser Saga wird ein Schwert beschrieben, daß nach dem Gott Tyr benannt ist:
„Tyrfing", d.h. „Finger des Tyr". Da „König Sigrlami" der Göttervater Tyr als
Schmied in der Unterwelt ist, wird das Schwert „Tyrfing" das Schwert des Götter-
vaters sein – zumal es auch dessen Namen trägt.

„Gardariki" bedeutet „Reich der befestigten Städte" und bezeichnet die ostslawi-
schen Reiche in Osteuropa, die zwischen dem Schwarzen Meer und der Ostsee lagen.
Das Reich wurde später „Rus" genannt (Rußland) – der Name leitet sich von nordisch
„rodr" (Ruderer") ab, womit die Wikinger gemeint waren, die diesen Staat gegründet
haben.

Das Verirren auf der Hirschjagd ist ein Standardmotiv in den germanischen Sagas,
das aus der Umdeutung der Jagd auf einen Hirsch entstanden ist, der als Opfertier bei
einer Jenseitsreise gebraucht wurde. Dieses Verirren auf einer Hirschjagd ist daher ein
Hinweis auf eine Jenseitsreise des Verirrten. Da dieser fast immer ein König ist, wird
es sich ursprünglich um die Jagd auf einen Hirsch und dessen Opferung im Krönungsritual gehandelt haben, dessen wesentlichster Teil die Reise des angehenden Königs
bzw. Fürsten in das Jenseits zu dem Götterkönig war.

Er war so weit in den Wald hineingeritten, daß er kaum noch wußte, wo er war. Er
sah im Licht des Sonnenunterganges einen hohen Stein und neben ihm zwei Zwerge.

Der „Stein" im Zusammenhang mit Zwergen ist so gut wie immer ein Hügelgrab, da „Zwerg" wörtlich „Totengeist" bedeutet.

Zwei Zwerge sind fast immer die beiden Pferdesöhne des ehemaligen Göttervaters Tyr, die zusammen mit ihm starben und im Jenseits zu zwei Zwergen wurden. Sie haben von ihrem Vater, dem Schmied Tyr-Wieland im Jenseits die Funktion des Schmiedes übernommen.

Er zog sein Messer über ihnen und bannte sie außerhalb des Steines durch die Macht des Eisens, in das magische Zeichen eingraviert waren. Sie flehten um ihr Leben.
Der König frug: „Wie sind eure Namen?"
Einer hieß Dvalin, der andere Dulin.

Dvalin bedeutet „Schläfer" und „Dulin" bedeutet „Höhle". Die Namen der beiden Zwerge ergeben kombiniert „Schläfer in einer Höhle", was bestätigt, daß der „Stein", an dem Sigrlami diese beiden Zwerge traf, ein Hügelgrab und die beiden Zwerge die Totengeister waren, die in diesem Hügelgrab bestattet waren.

Der König sprach: „Da ihr zwei die geschicktesten aller Zwerge seid, sollt ihr mir ein Schwert fertigen – das Beste, das ihr erschaffen könnt. Die Parierstange und der Knauf sollen aus Gold sein und auch der Griff. Es wird Eisen schneiden wie Stoff und nie rosten. Es soll jedem, der es trägt, den Sieg in der Schlacht und im Zweikampf bringen."

Das Schwert des Tyr bestand zumindestens teilweise aus Gold, wie auch aus dem Beowulf-Epos, durch das Gold-Schwert des Surtur und durch die goldenen Schwerter, mit denen Odins seinen Saal Walhalla erleuchtet, bekannt ist.

Sie stimmten zu. Der König ritt heim. Und als der vereinbarte Tag kam, ritt er zu dem Stein. Die Zwerge standen außen vor dem Stein. Sie rechten ihm das Schwert und es war wirklich prunkvoll. Aber als Dvalin auf der Schwelle ins Innere des Steines stand, sprach er:
„Möge Dein Schwert, Sigrlami, jedesmal, wenn es gezogen wird, das Unglück eines Mannes sein und mögen abscheuliche Taten mit diesem Schwert begangen werden! Es wird außerdem der Tod Deiner Sippe sein!"

Der Fluch der Zwerge könnte mit dem Fluch identisch sein, der bei den Bestattungen der Fürsten oder Krieger in einem Hügelgrab als Schutz gegen Grabräuber auf dieses Hügelgrab gelegt wurde.

Dieser Fluch wird jedoch vor allem eine Umdeutung der Tatsache sein, daß der

Sonnengott-Göttervater Tyr niemals für immer siegte, sondern an jedem Abend und in jedem Herbst sterben mußte – seine durch sein Schwert symbolisierte große Macht war somit mit dem 'Fluch' beladen, daß er immer wieder sterben mußte: Jeden Morgen zog Tyr sein Schwert, das dann als die Sonne leuchtete, aber am Abend zerbrach dann sein Schwert, die Sonne ging unter und Tyr starb …

Ein ganz ähnlicher Fluch liegt auch auf dem Ring des Tyr-Zwerges Andvari, der die Dramen in der Völsungen-Saga und in dem Nibelungenlied bestimmt. Dort ist der Jenseitsreisering des Tyr zu der Ursache für den Tod umgedeutet worden.

Der König schwang das Schwert gegen die Zwerge. Sie sprangen in den Stein. Das Schwert steckte fest in dem Stein, sodaß beide Schneiden nicht mehr zu sehen waren, denn die Tür hatte sich hinter den beiden Zwergen geschlossen.

Sigrlami behielt das Schwert und nannte es Tyrfing. Es war das schärfste aller Schwerter und jedesmal, wenn es gezogen wurde, leuchtete es wie ein Sonnenstrahl.

Dieses Leuchten wird auch in der „Vision der Seherin" von dem Schwert des Tyr-Riesen Surt berichtet.

Nie konnte es entblößt werden ohne daß es einen Mann tötete und es wurde stets mit warmem Blut auf ihm wieder in die Scheide gesteckt. Und niemand, weder Mensch noch Tier, lebte noch einen Tag, wenn es eine Wunde von ihm erhalten hatte – egal wie klein sie auch gewesen sein mochte.

Niemand lebte mehr einen Tag lang weiter, der von diesem Schwert verwundet wurde – denn Tyr starb an jedem Abend. Entsprechend rächt Wali, der Sohn des Odin, bereits im Alter von nur einer Nacht seinen Bruder Baldur – am Ende der Nacht kehrt Tyr als sein eigener Sohn aus dem Jenseits zurück. Die Angaben 'ein Tag' und 'eine Nacht' sind also nicht nur eine Form des Betonung, sondern beziehen sich ganz konkret auf den Lauf der Sonne während des Tages und der Nacht.

Kein Schlag mit ihm verfehlte sein Ziel und es hielt nie an bevor es die Erde traf. Und jeder Mann, der es in der Schlacht trug, erlangte den Sieg. Der König trug es in Schlachten und im Zweikampf und er siegte jedesmal. Dieses Schwert ist berühmt in all den alten Sagen.

Der ehemalige Göttervater Tyr ist offensichtlich der „Unbesiegbare" gewesen und hieß deshalb auch „Sig-Tyr".

I 3. b)   Die jüngere Version der Huldar-Saga

Sogar Odin selber gelangt auf einer Hirschjagd in das Jenseits zu der Jenseitsgöttin Huldar.

Huld lernte bei Frosti mancherlei Zauberkünste. Da sie aber nicht seine Nebenweib werden wollte, entfloh sie ihm und nahm in einer Waldhöhle ihre Wohnung. Da begab es sich, daß Odin auf der Jagd von einem Hirsch nach dieser Höhle gelockt und hier wohl aufgenommen wurde. Er begrüßt die Huld sofort bei ihrem Namen, während er den seinigen verleugnete.

I 3. c)   Die ältere Version der Huldar-Saga

Viele Jahre zuvor war es aber geschehen, daß König Odin einmal mit seinen Hof-Männern Loki und Hönir zu seiner Unterhaltung in einen Wald geritten war. Hier sah er einen goldgeschmückten Hirsch, dem er sofort auf seinem Roß Sleipnir nachsetzte. Bald verloren ihn seine Begleiter aus den Augen.
Er aber stieß nach langer vergeblicher Verfolgung des Wildes endlich auf drei statt-liche Frauen, deren vornehmste ihn nicht ohne einigen Spott bei seinem Namen begrüßte und einlud, bei ihnen zuzukehren.
Er nahm die Einladung an, wurde in ihrer Höhle trefflich bewirtet und teilte die Nacht über mit jener Frau das Lager. Merkend, daß er von ihr listig eingefangen worden war, verlangte er am nächsten Morgen von ihr Aufklärung, welche sie auch sofort gab.

Das Gold, mit dem dieser Hirsch geschmückt ist, ist ein Hinweis auf die Sonne bzw. auf den ehemaligen Sonnengott-Göttervater Tyr.
Hier sind die drei Nornen an die Stelle der Jenseitsgöttin Huldar getreten.

I 3. d)   Die Gauti-Saga

Die 'Geschichte über Gauti' ('Gauta Thattr') ist ein Teil der Gautreks-Saga. In ihr wird vor über eine hohe, steile Klippe mit dem Namen 'Gillingswand' berichtet, die das Tor zum Jenseits ist. Diese 'Gillingswand' ist das Hügelgrab des Tyr-Gilling.
Diese amüsante Geschichte enthält eine Vielzahl von alten, teilweise umgedeuteten mythologischen Motiven.

Hier beginnen wir eine lustige Geschichte über einen König, der Gauti hieß. Er war ein kluger Mann und sehr selbstbeherrscht, sanftmütig und nahm kein Blatt vor den Mund. Er herrschte über Västergötaland. Das liegt zwischen Norwegen und Schweden, östlich des Kjölgebirges, und der Götaälv ist die Grenze zwischen Oppland und Götaland. Dort gibt es große Wälder und die Gegend ist schlecht passierbar, wenn die Erde nicht gefroren ist.

Der Name „Gauti" des Königs bedeutet „Gote". König Gauti ist vermutlich der Ur-König der Goten.

Dieser König, den wir zuvor nannten, begab sich oft mit seinen Falken und Hunden in den Wald, weil er ein leidenschaftlicher Jäger war und ihm das sehr viel Vergnügen bereitete. Zu dieser Zeit gab es viele Ansiedlungen, die von großen Waldgebieten umgeben waren, weil viele Menschen die Wälder an Stellen rodeten, die fern von den großen Siedlungsgebieten lagen.
Dort siedelten sich einige an, die die viel benutzten Wege wegen ihrer Verbrechen mieden. Andere flohen wegen ihrer besonderen Lebensweise oder irgendwelcher Ereignisse dorthin und meinten, dann weniger verspottet und verhöhnt zu werden, wenn sie fern vom Gelächter anderer Menschen wären. So verstrich ihr ganzes Leben, ohne daß sie andere Menschen trafen, als die, die bei ihnen wohnten. Viele hatten sich ihre Wohnsitze weit weg von den vielbenutzten Wegen gesucht, und deshalb kamen keine Menschen zu ihnen zu Besuch, außer daß es manchmal geschah, daß sich Leute im Wald verirrten und zu ihren Wohnstätten gestolpert kamen, obwohl sie lieber nie dorthin gelangt wären.

Da das Jenseits oft der Wildnis verglichen wurde und hinter dem „Düsterwald" („Mrykvid") lag, besteht der begründete Verdacht, daß das Reich des Königs Gauti das Diesseits und der Bereich der Menschen im Wald das Jenseits sein könnte.

Dieser König Gauti, den wir zuvor erwähnten, hatte sich mit seinem Gefolge und seinen besten Jagdhunden in den Wald begeben, um Tiere zu jagen. Der König erblickte einen schönen Hirsch, und dieses Tier wollte er gern erlegen. Er hetzte seine Jagdhunde los und jagte dieses Tier mit großem Eifer den ganzen Tag über bis zur Nacht. Er war nun allein und so weit im Innern des Waldes, daß ihm klar war, daß er es wegen der Dunkelheit und des langen Weges, den er während des Tages zurückgelegt hatte, nicht schaffen würde, zu seinen Leuten zu gelangen.

Dies ist eine beliebte Szene, um die Reise ins Jenseits zu umschreiben. Sie findet sich auch in der Huldar-Saga, in der Gesta danorum, im Märchen 'Brüderchen und Schwesterchen' und in vielen anderen mythologischen und halbmythologischen

Erzählungen. Diese Hirschjagd ist ursprünglich vermutlich die Jagd auf den Hirsch, der bei der Jenseitsreise (Bestattung, Krönung, Priesterweihe) geopfert wurde, gewesen.

Dazu kam noch, daß er dieses Tier mit seinem Speer getroffen hatte und dieser in der Wunde feststeckte, und der König wollte den Hirsch auf keinen Fall entkommen lassen, falls er ihn erlangen könnte. Es wäre ihm als eine Schande erschienen, seine Waffe nicht zurückzubekommen.
Er hatte die Verfolgung mit so großem Eifer betrieben, daß er er seine gesamte Kleidung bis auf die Unterwäsche von sich geworfen hatte. Er war barfuß, hatte keine Schuhe und seine Unterschenkel und Fußsohlen waren von Steinen und Zweigen zerkratzt.

Das Fortwerfen der Kleidung und sogar der Schuhe bei der Jagd ist ein recht merkwürdiges Motiv. Wenn man jedoch bedenkt, daß diese Jagd eigentlich eine Jenseitsreise ist, dann ist dieses 'Loslassen' von allem 'Weltlichem' verständlicher.

Das einzige Kleidungsstück, das explizit erwähnt wird, sind die Schuhe des Königs. Daher könnte die 'Kleidung' auch eine Ausweitung des Motivs der 'verlorenen Schuhe' sein. Ursprünglich verlor der Sonnengott bei seinem Überqueren des Jenseitsflusses am Abend einen seiner Schuhe (siehe 'Schuhe' in Band 63).

Dieses Motiv könnte somit ein Hinweis darauf sein, daß der König in dieser Geschichte 'wie die Sonne am Abend' in das Jenseits reist. Das Schuh-Motiv findet sich u.a. auch bei dem Asen Widar und in dem sehr alten Märchen 'Aschenputtel'.

Er erlangte das Tier nicht und es wurde nun so finstere Nacht, daß er nie die Richtung wußte, in die er sich wendete. Er blieb nun stehen und lauschte, ob er etwas höre. Er war nur kurze Zeit gestanden, bis er Hundegebell hörte. Er ging in die Richtung, aus der er den Hund bellen hörte, weil ihm die Aussicht, Menschen zu treffen, dort am größten erschien.

Es ist zwar wohl üblich gewesen, daß es auf jedem Hof auch einen oder mehrere Wachhunde gegeben hat, aber im Zusammenhang mit der Jenseitsreise könnte dieser Hund auch der 'Höllenhund' Garm sein, der am Höllentor wacht.

I 3. e)   Wolfdietrich

Da fuhren sie hinüber   /   und hatten Freuden viel,
Hin zu der alten Troje,   /   das war der Reise Ziel.
Da blieben sie beisammen   /   zwölf Wochen oder mehr.
Nun ritt das Wild zu jagen   /   eines Tags der König hehr.

Da fährt' er seine Fraue   /   mit sich in den Wald
Unter ein Gezelt von Seide;   /   ihre Lust war mannigfalt.
Da saßen sie zu Tische   /   und hatten Freuden viel,
Pfeifen und Posaunen   /   und Speis und Trank ohne Ziel.

Als er nun seine Kurzweil   /   mit der schönen Frau begann,
Da kam daher gelaufen   /   ein Tier gar wonnesam:
Das war ein Hirsch, ein schöner,   /   wenn ich es sagen soll,
Mit rotem Gold bewunden   /   war sein Gehörne wohl.

Den hatt ein alter Riese   /   in den Wald gesandt,
Um schöner Frauen willen,   /   Drasian war er genannt.
Wolfdietrich der getreue,   /   als er den Hirsch ersah,
Nun mögt ihr gerne hören,   /   wie sprach der Getreue da:

„Nun laßt euch nicht verdrießen,   /   viel liebe Herrin mein:
Ich muß nach dem Wilde   /   in den Wald hinein."
Er jagt' ihm nach geschwinde   /   und mancher kühne Held;
Die Königin alleine   /   blieb verlassen in dem Zelt.

Da kam der alte Riese   /   zu der Frauen gut,
Und führte sie von dannen   /   über des Meeres Flut
Auf eine schöne Veste,   /   die war gar wonnesam,
Dort in seinem Lande: /   Davon Wolfdietrich Leid gewann.

Der „alte Riese" könnte der Tyr-Riese in der Unterwelt sein.
Der Hirsch mit den Goldhörnern findet sich auch in der bereits angeführten älteren
Huldar-Saga.

I 3. f) Völsungen-Saga

Die Völsungen-Saga beginnt mit einer Hirschjagd, die auch hier eine Jenseitsreise sein wird, da er dadurch Odin begegnet.

Hier beginnt die Geschichte und erzählt von einem Mann, der Sigi genannt wurde und von dem die Leute sagten, daß er der Sohn des Odin sei. Es wird in der Geschichte auch von einem zweiten Mann berichtet, der Skadi heißt, ein großer Mann mit mächtigen Händen. Sigi war jedoch dem zufolge, was die Menschen zu seiner Zeit erzählten, der mächtigere und von edlerer Abstammung.

Nun hatte Skadi einen Leibeigenen, von dem die Geschichte auch etwas erzählen muß, Bredi mit Namen, der nach der Arbeit, die er verrichten mußte, benannt worden war; was seine Tapferkeit und die Stärke seiner Hände betrifft, war er Männern, die für edler gehalten wurden, ebenbürtig und sogar besser als manche von ihnen.

„*Sigi*" bedeutet „Sieger" – ein passender Name für einen Sohn des Kriegsgottes Odin, der selber oder durch seine Walküren alle Kämpfe entschied.

„*Skadi*" ist eigentlich eine Riesin, die ursprünglich einmal die Muttergöttin im Jenseits gewesen ist und an jeden Morgen bzw. an jedem Frühling den Sonnengott-Göttervater wiedergebar. Da auch das Krönungsritual eine Jenseitsreise mit einem symbolisch-rituellen Tod und einer ebensolchen Wiedergeburt gewesen ist, war Skadi auch die (mythologische) Mutter der Säminger und der Ynglinge, also der norwegischen und der schwedischen Könige. Der jeweilige (mythologische) Vater dieser Königsgeschlechter war Odin.

Skadi als ein Mann, der zusammen mit Odin am Beginn eines Helden-Geschlechtes erscheint, ist folglich eine Umdeutung des älteren Motives von Odin und Skadi als der Eltern dieses Geschlechtes.

Der Name „*Skadi*" bedeutet „Schatten" und ist vermutlich ein Hinweis darauf, daß sie ursprünglich die Jenseitsgöttin oder einer ihrer vielen Gestalten und Beinamen gewesen ist, da man die Nacht als Analogie zu dem Jenseits auffaßte und entsprechend den Tag dem Diesseits gleichsetzte. Skadi war wie die meisten germanischen Jenseitsgöttinnen auch eine Erdgöttin – der Name 'Skandinavien' bedeutet 'Land der Skadi'.

Skadi war auch mit mehreren Riesen bzw. Göttern verbunden, die ursprünglich Aspekte oder Beinamen des Göttervaters gewesen sind: ihr Großvater Ölvaldi („All-Herrscher"), ihr Vater Thiazi (=Tyr), ihr erster Mann Heimdall und ihr zweiter Mann Odin. Dieses Thema setzt sich in ihren Söhnen Säming (Ahnherr der norwegischen Könige) und Yngvi-Freyr (Ahnherrn der schwedischen Könige) fort. Die irdischen Könige wurden somit als Fortsetzung der Reihe der göttlichen Könige angesehen.

„*Bredi*" bedeutet „Breite, ausbreiten". Seine Arbeit könnte daher die Heuwende, das Decken der Tische und ähnliche Arbeiten in Haus und Hof gewesen sein.

Nun wird erzählt, das Sigi einst auf Hirschjagd ging und der Leibeigene ihn begleitete und daß sie den ganzen Tag lang bis zum Abend Hirsche jagten. Und als sie am Abend ihre Beute zusammentrugen, da sahen sie, daß das, was Bredi erbeutet hatte, weit mehr und größer war als das, was Sigi erjagt hatte – und dies mißfiel Sigi sehr und er sprach, daß es ein großes Wunder sei, daß ein Leibeigener ihn bei der Hirschjagd übertreffen solle: Da fiel er über ihn her und tötete ihn und vergrub ihn in einer Schneewehe.

Dann ging er am Abend heim und sagte, daß Bredi von ihm fort in den Wild-Wald geritten sein. „Schon bald war er aus meinem Blick entschwunden," sprach er, „und ich habe ihn nicht wiedergesehen."

Viele der germanischen Sagas beginnen mit einem Traum über die Dinge, die kommen werden, mit einen Eid, den jemand ablegt, oder mit einem Verbrechen, das dann im folgenden gesühnt wird.

Skadi mißtraute der Geschichte des Sigi und glaubte, daß dies eine Lüge von ihm sei und daß er Bredi erschlagen hätte. Daher sandte er Männer aus, die ihn suchen sollten und schließlich fanden sie ihn am Ende ihrer Suche in einer gewissen Schneewehe.

Da sagte Skadi, daß die Menschen diese Schneewehe ab diesem Tag 'Bredis Wehe' nennen sollten und dem sind die Menschen gefolgt, sodaß sie noch heute jede Schneewehe, die besonders groß ist, 'Bredis Wehe' nennen.

Diese Form der Deutung der Bezeichnung von Dingen finden sich sehr häufig bei den Germanen. 'Bredis (Schnee-)Wehe' bedeutet einfach 'breite (Schnee-)Wehe', da 'Bredi' die Bedeutung 'breit' hat. Dieses Wort läßt sich aber natürlich auch als '(Schnee-)Wehe des Bredi' deuten – was in einer Sage auch mehr Sinn ergibt.

So wurde offenbar, daß Sigi den Leibeigenen erschlagen und getötet hatte. Daher wurde er zum Wolf an den heiligen Plätzen und durfte nicht mehr in dem Land seines Vaters bleiben.

'Wolf' war eine übliche Bezeichnung für eine Person, die in schwerer Weise das Gesetz gebrochen hatte und deshalb ausgestoßen wurde und nicht mehr am Thing und an den religiösen Ritualen teilnehmen durfte.

I 3. g)   Die Saga über Hrolf den Wanderer

In dieser Saga fängt Hrolf, der Sohn des Sturlaug der Mühen-Beladene einen wunderbaren Hirsch, bricht in das Hügelgrab des Hreggvid ein und besiegt einen Helden der Tartaren.

I 3. h)   Runenstein von Böksta

links unten: Ullr; Mitte oben: Odin; Mitte unten: Schlange; rechts unten: Hirsch;
links über ihm: Odins Wölfe; ganz rechts oben: Odins Adler-Seelenvogel
Runenstein von Böksta

I 3. i) Bildstein von Gotland

Auf diesem Stein ist die Hirsch-jagd zweier Männer, die mit Schwert bzw. Speer bewaffnet sind, zu sehen.

Dieser Stein stammt aus der Zeit, in der der ehemalige nordgermani-sche Sonnengott-Göttervater Tyr durch den südgermanischen Götter-vater Odin abgelöst worden ist.

Bildstein von Gotland; ca. 550 n.Chr.

I 3. j) Zusammenfassung

Das Verirren auf der Hirschjagd ist ein Standardmotiv in den germanischen Sagas, das aus der Umdeutung der Jagd auf einen Hirsch entstanden ist, der als Opfertier bei einer Jenseitsreise gebraucht wurde. Dieses Verirren auf einer Hirschjagd ist daher ein Hinweis auf eine Jenseitsreise des Verirrten. Da dieser fast immer ein König ist, wird es sich ursprünglich um die Jagd auf einen Hirsch und dessen Opferung im Krönungsritual gehandelt haben, dessen wesentlichster Teil die Reise des angehenden Königs bzw. Fürsten in das Jenseits zu dem Götterkönig war.

Der Hirsch wird daher ursprünglich das Opfertier des Tyr gewesen sein. Diese Symbolik wurde dann um 500 n.Chr. in der Form des „Verirrens auf der Hirschjagd" von Odin übernommen.

Das Jenseits erscheint in diesem Motiv als Wald, als Bauernhof im Wald oder als eine Höhle (Hügelgrab), in der die Jenseitsgöttin Huldar oder die drei Nornen wohnen.

Dieser Tyr-Hirsch hat in zwei Fällen (Huldar-Saga, Wolfdietrich-Lied) ein goldenes Geweih, was ein Hinweis auf die mit Tyr eng assoziierte Sonne sein wird.

I 4.   Die Hirsche am Weltenbaum

I 4. a)   Gylfis Vision

Da frug Gangleri: „Was ist weiter Merkwürdiges von der Esche zu sagen?"
Har antwortete: „Gar viel ist davon zu sagen. Ein Adler sitzt in den Zweigen der Esche, der viel Dinge weiß, und zwischen seinen Augen sitzt ein Habicht, Wedfölnir genannt. Ein Eichhörnchen, das Ratatösk heißt, springt auf und nieder an der Esche und trägt Zankworte hin und her zwischen dem Adler und Nidhögg."

Der Adler heißt an einer anderen Textstelle 'Farseti', d.h. 'Weitsehender'. Der Name *'Wedfölnir'* des Falken bedeutet 'der vom Wetter Gebleichte'. *'Ratatosk'* bedeutet 'Nagezahn'. Das Verb 'rata' für 'nagen' ist der Ursprung des Wortes 'Ratte'.

„Und vier Hirsche laufen umher an den Zweigen der Esche, und beißen die Knospen ab. Sie heißen: Dain, Dwalin, Dunneir, Durathror."

Die Namen der vier Hirsche zeigen, daß es sich um Ahnen handelt, die bei der Bestattung mit dem für sie geopferten Hirsch identifiziert wurden:

'Dain' bedeutet 'Gestorbener',
'Dwalin' bedeutet 'Schlafender',
'Dunneir' bedeutet 'der über das Feuer geht' und
'Durathror' bedeutet 'Schlummer-Kämpfer'.

Die Hirsche sind offenbar Totengeister, also Zwerge, die durch das Jenseitstorfeuer der Waberlohe gegangen sind und nun im Jenseits 'schlafen', d.h. tot sind.
Die Namen dieser vier Hirsche sprechen für ihre Gleichsetzung mit den vier Himmelsrichtungs-Zwergen.
Für diese Deutung der vier Hirsche sprechen auch die beiden Zwergennamen 'Hornbori' und 'Kili', die 'Hornträger' bzw. 'Stoßzahn (eines Keilers)' bedeuten.
Die vier Hirsche entsprechen den vier Stier-Söhnen der Gefiun, den vier Himmelsträgern und den vier Zwergen-Liebhabern der Freya.
Der Weltenbaum ist der Weg zwischen Diesseits und Jenseits. Unter diesem Baum steht auch Odins Saal Walhalla. Da 1. Tyr einst mit dem Hirsch assoziiert worden ist, 2. Odin der Nachfolger des Tyr, 3. das Motiv des 'Verirrens auf der Hirschjagd' ein Jenseitsreisemotiv ist und 4. Tyr als Sonnengott jede Nacht durch das Jenseits reist, scheint der Hirsch ursprünglich die Jenseitsreisegestalt des Tyr gewesen zu sein.

I 4. b) Grimnir-Lied

Die Namen dieser vier Hirsche werden auch im Grimnir-Lied genannt:

Der Hirsche sind vier, die mit krummem Halse
An der Esche Ausschüssen weiden:
Dain und Dwalin, Duneyr und Durathror.

I 4. c) Gylfis Vision

Da versetzte Har: „Noch merkwürdiger jedoch ist der Hirsch Eikthyrnir, der auf Walhall steht und an den Zweigen desselben Baumes nagt. Von seinem Geweih fallen so viel Tropfen herab, daß sie nach Hwergelmir fließen, aus dem die folgenden Ströme entspringen: Sid, Wid, Sekin, Ekin, Swöl, Gunnthro, Fiörm, Fimbulthul, Gipul, Göpul, Gömul, Geirwimul; diese umfließen der Asen Gebiet. "

Eikthyrnir: 'Eich-Dorn'; Sein Geweih ist wie ein Zweig geformt, es ist hart wie Eiche und seine Spitzen sind wie Dornen.

I 4. d) Grimnir-Lied

Eikthyrnir heißt der Hirsch vor Heervaters Saal,
Der an Lärads Laube zehrt.
Von seinem Horngeweih tropft es nach Hwergelmir:
Davon stammen alle Ströme.

... ...

Die Esche Yggdrasil duldet Unbill
Mehr als Menschen wissen.
Der Hirsch weidet oben, hohl wird die Seite,
Unten nagt Nidhöggr.

I 4. e)   Thulur

Der Hirsch wird Modrödnir, Dalarr, Dalr, Dainn, Dvalinn, Duneyrr und Durathror genannt.

Modrödnir: 'mutige (laute) Stimme' (sein „Röhren" in der Brunstzeit im Herbst)
Dalarr: 'der mit dem Geweih', 'Geweihträger'
Dalr: 'der mit dem Geweih', 'Geweihträger'
Dainn: 'Verstorbener' ('Dain' ist auch ein Zwergenname); einer der vier Hirsche am Weltenbaum
Dvalinn: 'Schläfer' = 'Toter' ('Dwalin' ist auch ein Zwergenname); einer der vier Hirsche am Weltenbaum
Duneyrr: 'Brüllender, Röhrender'; einer der vier Hirsche am Weltenbaum
Durathror: 'schlafender Kämpfer' = 'toter Kämpfer'; einer der vier Hirsche am Weltenbaum
Es fällt auf, daß bis auf einen alle diese Hirsch-Namen mit 'D' beginnen, was vermuten läßt, daß sie auf die beiden 'Alcis' ('Elche, Hirsche') genannten Tyr-Söhne zurückgehen, deren viele Namens-Paare sich sehr oft stabreimen.

I 4. f)   Namen von mythologischen Hirschen

Hirsch	Schlafender	d.h. 'Toter'	Snorri Sturluson	Thulur
Hirsch	*Schlafender*	d.h. 'Toter'	Snorri Sturluson	Thulur
Hirsch	*Dunkelheit-Läufer*	Dunkelheit = Jenseits	Snorri Sturluson	Thulur
Hirsch	*Gehörnter*		Snorri Sturluson	Thulur
Hirsch	*Schlummer-Kämpfer*	d.h. 'Toter'	Snorri Sturluson	Thulur
Hirsch	*Erzeuger*	oder: 'Hangbewohner'	Snorri Sturluson	Thulur
Hirsch	*Eichen-Dornbusch*	Dornbusch = Geweih	Snorri Sturluson	Thulur
Hirsch	*Feuer-Läufer*	d.h. 'der ins Jenseits gegangen ist'	Snorri Sturluson	Thulur
Hirsch	*Gestorbener*		Snorri Sturluson	Thulur

Die Beinamen der mythologischen Hirsche assoziieren diese sehr deutlich mit den Toten und dem Jenseits.

I 4. g)   Gylfis Vision

Die Hörner 'über' den vier Himmelträger-Zwergen erinnern an die vier Hirsche, die unter dem Weltenbaum leben.

Da Odin den allergrößten Teil des Symbolik des Tyr übernommen hat, als er ihn um ca. 500 n.Chr. als Göttervater abgelöst hat, und dabei u.a. die Göttervater-Halle vom Rand des Himmels in das Zentrum zum Weltenbaum verlegt hat, wäre es gut denkbar, daß Odin auch die vier gehörnten Zwerge vom Himmelsrand zum Weltenbaum geholt hat.

Dies würde bedeuten, daß Austri, Sudri, Westri und Nordri Hirschgeweihe getragen haben.

Da der Hirsch und der Stier die beiden vornehmsten Opfertiere waren, wurden sie auch im Kult des Göttervaters verwendet. Das läßt vermuten, daß einst ein engerer Zusammenhang zwischen dem Göttervater und den vier Himmelsrichtungs-Zwergen bestanden hat.

Diese Deutung der 'Hörner' ist jedoch nicht ganz sicher, da im Altnordischen auch eine 'Ecke' als 'Horn' bezeichnet worden ist die vier 'Hörner' könnten daher auch die vier Himmelsrichtungen sein.

I 4. h)   Zusammenfassung

Wahrscheinlich trug Tyr als Hirsch im Jenseits den Namen 'Eikthyrnir'.

Seine vier Jenseits-Söhne, die in der Gefjun-Mythe auch als vier Stiere erscheinen, hießen 'Dain, Dwalin, Duneyr und Durathror'.

Hirsch und Stier waren die Opfertiere des Tyr.

I 5.   Der Sonnenhirsch

I 5. a)   Sonnenlied

Da Tyr einst der Sonnengott gewesen ist und mit dem Hirsch assoziiert wurde, lag es nahe, beides zu einem 'Sonnenhirsch' zu verbinden.

Den Sonnenhirsch sah ich   /   von Süden kommen
Von zweien am Zaum geleitet;
Auf dem Felde standen   /   seine Füße,
Die Hörner hob er zum Himmel.

Der Süden ist die Richtung, in der die Sonne und somit auch Tyr am mächtigsten ist.

I 5. b)   Die ältere Version der Huldar-Saga

Viele Jahre zuvor war es aber geschehen, daß König Odin einmal mit seinen Hof-Männern Loki und Hönir zu seiner Unterhaltung in einen Wald geritten war. Hier sah er einen goldgeschmückten Hirsch, dem er sofort auf seinem Roß Sleipnir nachsetzte. Bald verloren ihn seine Begleiter aus den Augen.

Er aber stieß nach langer vergeblicher Verfolgung des Wildes endlich auf drei stattliche Frauen, deren vornehmste ihn nicht ohne einigen Spott bei seinem Namen begrüßte und einlud, bei ihnen zuzukehren.

Er nahm die Einladung an, wurde in ihrer Höhle trefflich bewirtet und teilte die Nacht über mit jener Frau das Lager. Merkend, daß er von ihr listig eingefangen worden war, verlangte er am nächsten Morgen von ihr Aufklärung, welche sie auch sofort gab.

Der Goldschmuck des Hirsches ist ein Hinweis auf die Sonne.

I 5. c) Das andere Lied über Helgi Hunding-Töter

Sigrun:
"Nicht sitz ich mehr selig zu Sewafiöll
Früh noch spät, daß mich freute zu leben,
Es brech ein Glanz denn aus dem Grabe des Fürsten,
Wigblär das Roß renne mit ihm daher,
Das goldgezäumte, den so gern ich umfinge.

So schuf Helgi Schrecken und Angst
All seinen Feinden und ihren Freunden,
Wie vor Wölfen wütig rennen
Geißen am Berghang des Grauens voll.

So hob sich Helgi über die Helden all
Wie die edle Esche über die Dornen
Oder wie taubeträuft das Tierkalb springt:
Weit überholt es anderes Wild
Und gegen den Himmel glühn seine Hörner."

Tierkalb = Tier = englisch „deer" = Reh, Hirsch, Hörnertier, Tier
Das „Glühen" der „Hörner" des Hirsches wird ein Hinweis auf die Sonne sein.

I 5. e) Wolfdietrich-Lied

Auch in dem bereits zitierten Wolfdietrich-Lied erscheint ein Hirsch mit goldenem Geweih:

Als er nun seine Kurzweil / mit der schönen Frau begann,
Da kam daher gelaufen / ein Tier gar wonnesam:
Das war ein Hirsch, ein schöner, / wenn ich es sagen soll,
Mit rotem Gold bewunden / war sein Gehörne wohl.

I 5. e) Zusammenfassung

Der Hirsch des Sonnengott-Göttervaters ist ein 'Gold-geschmückter Sonnenhirsch mit einem Geweih, das wie die Sonne golden glüht'.

I 6.   Der Jenseits-Hirsch

I 6. a)   Die Goldhörner von Gallehus

Auf diesen beiden Hörnern wird die Jenseitsreise als 'Comic' dargestellt, in der der Jenseitsreisenden sich in einen Hirsch, Stier oder Hengst verwandelt, sich bei der Wiederzeugung mit der Jenseitsgöttin in der Gestalt einer Hindin, Kuh oder Stute vereint, dann von ihr wiedergeboren und anschließe gestillt wird.

Siehe dazu auch die ausführliche Darstellung dieses Themas in Band 51.

Die Jenseitsreise auf den Goldhörnern von Gallehus			
1. der Entschluß zur Jenseitsreise	*2. der rituell-symbolische Tod*	*3. der Eingang in die Unterwelt*	*4. dreiköpfige Jenseitsgöttin*
der Fuß ist das Symbol des Sonnengottes, der als Wanderer angesehen wurde und auch jede Nacht bzw. jeden Winter durch das Jenseits reiste	*die Schwerter sind möglicherweise Symbole des Göttervaters Tyr*	*im Ritual wird der Einzuweihende in einen wasserge-füllten Schacht getaucht (ein solcher noch erhaltener Schacht ist z.B. der Glastenbury Well in Südengland)*	*die dreifache Göttin (die späteren drei Nornen) hält das Opfertier (die späteren Böcke des Thor), das sie mit ihrer Axt tötet*

32

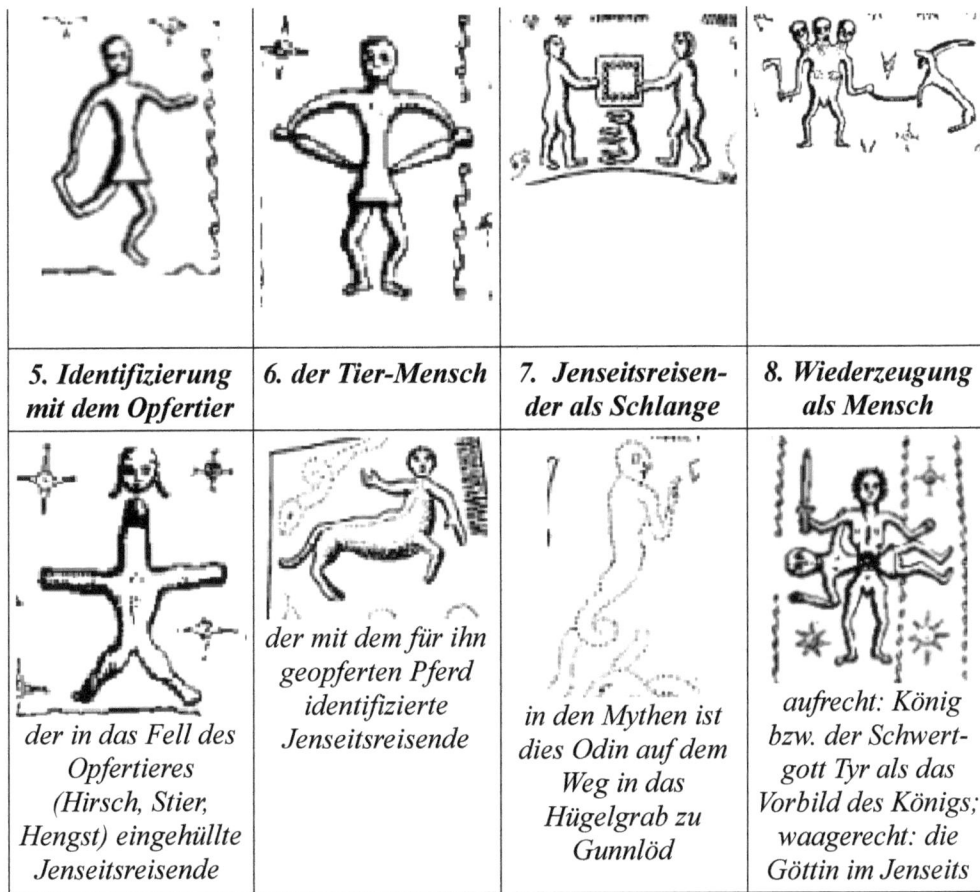

5. Identifizierung mit dem Opfertier	6. der Tier-Mensch	7. Jenseitsreisen-der als Schlange	8. Wiederzeugung als Mensch
der in das Fell des Opfertieres (Hirsch, Stier, Hengst) eingehüllte Jenseitsreisende	der mit dem für ihn geopferten Pferd identifizierte Jenseitsreisende	in den Mythen ist dies Odin auf dem Weg in das Hügelgrab zu Gunnlöd	aufrecht: König bzw. der Schwert-gott Tyr als das Vorbild des Königs; waagerecht: die Göttin im Jenseits

9. Erwecken der Kundalini	10. Erwecken der Kundalini	11. Wiedergeburt als Seelenvogel	12. Erreichen des Göttervaters
die Kundalini-Feuerschlange berührt (und erweckt) mit ihrer Zunge das Wurzelchakra	das Verlassen des Körpers bei der Jenseitsreise (Nahtod-Erlebnis; 'Astralreise') und das Innere Feuer (Kundalini) treten meist gemeinsam auf	Vogelkopf-Mensch: der Jenseitsreisende als Seelenvogel	der Sonnengott-Göttervater Tyr mit Schwert und Sonnenschild, zu dem die Jenseitsreise führt

13. der erfolgreiche Jenseitsreisende	14. Wiederstillen als Opfertier	15. Wiederstillen als Schlange	16. Wiederstillen im Ritual
der nach seiner Identifikation mit dem Opfer-Ziegenbock gehörnte Tote mit Speer (Odin), Stab (Weltenbaum) und Ring (Draupnir = Symbol der erfolgreichen Jenseitsreise)	Hindin und Kitz: Wiederstillen	Schlange 'säugt' zwei Junge: dies kann nur ein symbolisches Wiederstillen des Jenseitsreisenden in Schlangengestalt sein, da Schlangen keine Säugetiere sind	der Priester bringt dem Jenseitsreisenden das Horn mit Met

Das Motiv des 'Jenseitsreise-Felles' ist bei fast allen indogermanischen Völkern zu finden.

So setzten sich die Germanen beim 'Utiseta' ('Draußensitzen') auf einem Hügelgrab auf ein Fell, wenn sie den betreffenden Toten etwas fragen oder um etwas bitten wollten; die keltischen Druiden setzten sich auf ein Stierfell, wenn sie den Kontakt zu den Ahnen und den Göttern suchten; die Einzuweihenden in Eleusis saßen auf einen Ziegenfell; die Hethiter sandten ihre Wünsche für das neue Jahr mithilfe eines Widderfelles ('Goldenes Vlies'), das sie an eine Eiche ('Weltenbaum') hängten, zu den Göttern; und selbst Buddha saß beim Meditieren noch auf einem Antilopenfell.

Dieses Motiv ist aber auch bei vielen anderen Völkern zu finden wie z.B. bei den Ägyptern, deren Schamanen ('Sem-Priester') sich bei ihrer Jenseitsreise in ein Fell hüllten und die einen wiedergeborenen Toten aufgrund seiner Stier-Gestalt bei der Wiederzeugung 'Stier seiner Mutter' nannten. Auch in Harappa am Indus saßen die Schamanen auf einem fellbedeckten Thron und trugen zudem auf ihrem Kopf die Hörner des für sie geopferten Stieres, mit dem sie sich auf ihrer Jenseitsreise identifizierten.

Der bekannteste dieser 'Hörner-Schamanen' ist sicherlich der keltische Cernunnos. Seine germanische Entsprechung findet sich auf dem 13. Bild in der Übersicht über die Motive auf den Goldhörnern von Gallehus.

I 6. b)   Die fünf Wandteppiche von Överhogdal

Die fünf Wandteppiche von Överhogdal wurden den Radiokarbon-Messungen zufolge in der Zeit von 1040-1170 n.Chr. in Schweden hergestellt. Alle fünf Wandteppiche wurden in derselben 'Stickerei' gestickt bzw. gewebt und gehören wahrscheinlich auch inhaltlich zusammen. Sie wurden 1909 in der Sakristei der Kirche von Överhogdal entdeckt.

Auf den Bildern sind insgesamt 323 Menschen, 146 Tiere und 3 Mischwesen zu sehen. Sie bewegen sich wie auf den Wandteppichen von Oseberg und Rolfsöy fast alle nach links hin.

'Pferde und Hirsche-Wandteppich'

Auf diesem Wandteppich sind in der oberen Pferde und in der unteren Reihe Hirsche und Pferde zu sehen. In der oberen Reihe finden sich in der Mitte und rechts je ein Reiter.

Unten in der Mitte ist ein Reiter auf einem Hügelgrab zu sehen.

Einige der Hirsche und Pferde haben 'zuviele Beine', auch wenn man einen der senkrechten Streifen als Schweif ansieht: das zweite Pferd von unten rechts könnte der achtbeinige Sleipnir sein. In der unteren Reihe befinden sich noch 5 weitere Pferde mit anscheinend sieben Beinen ...

'Weltenbaum-Wandteppich 1'

In der Mitte dieses Teppichs ist der Weltenbaum zu sehen. Links unter ihm steht Odins achtbeiniges Roß Sleipnir. Da Yggdrasil 'Roß des Ygg (Odin)' bedeutet, könnte Sleipnir eine Bestätigung dafür sein, daß dieser Baum wirklich den Weltenbaum darstellt.

Oben auf dem Baum sitzt ein roter Vogel – vermutlich der Hahn auf dem Weltenbaum, über den in den Mythen und Liedern mehrfach berichtet wird.

Links von dem Baum befinden sich zwei Drachenschiffe.

Ganz links unten steht ein großer Hirsch – insgesamt sind zehn Hirsche zu sehen.

Die Karo-förmige Struktur links oberhalb des Baumes könnte ein Toter in der Grabkammer eines Hügelgrabes sein.

Wie auf dem 'Pferde und Hirsche-Wandteppich' scheint auch hier vor allem 'viel von demselben' dargestellt worden zu sein. Sowohl der Hirsch als auch der Hengst könnte das für die Jenseitsreise und die Wiederzeugung des Toten benötigte Opfertier sein. Der Weltenbaum wäre dann die Verbindung zwischen den beiden Welten und Sleipnir das Roß, daß den Toten vom Diesseits nach Walhalla im Jenseits trägt.

'Weltenbaum-Teppich 2'

'Detail'

Dieser Wandteppich ist ähnlich wie der vorige aufgebaut: der Weltenbaum im Zentrum, einige Hirsche, viele Pferde und dazwischen Menschen. Das Flechtmuster, das vermutlich die Sonne symbolisiert, ist zumindestens 18-mal klar zu erkennen.

Auf diesem Wandteppich scheinen sich die Pferde und Hirsche von rechts nach links von der germanischen Religion zum Christentum hin zu bewegen, was eine Darstellung der Christianisierung sein könnte.

37

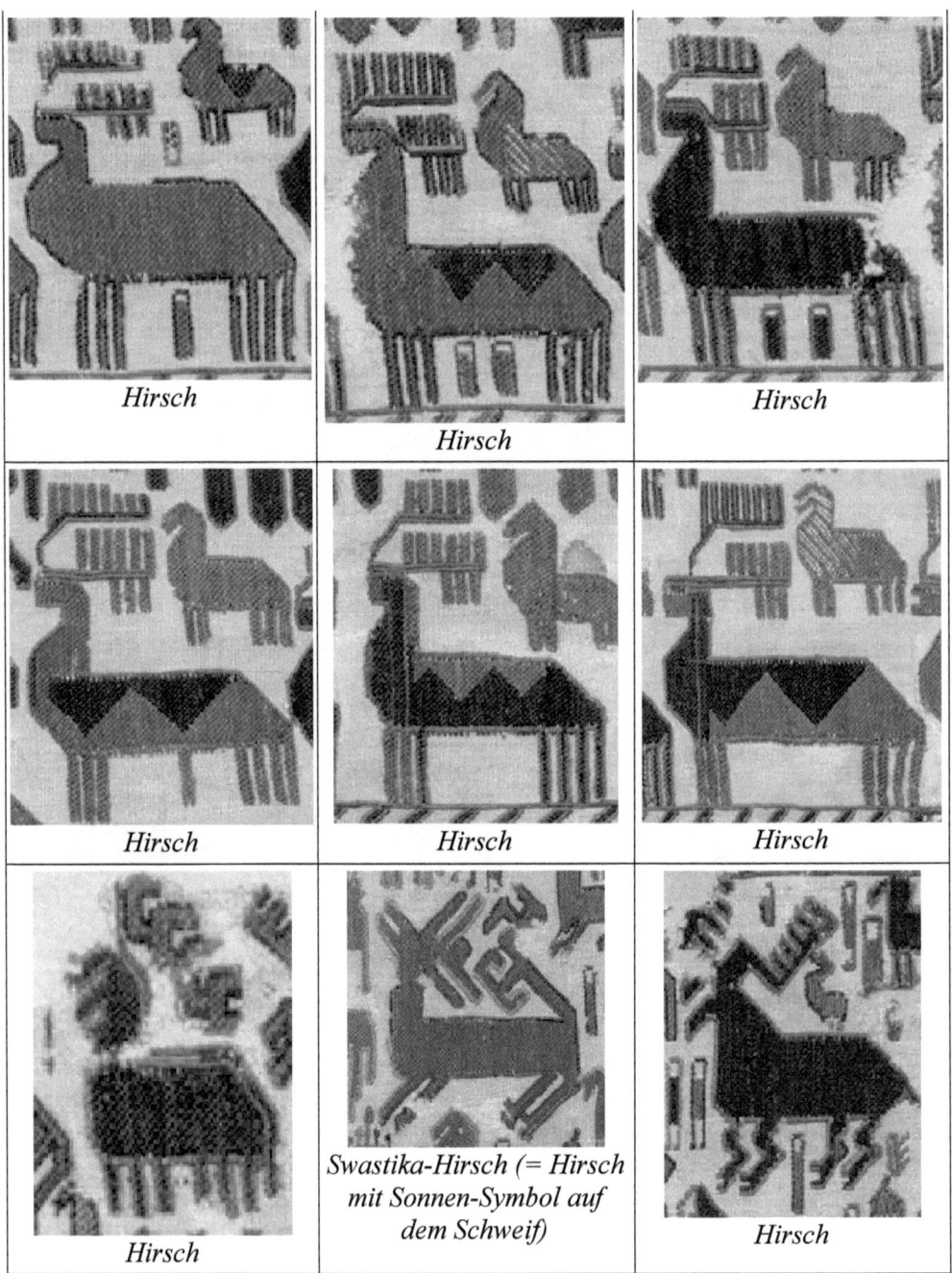

Hirsch

Hirsch

Hirsch

Hirsch

Hirsch

Hirsch

Hirsch

Swastika-Hirsch (= Hirsch
mit Sonnen-Symbol auf
dem Schweif)

Hirsch

I 6. c) Hrolf Kraki und seine Berserker

In dieser Saga kommt ein Elch-Mann vor, der den Unterleib eines Elches und den Oberkörper eines Mannes hat.

Im folgenden sind nur die Textstellen dieser Saga aufgeführt, in denen etwas über Elch-Frodi ausgesagt wird.

Elch-Frodi ist einer von drei Brüdern. Der Vater der drei Brüder hat vor seinem Tod die Namen seiner Söhne festgelegt:

„Derjenige unserer Söhne, der zuerst herauskommen wird, soll „Elch-Frodi" genannt werden."

Drei Brüder, die zudem noch Drillinge sind und deren Vater vor deren Geburt gestorben ist, sind recht sicher durch die drei Söhne des Göttervaters inspiriert worden, die die drei Stände darstellen. Da alle drei Brüder kriegerisch sind, läßt sich ihre Zuordnung zu den drei Ständen jedoch nicht mehr rekonstruieren.

Der Name 'Frodi' ist eng mit dem Namen des Gottes Freyr verwandt, sodaß es sein könnte, daß Elch-Frodi eine Sagen-Variante dieses Gottes ist, Dazu würde auch passen, daß die Zeugungskraft des Freyr oft durch seinen großen Penis betont wird und der Hirsch vor allem ein Symbol für die im Jenseits bei der Wiederzeugung benötigten Zeugungskraft ist. Der Elch wäre dann einen Alternativ-Motiv zu dem Keiler, als der Freyr sonst die Gestalt des Freyr ist, das in den meisten Texten jedoch schon zu seinem Reittier umgedeutet worden ist.

Kurz darauf begannen ihre Wehen und sie gebar einen Jungen – allerdings einen, der ein wenig seltsam war. Er war oberhalb seines Nabels menschlich, aber unterhalb ein Elch. Er erhielt den Namen 'Elch-Frodi'.

Im Bestattungsritual wurde der Tote mit dem Herdentier, das für ihn geopfert worden war, identifiziert, wodurch dessen Zeugungskraft auf ihn übertragen wurde. Auf dieses Motiv weisen u.a. Die Pferd-Mensch-Mischgestalten auf den Goldhörnern von Gallehus hin.

Frodis zweiter Bruder Thorir hatte Hundefüße. Sein dritter Bruder Bodvar hatte eine rein menschliche Gestalt. Elch-Frodi und seine beiden Brüder werden stärker als alle anderen Menschen.

Die Mutter der drei Brüder führt sie zu einer Höhle, in der ihr Vater ihnen drei Waffen hinterlassen hat. Elch-Frodi kann das Schwert und die Axt nicht aus dem Stein ziehen, aber den Dolch. Dieser Dolch schneidet sogar Stein.

Elch-Frodi hilft seinem Bruder Thorir durch seinen Rat, König des Gotenlandes zu werden.

Elch-Frodi errichtet sich eine Halle. Dort findet ihn sein Bruder Bodvar. Bevor sie sich trennen, wird deutlich, daß Elch-Frodi auch etwas von Magie versteht:

Danach stampfte Elch-Frodi mit seinem Huf auf den Felsen neben ihm und sank bis zu der Afterklaue ein.

Da sprach Frodi: „Ich werde jeden Tag zu diesem Hufabdruck kommen und schauen, was ich in dem Abdruck sehe. Wenn Erde in ihm ist, wirst Du an einer Krankheit gestorben sein, wenn es Wasser ist, wirst Du ertrunken sein, und wenn es Blut ist, wirst Du an Waffen gestorben sein und dann werde ich Dich rächen, denn von allen Männern liebe ich Dich am meisten."

Bodvar geht an den Hof von König Hrolf Kraki und wird dort ein berühmter Drachentöter und Berserker, der die Gestalt eines Bären annehmen kann.

Nachdem Bodvar in der Schlacht gegen die Zauberin Skuld gefallen war, rächte Elch-Frodi zusammen mit seinem Bruder Thorir Hundefuß seinen Bruder Bodvar.

I 6. d)   Die Saga über Halfdan Eysteinnsson

Eysteinn wurde mit der Tochter von Sigurd Hirsch verheiratet, die Asa genannt wurde. Ihre Mutter war Aslaug, die Tochter von Sigurd Schlangen-Auge.

Der Beiname 'Hirsch' des Sigurd könnte aus den Tyr -Mythen stammen, da Sigurd eine Saga-Variante des Tyr ist.

I 6. e)   Die Saga über Halfdan Eystein-Sohn

Eystein heiratete die Tochter des Sigurd Hirsch, die Asa genannt wurde. Ihre Mutter war Aslaug, die Tochter des Sigurd Schlange-im-Auge.

I 6. f)   Die Saga über Olaf Tryggvason

In dieser Saga tritt ein Mann mit dem Namen „Thorir Hirsch" auf.

I 6. g)   Die skandinavischen Felsritzungen

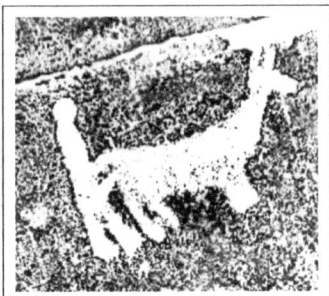

Mann und Stute/Hindin
Skandinavien

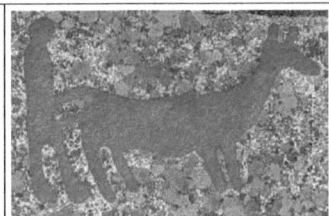

Mann und Stute/Hindin
Tanum, Schweden

Mann und Stute/Hindin
Tanum, Schweden

In den skandinavischen Felsritzungen der Germanen (ca. 1400 v.Chr) findet sich auch zwei Bilder der rituellen Wiederzeugung eines Mannes mit einer Hindin, die die Jenseitsgöttin verkörpert.

Dies bedeutet, daß der Mann in symbolischer Hinsicht ein Hirsch ist.

Hirsch und Hindin sind Herdentiere und können, weil Herdentiere offensichtlich zeugungskräftig und fruchtbar sind, auch die Zeugungskraft des Toten bei dessen Wiederzeugung mit der Jenseitsgöttin auf magische Weise absichern.

I 6. h)   Exeter-Buch: Widsith

Hrothwulf und Hrothgar, Neffe und Onkel,
hielten Frieden viele Jahre lang,
nachdem sie den Stamm der Heathobarden vertrieben
und Ingelds Heer geschlagen hatten,
nachdem sie in Heorot das Heathobarden-Heer vernichtet hatten.

Heorot = Hirsch-Ort (auch der Name der Halle im Beowulf-Epos)

Dieser Ort könnte evtl. einmal das Jenseits und die Jenseitshalle des Tyr bezeichnet haben – aber das ist unsicher.

I 6. i)   Beowulf-Epos

Die Halle, in der viele der Ereignisse im Beowulf-Epos stattfinden, heißt 'Heorot', d.h. 'Hirsch-Halle'.

I 6. j)   Hirsch-Verwandlungen von Menschen

Die Hirsch-Verwandlung sollte in den Liedern, Mythen und Sagas der Germanen eigentlich genauso geläufig sein wie die Verwandlung in die anderen Herdentiere auf dem Land und im Wasser, d.h. wie die Verwandlung in Eber, Hengste, Stiere, Widder und Ziegenböcke sowie Wale, Robben, Seehunde und Walrosse (siehe 'Verwandlung in einen Hirsch' in Band 65).

Ein Hirsch-Mann findet sich jedoch nur einmal, was zeigt, daß dieses Motiv schon halb in Vergessenheit geraten ist – wie auch einige andere Tier-Verwandlungen. Allerdings könnte man das Säugen des jungen Sigurd-Siegfried durch eine Hindin zu diesen Hirsch-Verwandlungen noch hinzurechnen (siehe 'Sigurd/Siegfried' in Band 38).

I 6. k)   Verirren auf der Hirschjagd

Das bereits betrachtete 'Verirren auf der Hirschjagd' ist der zu einem Saga-Motiv umgedeutete Beginn der Jenseitsreise.

I 6. l)   Zusammenfassung

Auf der Jenseitsreise verwandelte sich der Reisende (Tyr, Toter, Schamane, König bei der Krönung) in einen Hirsch oder in einen Hirsch-Mann. Im Jenseits vereinte er sich bei seiner Wiederzeugung mit der Jenseitsgöttin, die dann die Gestalt einer Hindin annahm. Nach der Wiedergeburt des Jenseitsreisenden durch die Göttin stillte sie ihn in der Gestalt eines Kitzes – sie selber blieb dabei eine Hindin.

Der Beiname 'Hirsch' des Sigurd wird ein Überrest von dieser Hirsch-Verwandlung auf der Jenseitsreise sein, da Sigurd eine Saga-Variante des Tyr ist.

Der Ort bzw. die Halle 'Heorot' könnte ursprünglich das Jenseits und die Jenseitshalle des Tyr gewesen sein.

I 7.   Tyr

I 7. a)   Die beiden Goldhörner von Gallehus

Auf dem kleineren der beiden Goldhörner von Gallehus ist auf dem dritten und auf dem fünften Bildstreifen von unten ein Hirsch zu sehen.

Links und rechts von dem Hirsch auf dem fünften Bildstreifen befindet sich je eine gehörnter Mann – vermutlich mit Ziegenbock-Hörnern.

Rechts neben dem Hirsch auf dem dritten Bildstreifen ist ein Pferde-Mann (Zentaur) zu sehen.

Auf dem ersten Bildstreifen ist rechts ein Fell und ein Menschenkopf, also ein Mensch (sehr wahrscheinlich ein Mann), der in ein Herdentier-Fell eingewickelt ist, zu sehen.

Aus dem Pferde-Mann, den Ziegenhorn-Männern und dem Herdentierfell-Mann kann man recht sicher schließen, daß die Hirsche, Pferde und Ziegen auf diesen Bildstreifen allesamt das Opfertier für den Jenseitsreisenden darstellen, der mit diesem Tier identifiziert wird.

Diese Trinkhörner wurden vermutlich für die Jenseitsreise zu dem damaligen Göttervater Tyr benutzt, weshalb die nächtlichen bzw. winterlichen Jenseitsreisen des Sonnengott-Göttervaters Tyr das Vorbild für die Jenseitsreisenden gewesen sein werden.

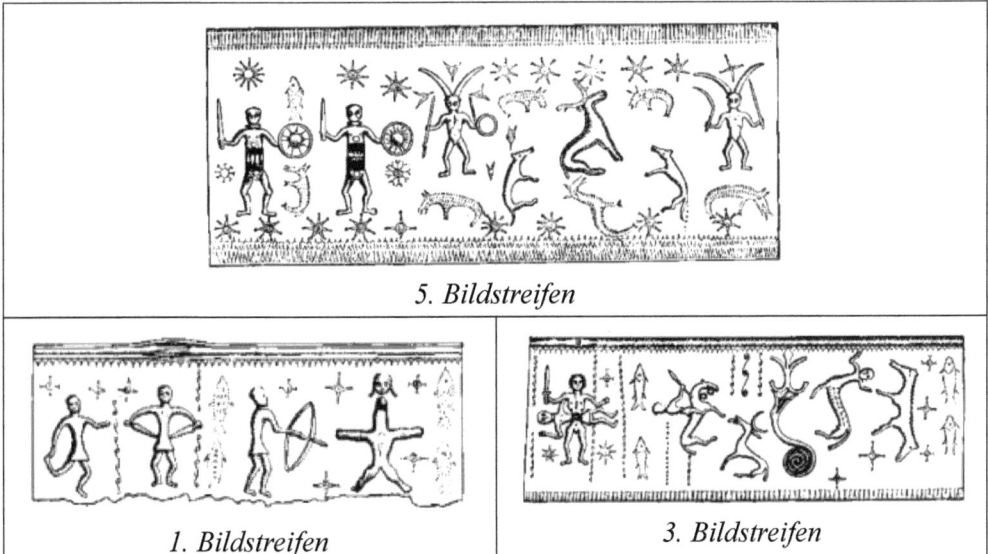

5. Bildstreifen

1. Bildstreifen

3. Bildstreifen

I 7. b)   Beowulf-Epos

Selbst der hornbewehrte   /   Heidebewohner,
Der Hirsch, der gehetzt   /   vor den Hunden sich flüchtet
Ins belaubte Gehölz,   /   gibt sein Leben eher
Dahin am Gestad',   /   eh' sein Haupt er berge
Im See, denn dort   /   ist's selten geheuer.

Hirsch: Interessanterweise wird hier der Hirsch mit dem Moor in Verbindung gebracht, da auch die Halle des Hrodgar 'Hirsch-Halle' heißt und wahrscheinlich durch Tyrs Halle inspiriert worden ist. Der Hirsch und der Stier waren die beiden wichtigsten Opfertiere des Tyr und das Verirren auf der Hirschjagd ist geradezu das Standard-Motiv in den Sagas, wenn der König in den Bereich gelangt, der in den Mythen das Jenseits gewesen ist.

Das Hirsch-Bild an dieser Stelle ist daher wahrscheinlich kein Zufall.

I 7. c)   Die 23. Rune: 'eolhx'

Dieses Runen-Zeichen wurde im altnordischen Runen-Alphabeth für den Buchstaben 'm' benutzt. Im altenglischen Runen-Alphabet hat das 'm' ein anderes Zeichen.

Das angelsächsische Substantiv 'eolhx' geht auf das germanische 'algis' zurück und bedeutet 'Elch, Hirsch'.

Zu dieser Rune aus dem Runen-Alphabet der Angelsachsen ist nur das altenglische Runen-Lied bekannt:

'Eolhx' Riedgras steht sich erhebend   /   oft in Sümpfen,
es wächst im Wasser,   /   schneidet schlimme Wunden,
Blut brennt   /   jeden Brenner (Mann)
der nach ihm   /   greift, um es zu töten.

Das 'Schneide-Gras' verletzt jeden Mann ('Brenner'), der es ausraufen ('töten') will.

I 7. d)   Thorsdrapa

In dieser Drapa wird der Tyr-Riese als 'Verwandter des Sumpf-Bocks' oder 'Verwandter des Sumpf-Hirsches' bezeichnet.

Als der rasche, schnell in Wut geratende
Verhinderer von Lokis Bosheiten
sich der Braut der Verwandten
des Sumpfbocks entgegenstellen wollte,

zogen die Schlacht-Wanen los
bis der Hauptverminderer der Mädchen
des Feindes der schönen Göttin
des Himmelsschildes Gangrs Blut erreichte.

Der 'Sumpf-Hirsch' in diesen beiden Texten (Runenlied, Thorsdrapa) entspricht offensichtlich dem Tyr-Riesen Grendel aus dem Beowulf-Epos.

I 7. e) Gesta danorum

Thorkill und seine Männer im Jenseits im Grab des Tyr-Geirröd

Als die Männer sich daran machten wieder fortzugehen, entdeckten sie sieben Fässer, die von Goldreifen zusammengehalten wurden und von denen silberne Ringe herabhingen, die auf vielfache Weise miteinander verbunden waren.
In der Nähe von ihnen war der Stoßzahn eines seltsamen Tieres zu sehen, der an beiden Enden mit Gold verziert war.

Dieser Zahn könnte ein Elefanten-Stoßzahn gewesen sein.

Kurz daneben lag ein großes Hirschgeweih, das kunstvoll mit erlesenen und glitzernden Edelsteinen bedeckt war und dem es ebenfalls nicht an Ziselierarbeiten mangelte.

Ein Hirschgeweih in dem Hügelgrab des Riesen Tyr-Geirröd ist nicht sehr verwunderlich. Die Einlegearbeiten mit Edelsteinen werden eine Variante des Gold-Schmucks, d.h. vermutlich des goldenem Geweihes des Sonnenhirsches des Tyr sein.

Gleich daneben sahen sei einen sehr schweren Halsreif.
Einer der Männer wurde von einem unangebrachten Verlangen nach diesem Halsreif ergriffen und er griff mit seinen gierigen Händen nach dem Gold ohne zu wissen, daß das prächtige Metall eine tödliche Bosheit barg und daß ein tödliches Unheil in der glänzenden Beute lauerte.

Noch ein zweiter Mann war unfähig, sein Verlangen zu zügeln und streckte seine zitternden Hände nach dem Horn aus.

Ein dritter, der ein ebensolches Vertrauen wie die beiden anderen hatte und keine Herrschaft über seine Finger besaß, wagte, den Stoßzahn auf seine Schulter zu nehmen.

Die Beute schien lieblich anzusehen und ein erfreulicher Besitz zu sein, denn alles, was das Auge sehen konnte, war schön und verlockend anzuschauen.

Doch der Halsreif nahm plötzlich die Gestalt einer Schlange an und griff den, der ihn trug, mit ihren giftigen Zähnen an; das Horn dehnte sich zu einer Schlange aus und nahm dem Mann, der es trug, sein Leben; der Stoßzahn verwandelte sich in ein Schwert und stieß sich selber in die Eingeweide seines Trägers.

Die übrigen Männer fürchteten wie ihre Freunde umzukommen und hatten Angst, daß die Schuldlosen wie die Schuldigen den Tod finden würden; sie wagten nicht zu hoffen, daß die Unschuld sicher sein würde.

I 7. f) Gylfis Vision

Das ist die Ursache, warum Freyr kein Schwert hatte, als er mit Beli stritt und ihn mit einem Hirschhorn erschlug.

'Beli' ist ein sehr alter Name des Sonnen- und Königsgottes, der bis vor die Indogermanen zu den frühen Bauern in Mesopotamien zurückreicht, wo dieser Name 'Ba'al' gelautet hat. Dieser Name bedeutet 'Sonne, Herr, König'.

Der Hirsch ist neben dem Stier das Opfertier des Göttervaters. Die Tötung des Sonnen- und Königsgottes Beli durch den ansonsten so friedlichen Freyr ist ein Motiv, daß durch eine Analogiebildung zu der Ermordung des alten Tyr (als Riese) durch Thor entstanden ist. Bei diesem Freyr-untypischen Ausbau seiner Mythen hat Freyr auch das Schwert des Tyr erhalten, das er dann dem Skirnir geschenkt hat. Dieses Schwert war ein Teil der 'Beute', die Odin und Thor dem Tyr nach dessen Absetzung als Göttervater abgenommen haben.

I 7. g) Placitusdrapa

In dieser um ca. 1200 n.Chr. verfaßten Drapa über den Heiligen Eustachius ('Placitus') findet sich gleich zweimal das Bild des Hirsches bzw. Elches:

Und am nächsten Tag suchte
der Throttr des Wogen-Elches den Ort auf,
an dem sich am vorigen Tag
dem tapferen Verminderer der Falschheit Gott gezeigt hatte.
Der treue Begünstiger des Falken
der überragend in seinem Zorn ist,
erblickte den Herrscher der Menschen, den sorgfältigen Auswähler seines Gefolges,
der in der Gestalt eines Hirsches auf den Klippen stand.

Wogen-Elch = Schiff; Throttr = Odin; Odin des Schiffes = Krieger; hier Placitus
Verminderer der Falschheit = Heiliger
Begünstiger des Falken = Krieger (der den Falken nährt)
Herrscher der Menschen = Gott Vater
Auswähler seines Gefolges = Herrscher = Gott Vater

Auch St. Hubertus hatte eine Vision von Gott in einem Hirschgeweih, d.h. er sah ein leuchtendes Kruzifix zwischen den beiden Geweihhälften des Hirsches – dort wird ursprünglich die Sonne des Tyr geleuchtet haben.

I 7. h)   Bildstein von Aarhus

| Aarhus, Dänemark | Aarhus (Replik) |

Das Gesicht des Tyr hat auf diesem Bildstein die Ohren eines Hirsches, Stieres oder Hengstes. Falls die beiden Linien, die vom Scheitel ausgehen, sich um die Ohren winden und dann aufragen, Hörner sein sollte, wäre Tyr hier ein Stier, wenn es ein (sehr schlichtes) Geweih sein sollte, wäre er ein Hirsch.

Siehe zu diesem Tyr-Gesicht auch den Band 3 über Tyr.

I 7. i) Zusammenfassung

Tyr nahm auf seiner Reise in das Jenseits die Gestalt des Sonnenhirsches an, zwischen dessen beiden Geweihhälften die goldene Sonne leuchtete.

Dieses Motiv hat dann später die Gottes-Visionen des St. Eustachius und des St. Hubertus geprägt.

Vermutlich ist dieser Sonnenhirsch eine Vision der aufgehenden Sonne, des wiedergeborenen Tyr und später dann des auferstandenen Christus gewesen.

I 8.   Das Hirschgeweih

I 8. a)   Gylfis Vision

Das Hirschgeweih in der folgenden Mythe stammt aus der Sonnenhirsch-Symbolik des Tyr. Hier ist wieder einmal eine Hilfe auf der Jenseitsreise in eine Todesursache umgedeutet worden …

Das ist die Ursache, warum Freyr kein Schwert hatte, als er mit Beli stritt und ihn mit einem Hirschhorn erschlug.

I 8. b)   Sonnenlied

In diesem Lied wird ein Hirschgeweih erwähnt, das in Zusammenhang mit Dwalin steht:

Erbe, dein Vater allein verhalf Dir
Mit Solkatlis Söhnen
Zu des Hirschen Horn, das aus dem Hügel nahm
Der weise Wigdwalin.

'Solkatli' bedeutet 'Sonnen-Kessel'. Dieser Name könnte einen Priester des Sonnengott-Göttervaters Tyr, also einen 'Diar' oder den Göttervater selber bezeichnen.

'Wigdwalin' bedeutet 'Pferde-Dwalin' und ist offensichtlich eine Bezeichnung des Dwalin als Pferdesohn des Tyr. Dwalin ist vermutlich einer der beiden Söhne des Tyr-Solaktli.

In dieser Strophe wird also gesagt, daß Dwalin, einer der beiden Pferdesöhne des Tyr-Solkatli, aus einem Hügelgrab ein Hirschgeweih genommen hat.

Der Skalde, der dieses Lied vorträgt, sagt zu dem 'Erbe', daß dessen Vater dafür gesorgt hat, daß er dieses Hirschgeweih erhält.

Dieser 'Erbe' kann entweder der Sohn eines verstorbenen Vaters sein oder eine Umschreibung für 'Sonne'.

Die Deutung als 'Sohn' ergibt jedoch wenig Sinn, da es der verstorbene Vater ist, der die Hirschgestalt für seine Jenseitsreise benötigt.

Daher wird der 'Erbe' die Sonne oder genauer gesagt die wiedergeborene Morgensonne sein. Der 'Vater' ist dann die alte, am Vorabend gestorbene Sonne. Dieser (Sonnengott-Götter-)Vater hat im Hügelgrab die Gestalt eines Hirsches angenommen.

Die beiden Pferdesöhne halfen dem 'Erben', also der jungen Sonne, indem sie deren Wagen aus dem Hügelgrab, d.h. aus der Unterwelt heraus zogen. Der 'Erbe' hatte dabei die Gestalt eines Hirschkitzes.

Wenn man alle Umschreibungen aus dieser Strophe aus dem Sonnenlied 'übersetzt', klingt sie wie folgt:

Junge Morgensonne, Dein Vater, die alte Abendsonne,
half Dir zusammen mit seinen beiden Pferdesöhnen
die Wiedergeburt in Hirschgestalt zu erlangen:
Dwalin und Dulin zogen Dich aus seinem Hügelgrab empor.

I 8. c) Stabkirche von Borgund

Stabkirche von Borgund

In dieser Stabkirche hängt ein Hirschgeweih. Da die Stabkirchen und auch ihre Innenausstattung (Rundschilde, Gesichts-Säulen u.ä.) weitgehend den germanischen Tempeln nachgebildet worden sind, könnte auch das Hirschgeweih aus der germanischen Tradition übernommen worden sein.

I 8. d) Zusammenfassung

Das Hirschgeweih steht für den Hirsch selber, aber ist z.T. von der Hilfe auf der Jenseitsreise zu einer Todesursache umgedeutet worden.

I 9.   Die Hindin

I 9. a)   Die beiden Goldhörner von Gallehus

Auf dem kleineren der beiden Goldhörner von Gallehus ist auf dem dritten und auf dem fünften Bildstreifen von unten ein Hirsch zu sehen – diese Bilder sind schon in dem Abschnitt 'I 7. a)' dargestellt worden.

Links und rechts von dem Hirsch auf dem fünften Bildstreifen befindet sich je eine gehörnter Mann – vermutlich mit Ziegenbock-Hörnern.

Rechts neben dem Hirsch auf dem dritten Bildstreifen ist ein Pferde-Mann (Zentaur) zu sehen.

Auf dem ersten Bildstreifen ist rechts ein Fell und ein Menschenkopf, also ein Mensch (sehr wahrscheinlich ein Mann), der in ein Herdentier-Fell eingewickelt ist, zu sehen.

Aus dem Pferde-Mann, den Ziegenhorn-Männern und dem Herdentierfell-Mann kann man recht sicher schließen, daß die Hirsche, Pferde und Ziegen auf diesen Bildstreifen allesamt das Opfertier für den Jenseitsreisenden darstellen, der mit diesem Tier identifiziert wird.

Aus der Hirsch-Gestalt des Toten bei seiner Wiederzeugung ergibt sich, daß die Göttin bei diesem Vorgang die Gestalt einer Hindin haben muß.

I 9. b)   Thidrek-Sage

In dieser Version von Sigurds Geburt trägt seine Mutter nicht den Namen 'Hjordis', sondern 'Sisibe'.

Das Glasgefäß, in dem das Kind lag, trieb den Fluß hinab und gelangte schließlich dort, wo das Wasser flacher war, auf eine Sandbank. Da zerbrach das Glas und das Kind fing an zu schreien. Da kam eine Hindin vorbei, nahm das Kind in ihr Maul trug es hinauf in ein Walddickicht und legte es zu ihren eigenen Kitzen. Sie ließ es bei sich säugen und zog auf so gut sie nur konnte.

Und als ein Jahr vergangen war, war das Kind so groß und so stark wie ein Vierjähriger.

Die Hindin ist wie auf dem Goldhorn von Gallehus die Jenseitsgöttin.

I 9. c) Gosforth-Kreuz

Auf diesem Kreuz ist vermutlich der junge Sigurd, der von einer Hindin gesäugt wird, dargestellt – auch wenn diese Hindin ein Geweih trägt. Zumindestens ist keine andere mythologische Szene mit Hirsch und Mann bekannt.

Sigurd und Hindin

I 9. d) Sigdrifa-Lied

Sigurd ritt hinauf nach Hindarfiall und wandte sich südwärts gen Frankenland. Auf dem Berge sah er ein großes Licht gleich als brennte ein Feuer, von dem es zum Himmel emporleuchtete. Aber als er hinzukam, stand da eine Schildburg und oben heraus ein Banner. Sigurd ging in die Schildburg und sah, daß da ein Mann lag und in voller Rüstung schlief. Dem zog er zuerst den Helm vom Haupt: da sah er, daß es ein Weib war. Die Brünne war fest als war sie ans Fleisch gewachsen. Da ritze er mit Gram die Brünne durch vom Haupt herab und danach auch an beiden Armen. Darauf zog er ihr die Brünne ab und sie erwachte.

'Hindarfjal' bedeutet 'Hindin-Hügel' und bezeichnet das Hügelgrab, in dem sich der Tote in Hirschgestalt bei seiner Wiederzeugung mit der Jenseitsgöttin in Hindingestalt vereint.

I 9. e) Fafnir-Lied

Auch hier wird der 'Hindarfjall' ('Hindinhügel') genannt:

„Ein Hof ist auf dem hohen Hindarfiall
Ganz von Glut umgeben außen.
Ihn haben hehre Herrscher geschaffen
Aus undunkler Erdenflamme.

Auf dem Steine schläft die Streiterfahrene,
Und lodernd umleckt sie der Linde Feind.
Mit dem Dorn stach Ygg sie einst in den Schleier,
Die Maid, die Männer morden wollte.

Schaun magst Du, Mann, die Maid unterm Helme,
Die aus dem Gewühl trug Wingskornir das Roß.
Nicht vermag Sigdrifas Schlaf zu brechen
Ein Fürstensohn eh die Nornen es fügen."

I 9. f) Völsungen-Saga

Und es sprach noch ein vierter Vogel (zu Sigurd): „Oh, und noch weiser wäre er,
wenn er diesem guten Rat folgen würde: danach zu Fafnirs Lager zu reiten und den
mächtigen Schatz, der dort liegt, an sich zu nehmen, und dann zu dem Hindinhügel zu
reiten, auf dem Brünhilde schläft, denn dort könnte er große Weisheit erlangen. Oh,
weise wäre er, wenn eurem Rat folgen würde und an sein eigenes Wohlergehen
denken würde, denn sagt man nicht 'Wo die Ohren des Wolfes sind, sind auch die
Zähne nicht fern'?"

I 9. g) Fafnir-Lied

Da hörte Sigurd, was die Vögel sangen:

„Mit den roten Ringen bereife Dich, Sigurd;
Um Künftges sich kümmern ziemt Königen nicht.
Ein Weib weiß ich, ein wunderschönes,
Goldbegabt: war sie Dir gegönnt!

Zu Giuki gehen grüne Pfade:
Dem Wandernden weist das Schicksal den Weg.
Da hat eine Tochter der teure König:
Die magst Du, Sigurd, um Mahlschatz kaufen.

Ein Hof ist auf dem hohen Hindarfiall
Ganz von Glut umgeben außen.
Ihn haben hehre Herrscher geschaffen
Aus undunkler Erdenflamme. "

Die Waberlohe, die hier rings um die Walküre emporlodert, ist ein beliebtes Motiv in den Isländersagas, in denen aus den Hügelgräbern, in denen noch ein Totengeist wohnt, oft Flammen emporschlagen. Am eindrucksvollsten wird dies in der Hervor-Saga geschildert. Die Flammen rings um die Walküre Sigdrifa/Brünhilde sind ein sicheres Zeichen dafür, daß der Ort 'Hindinhügel', an dem sie sich befindet, ein Hügelgrab ist.

In einigen Versionen der Sigurd-Sage ist aus der Grabkammer in dem Hügelgrab bereits eine ganze Burg geworden.

I 9. h) Völsungen-Saga

Da hörte Sigurd die Vögel singen, so wie das Lied berichtet.
... ...

Und der dritte:
„Eine hohe Halle steht dort
auf dem Hindin-Hügel errichtet,
außen herum
lodert eine rote Flamme empor.
Weise Männer haben
dieses Wunder einer Halle
mit dem nicht verborgenen Ruhm
des Goldes erschaffen. "

I 9. i) Faröer-Lieder: Brünhild-Lied

In diesen Faröer-Liedern ist aus dem 'Hindarfjall' (Hindin-Hügel) ein 'Hildarfjall' ('Kampf-Hügel' oder 'Walküren-Hügel') geworden.

Sie hieß Brinhild Budlis Tochter, das minnigliche Weib.
Brinhild sitzt auf Hildarfiall, sie ist Budlis Tochter:
Man sagte so von ihr im Helden-Lied, das Licht erhalte von ihr Schatten.
Brinhild sitzt auf Hildarfiall, mitten in ihres Vaters Reiche:

I 9. j) Faröer-Lieder: Brünhild-Lied

Brinhild stund auf vom Stuhl, sie leuchtete rot in Gold:
Sie eilte fort aus Budlis Burg, und geht zur Hildarhöh.
Grimur und Högni Jukis Sohn, die treffen sich auf grüner Flur:
Mägde beben im Hildarsaal, Budlis hohe Burg erzittert.

I 9. k) Faröer-Lieder – Brünhild-Lied

Darauf sprach König Budli, er faßt an den roten Ring:
„Hör' das, Brinhild, Tochter mein, warum willst Du Sjurdur töten?
Gedenkst Du, Brinhild, Tochter mein, gedenkest Du der Zeit?
Du zogst Sjurd von Nordlanden über die grüne Halde.
Gedenkst Du des Brinhild, liebe Tochter mein?
Du zogst Sjurd von Nordlanden auf Hildarhöh zu Dir. "

I 9. l)   Die Saga über Bosi und Herraud

Herraud und Hleidi liebten einander sehr. Ihre Tochter war Thora Borgarhjart, die Ragnar Lodbrök gebar.

Borganhjart = Hirsch der Stadt/Hügels/Hügelgrabes/Scheiterhaufens = 'Hirsch-Hügelgrab'

Ragnar Lodbrök = Ragnar Lodenhose (eine Parallele zu Sigurd Drachentöter und zudem sein Schwiegersohn)

I 9. m)   Die Geschichte der Ragnars-Söhne

Herraud hatte eine Tochter, die Thora Borgarhjart genannt wurde.

I 9. n)   Die Saga über Ragnar Lodbrök

Einst lebte ein Jarl, der Herrud genannt wurde und der in Gautland mächtig und berühmt war. Er war verheiratet. Seine Tochter wurde Thora genannt und sie war die schönste aller Frauen und sie war sehr geschickt in allen Dingen, von denen es besser ist, sie zu haben als sie nicht zu haben. Ihr Spitzname war Borgarhjört, da sie sich von allen Frauen durch ihre Schönheit so abhob wie der Hirsch von allen anderen Tieren.

Ein 'Jarl' (englisch: 'Earl') ist in etwa ein Graf.
'Gautland' ist eine Provinz in Südschweden.

Der Jarl liebte seine Tochter sehr. Er hatte ihr ein kurzes Stück von seiner Königshalle entfernt ein Frauenhaus errichten lassen und rings um das Frauenhaus war ein hölzerner Zaun.

Der Jarl hatte es sich zur Gewohnheit gemacht, seiner Tochter jeden Tag etwas zu ihrer Unterhaltung zu senden und er sagte, daß er diese Gewohnheit beibehalten werde.

Hierüber wird erzählt, daß er seiner Tochter eines Tages eine kleine Heide-Schlange sandte, die über die Maßen schön war. Die Schlange gefiel ihr und sie bewahrte sie in einer kleiner Kiste aus Eschenholz auf und legte Gold unter sie.

Es dauerte nicht lange, bis sie größer wurde – und das Gold unter ihr wuchs mit ihr. Schließlich paßte die Schlange nicht mehr in die Eschenholz-Kiste und lag in einem Ring außerhalb der Kiste.

Später kam es soweit, daß sie auch nicht mehr genug Raum in dem Frauenhaus hatte – und das Gold unter ihr wuchs genauso an wie die Schlange selber. Da legte sie sich außen rings um das Frauenhaus, sodaß sich ihr Kopf und ihr Schwanz berührten. Da wurde es schwer, mit ihr umzugehen. Niemand wagte zu dem Frauenhaus zu gehen außer einem einzigen Mann, der der Schlange ihre Nahrung brachte – und sie brauchte an jedem Tag einen Stier als Nahrung.

Dem Jarl schien dies ein großer Schaden zu sein und er tat den Schwur, daß er seine Tochter dem Mann geben würde – egal wer es sein möge – der die Schlange tötete, und daß das Gold unter ihr lag, die Mitgift sein solle. Dies wurde im ganzen Land bekannt, aber niemand traute sich zu, diese große Schlange zu überwältigen.

Diese Schlangenszene hat unübersehbar einen mythologischen Ursprung:

> - Die im Kreis liegend Schlange entspricht der im Kreis und die ganze Erde liegende Midgardschlange.
> - Die Midgardschlange und die Jenseitsgöttin sind die beiden wichtigsten Wesen im Jenseits. Sie entsprechen Thora und ihrer Schlange.
> - Das Frauenhaus entspricht daher der Halle der Hel. Auch die Jenseitsgöttin Freya besitzt in ihrem Aspekt als Wiederzeugungs-Geliebte solch ein 'uneindringliches Frauenhaus', das in der 'Saga über Hedin und Högni' geschildert wird.
> - Die Schlange rings um das Haus der Königstochter Thora entspricht der Waberlohe rings um das Hügelgrab der Brünhild.
> - Der Held erhält die Frau, wenn er durch die Gefahr geht – bei Brünhild ist dies die Waberlohe und bei Thora die Schlange. Beides ist ein Symbol für die Jenseitsreise als Schlange zu der Jenseitsgöttin als Wiederzeugungs-Geliebter.
> - Die kreisförmig liegende Schlange ist eine Kombination aus den Totengeistern als Schlange und dem Kreis der Sonne. Beides zusammen ergibt den goldenen Jenseitsreise-Sonnenring: Odins Draupnir, Freyas Brisingamen und Fullas goldener Haarreif.
> - Der Stier, den die Schlange jeden Tag frißt, könnte dem Stier als Opfertier des Göttervaters entsprechen.
> - Der Beiname 'Burg-Hirsch' der Thora könnte sich auf das zweite Opfertier für den Göttervater, also den Hirsch beziehen.
> - Der Eschenholz-Kasten der Thora, in der die Schlange anfangs lag, könnte Iduns Eschenholz-Kiste, in der sie ihre magischen Äpfel liegen hat, und auch dem Schmuckkästchen, in dem Freya ihr Brisingamen aufbewahrt, entsprechen.

Thora Burg-Hirsch ist an dieser umfassenden Symbolik recht deutlich als eine Sagen-Variante der Göttin Freya in der Unterwelt erkennbar.

Im weiteren Verlauf wird die Schlange von Ragnar Lodbrök getötet. Ragnar entspricht Sigurd, die Schlange dem Drachen Fafnir und Thora der Walküre Brünhild.

I 9. r) Zusammenfassung

> Die Jenseitsgöttin vereint sich in Hindingestalt mit dem Toten bzw. dem Gott Tyr in Hirschgestalt in dem Hügelgrab, das in diesem Zusammenhang 'Hirsch-Hügel' genannt wird und vermutlich der Halle 'Heorot' ('Hirsch-Halle') entspricht.

I 10. Drachenschiff

I 10. a) Die Saga über Ragnar Lodbrök

„Es gereicht uns nicht zur Ehre,
darüber zu streiten, ob das, was wir getan haben,
größer als die Taten des anderen ist
– hier beim Ale neben dem Hochsitz.
Du standest auf dem Schwert-Hirsch,
als die Wellen es durch den Sund trugen,
und ich saß an der Bordwand,
als der rote Bug in den Hafen einlief.“

Der 'Schwert-Hirsch' ist das Schiff. Möglicherweise ist dies eine Anspielung auf die Schwerter, die die Wikinger gezogen haben und die wie ein Hirschgeweih wirken – aber diese Deutung klingt recht unwahrscheinlich, weil die Kenningar der Wikinger im allgemeinen anders gebildet werden als durch lose Assoziationen.

Diese Kenning könnte eine Anspielung auf den ehemaligen Göttervater Tyr sein, dessen Opfertier und daher auch dessen Jenseits-Gestalt der Hirsch gewesen ist und der selber der auch Schwert-Gott gewesen ist. Da der Sonnengott-Göttervater zudem zumindestens auf den skandinavischen Felsritzungen in einem Schiff gefahren zu sein scheint, könnte der Name 'Schwert-Hirsch' für ein Schiff eine Parallelbildung zu der Bezeichnung eines Kriegsschiffes als 'Drache' sein, da der Drache bzw. die Schlange die Gestalt der Toten im Jenseits ist.

Der 'Drache' d.h. das Schiff trägt den Namen 'Schwert-Hirsch', also den ehemaligen Sonnengott-Göttervater Tyr ins Jenseits. Der 'Hirsch' könnte auch eine allgemeine Bezeichnung für einen Toten gewesen sein, die durch den Zusatz 'Schwert' genauer als der Schwertgott Tyr definiert wurde.

Schließlich scheint auch das Schiff selber (etwas ungenau) als 'Schwert-Hirsch' bezeichnet worden zu sein.

I 10. b) Kenningar

In den Kenningar wird der Hirsch lediglich zur Bildung von Umschreibungen für 'Schiff' verwendet.

Es ist gut möglich, aber keineswegs sicher, daß es eine auf den Tyr-Mythen beruhende Assoziationen zwischen dem Schiff des einstigen Sonnengott-Göttervaters und dem Hirsch als Opfertier für Tyr und daher auch als Gestalt des Tyr gegeben hat.

Schiff	See-Hirsch		König Harald Sigurdarson	(Skaldskaparmal)
Schiff	*See-Hirsch*		Snorri Sturluson	Hattatal
Schiff	*See-Hirsch*		Bjarni ason	Bruchstücke
Schiff	*Wogen-Hirsch*		Hallfredr	(Skaldskaparmal)
Schiff	*Kielwasser-Hirsch*		anonym	Leidarvisan
Schiff	*Bug-Hirsche*		Snorri Sturluson	Hattatal
Schiff	*Achterdeck-Hirsch*		Harald Sigurd-Sohn	(Skaldskaparmal)
Schiff	*grimmiger Mast-Hirsch*		Thorbjörn Hornklaue	Glymdrapa
Schiff	*Mastkopf-Hirschkuh*		Refr	(Skaldskaparmal)
Schiff	*Hirsch des Sturmes*		Snorri Sturluson	Skaldskaparmal
Schiff	*Bootshaus-Hirsch*		Harald Hart-Rat	Gamanvisur
Schiff	*Schwert-Hirsch*	ungenaue oder komprimierte Kenning: Krieger mit Schwertern auf einem Schiff	anonym	Ragnar Lodenhose

Ähnliche Kenningar gibt es auch mit dem Elch, wobei 'Hirsch' und 'Elch' oft nur unsicher zu unterscheiden sind.

Schiff	Meer-Elch		anonym	Brudkaupsvisur
Schiff	*Flut-Elch*		Einarr	(Skaldskaparmal)
Schiffe	*Wogen-Elch*		Arnorr Jarl-Skalde	Magnussdrapa
			Bersi Skald-Torfuson	Olaf-Flokkr
			anonym	Placitusdrapa
Schiff	*höchster Wogen-Elch*		Bersi Skald-Torfuson	Olaf-Flokkr
Schiff	*Kielwasser-Elch*		anonym	Leidarvisan
Schiff	*Bug-Elch*		anonym	Olafs drapa
			Rögnvaldr-Jarl Kali Kolsson	Lausavisur

				Kalfr Hallsson	Katrinardrapa
Schiff	*Elch der Sonnenseiten-Bordwand*			Kalfr Hallsson	Katrinardrapa
Schiff	*Stäbe-Elch*	Stäbe = Schiffsplanken oder Krieger		anonym	Olafs drapa Tryggvasonar
Schiffe	*Elche des tosenden Sturmes*			Arnorr Jarl-Skalde Thordarson	Hrynhenda, Magnussdrapa
Meer	*Weg des Wogen-Elches*		Wogen-Elch = Schiff	anonym	Leidarvisan
Seemann	*Throttr des Wogen- Elches*			anonym	Placitusdrapa
Seemann	*der den Elch des Sonnen-Bords wassert*	Sonnenbord-Elch = Schiff; wassern: das Schiff auf Rollen ins Wasser schieben		Kalfr Hallsson	Katrinardrapa
Land	*Meer des Elches*			Thjodolfr Arnorsson	Fragmente
Bär	*Elch-Feind*			Snorri Sturluson	Thulur

I 10. c) Personennamen

Mit 'Hirsch' gebildete Männernamen		
Namen		*Bedeutung*
Männer	*Frauen*	
Diurver, Dyrver		Hirsch-Priester
	Dyrfinna	Hirsch-Wanderin
Diurgäirr		Hirsch-Speer
	Dyrhild	Hirsch-Kampf
Hjartvar		Hirsch-Krieger (neu?)
Dyrbernus, Dyrbiörn		Hirsch-Bär = Hirsch-Krieger
Hyrningr		Gehörnter = Bischof (Mitra mit zwei Spitzen)
Hornbori		Hornträger, Hornbläser (Heimdall, Wächter) oder 'der in der Ecke, d.h. mit einer Nebenfrau, Gezeugte'

Neben den üblichen Krieger-Namen findet sich hier nur der 'Hirsch-Priester' als religionshistorisch interessanter Name.

I 10. d)   Zusammenfassung

Vermutlich ist auch das Schiff, in dem der Sonnengott-Göttervater Tyr über den Himmel und durch die Wasserunterwelt fuhr, mit dem Hirsch assoziiert worden, da sowohl der Hirsch als auch das Schiff ein Symbol der Jenseitsreise gewesen sind.

Die Schlangen bzw. Drachen, die den Drachenschiffen ihre Gestalt und ihren Namen gegeben haben, waren die Geister der Toten auf ihrer Reise ins Jenseits.

Ein 'Hirsch-Schiff' in Analogie zum 'Drachenschiff' wäre also sehr naheliegend gewesen.

I 11.   Königs-Heraldik

I 11. a)   Karl der Große

Der oft mit Flügeln dargestellte Hirsch ist im französischen Königtum seit Karl dem Großen bis hin zu den Bourbonen-Kaisern im 18. Jahrhundert das Zeichen des Königtums. Er erscheint den Königen seit mindestens Karl dem Großen (800 n.Chr.) auch oft vor wichtigen Ereignissen wie Krönung, Domgründungen, Klostergründungen und Tod. Der Hirsch gibt dem König auch in der Waldeinsamkeit, wo er ihm begegnet, Rat. So zeigte z.B. ein Hirsch Karl dem Großen eine heiße Heilquelle im Wald – dort gründete Karl der Große daraufhin Aachen und ließ dort den Aachener Dom errichten.

Der Hirsch ist der Bote zwischen den französischen Königen und Gott. Er hat bei ihnen die Stellung, die ansonsten im Christentum der heilige Geist als Taube innehat.

I 11. b)   der Königs-Bote

Dem bayrischen Herzog Tassillo III (741 – 796) zeigte ein weißer Hirsch mit Kreuz im Geweih den richtigen Ort für das Kloster Kremsmünster.

Zwei Töchter Ludwigs des Deutschen (806 – 876) sahen immer wieder an derselben Stelle einen Hirsch mit leuchtendem Geweih, an der sie mit Unterstützung ihres Vaters ein Kloster gründeten.

Ein weißer Hirsch ist bei Goslar den Bergleuten erschienen und hat ihnen gesagt, wo sie nach Erz suchen sollen.

Es gab in Süddeutschland lange die Vorstellung, daß die Begegnung mit einem weißen Hirsch oder einer weißen Gemse dem Jäger seinen nahen Tod verkündet.

König Philipp der Schöne von Frankreich (1268 – 1314) begegnete im Wald ein weißer Hirsch, woraufhin der König erkrankte und bald darauf im Alter von nur 46 Jahren starb.

Es gibt seit mindestens Karl dem Großen Berichte von vielen französischen Königen über die Erscheinung eines Hirsches an wesentlichen Punkten ihrer Biographie, insbesondere vor der Krönung und vor dem Tod – allerdings wird der Hirsch nicht immer als weiß geschildert.

I 11. c)   der Flügel-Hirsch

Die Kombination des Hirsches mit dem Seelenvogel zum Flügelhirsch analog dem Flügelpferd Pegasus war recht naheliegend. Es gibt zwar keine Mythen zu dem geflügelten Hirsch, aber eine Reihe von archäologischen und architektonischen Funden, die von 1.200 v.Chr. bis heute reichen. Sie scheinen ihre Wurzel in den frühen mythologischen Vorstellungen der Griechen zu haben, die dann später teilweise ins Christentum integriert wurden.

Vermutlich hat es in Großbritannien und Frankreich eine eigenständige keltische Tradition des Flügelhirsches gegeben, die sich dann in der Heraldik der französischen Könige zeigte, die viel von der germanischen und von der keltischen Symbolik übernommen haben.

Große Chronik von Frankreich   1380

Zeichen der französischen Könige   1390

Frankreich   1450

Linlithgow Palace West Lothian, Schottland 1300 n.Chr.

Zeichen von Karl VI des Wahnsinnigen von Frankreich 1450 n.Chr.

Wappen Karls VIII von Frankreich 1480 n.Chr.

Jean Fouquet Frankreich 1450 n.Chr.

Zeichen der französischen Bourbonen-Könige ca. 1700 n.Chr.

Zeichen der französischen Bourbonen-Könige ca. 1700 n. Chr.

Palast von San Ildefonso Spanien 1721 n.Chr.

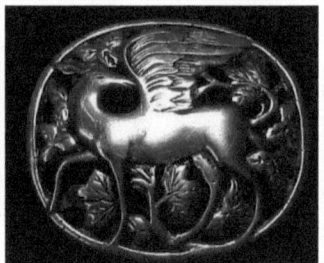

Brosche 1950 n.Chr.

Hirschpark Tennessee 1991 n.Chr.

I 12. Hirsch und Teufel

St. Hubertus

St. Christopherus

Der 'Hirschmann' war eine so wichtige Gestalt in den Vorstellungen der Kelten, daß es für die christlichen Mönche am einfachsten war, sie als Heiligen in das Christentum zu integrieren. So entstand St. Hubertus, der auf der Jagd einem Hirsch mit einem Kreuz zwischen den Hörnern erschienen ist. Der Hirsch ist auch hier noch eng mit dem Jenseitsreisenden, d.h. mit Christus verbunden ...

Auch das Bild des Schamanen als Jenseitsbegleiter, der als Jenseitsfährmann schon seit den ägyptischen Pyramidentexten den Toten ins Jenseits begleitet, war eine so fest verwurzelte Gestalt bei den Germanen und Kelten, daß auch der Jenseitsfährmann zu einem Heiligen wurde: St. Christopherus ('Christusträger'), der Christus über. Leider ist er 1984 ersatzlos aus der Liste der Heiligen gestrichen worden, da er nur eine mythologische Gestalt war – aber viele Autofahrer vertrauen auch noch heute auf seinen Schutz.

Eigentlich waren diese alten 'heidnischen Gestalten' aber für das Christentum unhaltbar – schließlich war der Hirschmann-Jenseitsfährmann genau die Gestalt, der die Menschen damals vertrauten.

Dieses Vertrauen sollten die Menschen damals den Mönchen zufolge jedoch in Christus und Gott legen und nicht in die Priester der alten Religionen. Der Konflikt zwischen den alten Religionen und dem Christentum zeigt sich am schärfsten darin, daß die 'Gehörnten in der Wildnis' die Väter waren und man bei ihnen statt bei Gott Vater Rat und Hilfe suchte.

Daraus entstand für die damaligen Menschen bei der Begegnung mit den christlichen Missionaren die Frage: „Wer ist nun der helfende Vater? Mein eigener Vater und dessen Ahnen im Jenseits oder der Eine Gott der Christen, der der Vater aller Menschen ist?" In Europa hat sich schließlich der eine für alle zuständige Vater des Christentums durchgesetzt.

Das führte natürlich dazu, daß die Gehörnten der alten Religionen von den christlichen Priestern und Mönchen als 'böse' dargestellt werden mußten, um einen „Rückfall" bei den Gläubigen zu vermeiden. Für solche gezielten Meinungsprägungen ist stets die Todesangst am wirksamsten. Da die Gehörnten und auch die Wölfe/Hunde als ihre Begleiter schon mit dem Tod assoziiert waren, mußten sie nur von dem Helfer auf dem Jenseitsweg zur Gefahr auf dem Jenseitsweg bzw. zur Ursache des Todes umgedeutet werden – eine Dynamik, die den meisten Jenseitsvorstellungen schon aus sich heraus zu eigen ist.

Christus spricht mit einem Cernunnos-Schamanen (Dämon?) mit Vogelfüßen über die (psychotropen?) Pflanzen oder Pilze in dessen Händen (Psalter Eadwine, Canterbury 1160 n.Chr.)

Aus der frühen Zeit des Christentums in Mittel- und Nordeuropa gibt es ganz vereinzelt auch Darstellungen von Christus, in denen er mit einem der alten Götter, die dabei in der Regel zu Dämonen umgedeutet worden, spricht. In dem Psalter Eadwine aus Südostengland finden sich z.B. Christus und Mann mit Hirschgeweih und Vogelfüßen, der wohl auf Cernunnos zurückgehen wird, in ein Gespräch über Pflanzen oder Pilze verwickelt, die der Hirschmann in seinen Händen hält.

An diesem Psalter fallen die sehr visionär wirkenden Illustrationen auf, die oft wie Bilder aussehen, die unter Einfluß von LSD oder ähnlichen psychoaktiven Mitteln gemalt worden sind. Das läßt zumindest den Verdacht zu, daß der Gehörnte psychoaktive Pflanzen oder Pilze in seinen Händen hält. dies würde wiederum dazu passen, daß solche Substanzen ein Hilfsmittel waren, um künstlich die Visionen hervorzurufen, die Seher wie Cernunnos oder die Druiden aus ihrer Meditation heraus erlangen können.

Es wäre durchaus interessant zu wissen, welches Verhältnis der Mönch, der diesen Psalter illustrierte, zu Cernunnos, den Druiden, psychoaktiven Substanzen und religiösen Visionen gehabt hat – worüber aber leider nichts überliefert worden ist …

Aus den Gehörnten wurde durch christliche Umdeutung des Cernunnos, des Pan, des Porevit, des Faunus und der anderen Gehörnten im Wildnis der Teufel. Aus dem

Wolf/Hund entstand nach demselben Verfahren der Höllenhund. Aus der Großen Mutter im Jenseits wurde des Teufels Großmutter – eigentlich hätte es bei einer genauen Übertragung des mythologischen Verhältnisses zwischen Gehörntem und Jenseitsgöttin 'des Teufels Mutter' statt 'des Teufels Großmutter' heißen müssen, aber bei einem solchen Bild hätten wohl zu leicht Muttergefühle anklingen können.

Zu der Zeit, in der der Gehörnte zum Teufel umgedeutet wurde, war anscheinend der ziegenhörnige und bocksbeinige Pan/Faunus/Porewit die prägende Gestalt, da der Teufel auf so gut wie allen Darstellungen Ziegenhörner hat. Aber auch das Pferd war zu dieser Zeit offenbar ein wichtiges Opfertier und daher mit dem gehörnten Ahnen verbunden, weshalb der Teufel einen Pferdefuß erhielt.

Die den Weg ins Jenseits darstellende Schlange wurde bei dieser Umdeutung zu Satan in Drachengestalt, der von St. Michael getötet wurde. Dieses Motiv griff das alte Bild des Kampfes des Regen- und Donnergottes gegen die Regenräuberschlange auf, die sich z.B. bei den Germanen als Midgartschlange und bei den Slawen als Veles findet.

Das Feuer als Eingang in die Unterwelt wurde zu dem Höllenfeuer, in dem die Toten Höllenqualen leiden müssen.

Das Motiv der Wiederzeugung und der Wiedergeburt, die ja eine Betonung der Sexualität waren, mußten in diesem Zusammenhang ebenfalls umgedeutet werden, wodurch der Teufel lüsterne Züge bekam und den Menschen zur (unerlaubten) Sexualität verführen wollte. Auch dieses Motiv konnte z.T. auf älteren mythologischen Vorstellungen aufbauen – die Lüsternheit des Pans z.B. findet sich auch schon in den griechischen Mythen.

Aus anderen Mythologien wurden noch andere Charakterzüge in das Wesen des Teufels miteinbezogen. Insbesondere das Erschaffen der Disharmonie durch den 'bösen' Gott der Wildnis wie z.B. Seth bei den Ägyptern oder Arhiman bei den Persern wurde auch zu einem Merkmal des Teufels. Seth war auch der Gott der feindlichen Länder, der Wüste, der Dürre und der Krankheiten gewesen, was nun zu einem Wesenszug des Gehörnten wurde.

In dieser Umdeutung liegt auch ein Aspekt, der zunächst nicht so schnell auffällt. Die Ahnen sind ihren Nachkommen stets wohlgesonnen und stehen immer auf ihrer Seite. Gott Vater hat jedoch Prinzipien, die befolgt werden müssen, damit man sein Wohlwollen erhält.

Dadurch änderte sich das Lebensgefühl in grundlegender Weise: Vorher war es sinnvoll, seine eigene Seele zu suchen und dann das ausrücken, was in ihr lag und dabei die eigenen Ahnen um Unterstützung zu bitten – nun war es jedoch sinnvoll, die Regeln des Vatergottes zu lernen und zu befolgen und zu hoffen, daß er dann gnädig sein würde.

Nun ist es ja so, daß feste Regeln stets Widerspruch auslösen, da feste Regeln Teile des Charakters verdrängen, die dann 'durch die Hintertür' wieder hereinkommen: 'Wer Gehorsam predigt, erschafft den Teufel.' Auch dieser Charakterzug des Teufels konnte auf vielerlei alte Bilder zurückgreifen wie z.B. auf Prometheus oder Loki, die bereits das Motiv des 'bestraften Aufständischen' darstellten.

Da der Gehörnte ursprünglich den hilfreichen Ahn im Jenseits darstellte, der jetzt durch den allgemeinen Vater verdrängt wurde, wurde er zu der Schattengestalt des Vaters, zu einem dunklen Vater, der auch noch sehr viel später in einem Science-Fiction-Film viele Menschen beschäftigen sollte. Der 'dark father' wurde zu 'Darth Vader'.

In der folgenden Zusammenstellung finden sich Teufel mit den verschiedensten Hörnern: Teufel mit Hirschgeweih, mit Widderhörnern, Ziegenhörnern, Stierhörnern, vielen Hörnern … und auch mit den Hauern von Ebern und den Hufen von Pferden. Die Hörner sind das, woran man einen Teufel erkennen kann – egal wie phantasievoll er auch dargestellt worden ist, selbst wenn er Flügel oder mehrere Gesichter hat.

Der Teufel ist eindeutig aus der Herdentier-Symbolik abgeleitet worden. Diese bezieht sich vor allem auf die Zeugungskraft, denn der Teufel ist stets männlich und hat oft einen überdimensionalen Penis.

Teufel mit Hirschgeweih

Teufel mit mehreren Hörnern

Teufel mit Ziegenhörnern

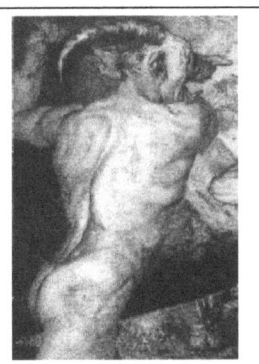

Teufel mit Widderhörnern

Teufel mit Stierhörnern und Eber-Zähnen

Teufel mit Stierhörnern

Teufel mit Pferdefuß

Teufel mit Ziegenhörnern

Teufel mit kleinen Hörnern

In mittelalterlichen Darstellungen findet sich auch Moses oft mit Hörnern dargestellt. Dies liegt an der hebräischen Sprache, in keine Vokale, sondern nur die Kon-
sonanten geschrieben wurde. Dadurch konnte das Wort, das man im 2. Buch Mose,
Vers 34-35 als 'krn' schrieb, sowohl 'Horn' und 'Hirsch' ('karan') als auch 'Leuchten'
('käran') bedeuten. Die nahe Verwandtschaft des Wortes zu dem indogermanischen
Wort 'kornu' und dem ägyptischen Wort 'krn' für 'Horn' ist nicht zu übersehen – in
Konsonantenschreibweise würden alle drei 'krn' lauten.

Vielleicht ist an der betreffenden Textstelle 'leuchten' gemeint, aber 'Horn' ist
keineswegs sicher auszuschließen.

So kommt es, daß Moses als Jenseitsreisender, der auf dem Berg im Sinai zu Gott
hinaufgestiegen ist, und daraufhin zu dem Begründer der jüdischen Religion wurde,
auch ein 'Gehörnter' ist – wenn vielleicht auch nur aufgrund eines Übersetzungs-
fehlers. In symbolischer Hinsicht sind seine Hörner jedenfalls sehr zutreffend …

Moses

Kathedrale von Lausanne

Skulptur von Michelangelo

Gemälde von José de Ribera

I 13. Zusammenfassung

Der Hirsch wurde dem Sigurd und manchmal auch den Königen vergleichen. Da Sigurd eine Saga-Variante des ehemaligen Sonnengott-Göttervaters Tyr und die Könige bei ihrer Krönung (bis um 500 n.Chr., als Tyr durch Odin abgesetzt wurde) einen Jenseitsreise zu Tyr unternommen haben, könnte der Hirsch in den Mythen vor 500 n.Chr. ein Tier des Tyr gewesen sein.

Auf der Jenseitsreise verwandelte sich der Reisende (Tyr, Toter, Schamane, König bei der Krönung) in einen Hirsch oder in einen Hirsch-Mann. Im Jenseits vereinte er sich bei seiner Wiederzeugung mit der Jenseitsgöttin, die dann die Gestalt einer Hindin annahm. Nach der Wiedergeburt des Jenseitsreisenden durch die Göttin stillte sie ihn in der Gestalt eines Kitzes – sie selber blieb dabei eine Hindin.

Der Beiname 'Hirsch' des Sigurd wird ein Überrest von dieser Hirsch-Verwandlung auf der Jenseitsreise sein, da Sigurd eine Saga-Variante des Tyr ist.

Der Ort bzw. die Halle 'Heorot' könnte ursprünglich das Jenseits und die Jenseitshalle des Tyr gewesen sein.

Die Jenseitsgöttin vereint sich in Hindingestalt mit dem Toten bzw. dem Gott Tyr in Hirschgestalt in dem Hügelgrab, das in diesem Zusammenhang 'Hirsch-Hügel' genannt wird und vermutlich der Halle 'Heorot' ('Hirsch-Halle') entspricht.

Tyr nahm auf seiner Reise in das jenseits die Gestalt des Sonnenhirsches an, zwischen dessen beiden Geweihhälften die goldene Sonne leuchtete.

Der Hirsch des Sonnengott-Göttervaters ist ein 'Gold-geschmückter Sonnenhirsch mit glühenden Hörnern'.

Dieses Motiv hat dann später die Gottes-Visionen des St. Eustachius und des St. Hubertus geprägt.

Vermutlich ist dieser Sonnenhirsch eine Vision der aufgehenden Sonne, des wiedergeborenen Tyr und später dann des auferstandenen Christus gewesen.

Vermutlich ist auch das Schiff, in dem der Sonnengott-Göttervater Tyr über den Himmel und durch die Wasserunterwelt fuhr, mit dem Hirsch assoziiert worden, da sowohl der Hirsch als auch das Schiff ein Symbol der Jenseitsreise gewesen sind.

Die Schlangen bzw. Drachen, die den Drachenschiffen ihre Gestalt und ihren Namen gegeben haben, waren die Geister der Toten auf ihrer Reise ins Jenseits.

Ein 'Hirsch-Schiff' in Analogie zum 'Drachenschiff' wäre also sehr naheliegend gewesen.

Das Verirren auf der Hirschjagd ist ein Standardmotiv in den germanischen Sagas, das aus der Umdeutung der Jagd auf einen Hirsch entstanden ist, der als Opfertier bei einer Jenseitsreise gebraucht wurde. Dieses Verirren auf einer Hirschjagd ist daher ein Hinweis auf eine Jenseitsreise des Verirrten. Da dieser fast immer ein König ist, wird es sich ursprünglich um die Jagd auf einen Hirsch und dessen

Opferung im Krönungsritual gehandelt haben, dessen wesentlichster Teil die Reise des angehenden Königs bzw. Fürsten in das Jenseits zu dem Götterkönig war.

Der Hirsch wird daher ursprünglich das Opfertier des Tyr gewesen sein. Diese Symbolik wurde dann um 500 n.Chr. in der Form des 'Verirrens auf der Hirschjagd' von Odin übernommen.

Das Jenseits erscheint in diesem Motiv als Wald, als Bauernhof im Wald oder als eine Höhle (Hügelgrab), in der die Jenseitsgöttin Huldar oder die drei Nornen wohnen.

Wahrscheinlich trug Tyr als Hirsch im Jenseits den Namen 'Eikthyrnir'. Seine vier Jenseits-Söhne, die in der Gefjun-Mythe auch als vier Stiere erscheinen, hießen 'Dain, Dwalin, Duneyr und Durathror'. Hirsch und Stier waren die Opfertiere des Tyr.

Tyr Zwillingssöhne, die als zwei Schimmel seinen Streitwagen zogen, trugen den Namen 'Alcis', d.h. 'Elche'. Die vier Hirsche sind möglicherweise eine Verdopplung dieser beiden Elche.

Das Hirschgeweih steht für den Hirsch selber, aber ist z.T. von der Hilfe auf der Jenseitsreise zu einer Todesursache umgedeutet worden.

Hirsch und Elch wurden anscheinend nicht unterschieden.

72

I 14. Der Elch in der germanischen Überlieferung

Der Elch ist nur schwer vom Hirsch zu unterscheiden, da das Wort 'alces' nicht nur für 'Elch', sondern auch für 'Hirsch' benutzt worden ist. Die beiden 'Alcis' genannten Pferde-Söhne des ehemaligen Göttervaters Tyr werden recht wahrscheinlich Hirsche und nicht Elche gewesen sein (siehe 'Alcis' in Band 12).

I 4 a) Hrolf Kraki und seine Berserker

Der folgende Text ist bereits in Abschnitt 'I 6. c)' besprochen worden.

„Derjenige unserer Söhne, der zuerst herauskommen wird, soll 'Elch-Frodi' genannt werden."

Kurz darauf begannen ihre Wehen und sie gebar einen Jungen – allerdings einen, der ein wenig seltsam war. Er war oberhalb seines Nabels menschlich, aber unterhalb ein Elch. Er erhielt den Namen 'Elch-Frodi'.

... ...

Danach stampfte Elch-Frodi mit seinem Huf auf den Felsen neben ihm und sank bis zu der Afterklaue ein.

Da sprach Frodi: „Ich werde jeden Tag zu diesem Hufabdruck kommen und schauen, was ich in dem Abdruck sehe. Wenn Erde in ihm ist, wirst Du an einer Krankheit gestorben sein, wenn es Wasser ist, wirst Du ertrunken sein, und wenn es Blut ist, wirst Du an Waffen gestorben sein und dann werde ich Dich rächen, denn von allen Männern liebe ich Dich am meisten."

I 14. b) Kenningar

In den Kenningarn finden sich keine mythologischen Anspielungen.

Schiff	Meer-Elch		anonym	Brudkaupsvisur
Schiff	Flut-Elch		Einarr	(Skaldskaparmal)
Schiffe	Wogen-Elch		Arnorr Jarl-Skalde Thordarson	Magnussdrapa
			Bersi Skald-Torfuson	Olaf-Flokkr
			anonym	Placitusdrapa

Schiff	*höchster Wogen-Elch*			Bersi Skald-Torfuson	Olaf-Flokkr
Schiff	*Kielwasser-Elch*			anonmy	Leidarvisan
Schiff	*Bug-Elch*			anonym	Olafs drapa Tryggvasonar
				Rögnvaldr-Jarl Kali Kolsson	Lausavisur
Schiff	*Elch der Sonnenseiten-Bordwand*			Kalfr Hallsson	Katrinardrapa
Schiff	*Stäbe-Elch*	Stäbe = Schiffsplanken oder Krieger		anonym	Olafs drapa Tryggvasonar
Schiffe	*Elche des tosenden Sturmes*			Arnorr Jarl-Skalde Thordarson	Hrynhenda, Magnussdrapa
Meer	*Weg des Wogen-Elches*		Wogen-Elch = Schiff	anonym	Leidarvisan
Seemann	*Throttr des Wogen- Elches*			anonym	Placitusdrapa
Seemann	*der den Elch des Sonnen-Bords wassert*	Sonnenbord-Elch = Schiff; wassern: das Schiff auf Rollen ins Wasser schieben		Kalfr Hallsson	Katrinardrapa
Land	*Meer des Elches*			Thjodolfr Arnorsson	Fragmente
Bär	*Elch-Feind*			Snorri Sturluson	Thulur

I 14. c) Zusammenfassung

Der Elch entspricht von seiner mythologischen Bedeutung und von seiner Verwendung in den Kenningarn dem Hirsch. Er ist eines der Herdentiere, die man bei der Bestattung für den Toten opferte, um diesem die Zeugungskraft des Elches bzw. Hirsches zu übertragen, damit dieser bei seiner Wiederzeugung im Jenseits erfolgreich war.

I 15. Das Rentier in der germanischen Überlieferung

Manchmal werden die beiden Finnen üblichen von Rentieren gezogenen Schlitten erwähnt, aber eine mythologische Bedeutung scheint das Ren nicht gehabt zu haben. Es erscheint jedoch des öfteren in den Kenningar, in denen es anscheinend vor allem als eine Alternative zum Hirsch benutzt worden ist, von dem es sich manchmal nicht sicher unterscheiden läßt.

I 15. a) Kenningar

Schiff	*See-Rentier*	Hirsch oder Rentier	Hallvardr	(Skaldskaparmal)
Schiff	*Rentier*	eigentlich: 'See-Rentier' o.ä.	Grettir	Grettir-Saga
Schiff	*Rentier der Bug-Ebene*	Bug-Ebene = Meer	Jökull Bardarson	Lausavisur
Schiff	*Rentier des Bootshauses des Hummers*	Hummer-Bootshaus = Meer	Gamli Kanon	Jonsdrapa
Schiffe	*Rentier der Mastspitzen-Flüssigkeit*	Mastspitze = Schiff; Schiff-Flüssigkeit = Meer	Halldor Nicht-Christ	Eiriksflokkr
Schiffe	*Rentier der leuchtenden Jörd des Schneeschuhs des Gylfi*	Gylfi = Seekönig; Schneeschuh des Gylfi = Schiff; Jörd (Erdgöttin) des Schiffes = Ran (Meeresriesin); leuchten = leuchtendes Gold in der Halle des Ägir und der Ran; Ran = Meer; Rentier des Meeres = Schiff	anonym	Olafs drapa Tryggvasonar
Schiff	*Rentier des Sundes*		Hallvadr	(Skaldskaparmal)
Schiff	*Rentier der langen Wogen*		Ottar der Schwarze	(Skaldskaparmal)
Schiff	*Rentier der Brandung*		Thormodr Kolbrunarskald	Lausavisur
Schiffe	*Segel-Rentier*		Ottar der Schwarze	Knutsdrapa
Schiff	*Bug-Rentier*		Thormodr Kolbrunarskald	Lausavisur

Schiff	*Stab-Rentier der Brise*	Stab = Männer	anonym	Olafs saga Tryggvasonar
Schiff	*Rentier des Bootsschuppens*		anonym	Olafs drapa Tryggvasonar
Schiff	*Rollen-Rentier*		Ottar der Schwarze	Höfudlausn
Schiff	*Rentier des Sveidi*	Sveidi = Seekönig	Hallvadr	(Skaldskaparmal)
Erde	*die Rentier-See*	das Meer des Rentieres ist der Grund, auf der das Rentier steht, also die Erde	Sturla Thordarson	Hakonarkvida
Stier	*Joch-Rentier*		Thjodolfr von Hvini	Ynglingatal

I 15. b) Zusammenfassung

Das Rentier scheint keine mythologische Bedeutung zu haben. Es ist jedoch eine Assoziation zu dem Hirsch und dessen Symbolik denkbar.

I 16. Der Hirsch in der indogermanischen Mythologie

Die folgende Tabelle zeigt den Stammbaum der Indogermanen. Die Namen für die gemeinsamen Vorfahren der verschiedenen Völker wie „Tocharo-Romanen" sind künstliche Bezeichnungen, da nicht bekannt ist, wie sich die betreffenden Völker selber genannt haben. Die Differenzierung dieser Völker fand in etwa zwischen 2800 v.Chr. und 1800 v.Chr. statt.

Indo-germanen						
	West-Indo-germanen	Balto-Slawen				Balten
						Slawen
		Tocharo-Germanen	Tocharo-Romanen	Kelto-Romanen		Kelten
						Römer
						Tocharer
						Germanen
	Süd-Indo-germanen					Lyder
		Hethito-Luwier	Hethito-Palaier			Hethiter
						Palaier
						Luwier
	Ost-Indo-germanen	Gräco-Thraker				Thraker
						Griechen
		Indo-Skythen				Skythen
			Indo-Armenier			Armenier
				Indo-Mitanni		Mitanni
					Indo-Perser	Perser
						Inder

Im Folgenden sind nur die Völker aufgeführt, von denen etwas über das hier betrachtete Thema bekannt ist.

I 16. a) Kelten

Am deutlichsten hat sich der Hirsch bei den Kelten erhalten. Der Gott Cernunnos, der eine menschliche Gestalt hat und im Schneidersitz auf der Erde sitzt, ist vermutlich der Schamane selber und kein Gott – zumindest in der frühen Zeit der Kelten, aus der seine bekannteste Abbildung stammt, die sich auf dem Kessel von Gundestrup befindet.

Cernunnos hält in seiner Hand eine gehörnte Schlange, die sein Begleiter ins Jenseits und durch ihre Hörner auch ein Symbol für die Zeugungskraft ist. Da Cernunnos bisweilen auch mit Stierhörnern erscheint, kann man davon ausgehen, daß auch bei den Kelten die Symbolik von Stier und Hirsch identisch war.

Auf den Wagen, auf denen man die im Kult benutzten und vermutlich bereits mit Met gefüllten Kessel zog, sind sehr häufig Hirsche abgebildet, sodaß man vermuten kann, daß der Hirsch bei den Kelten eine wichtige Rolle spielte. Auf dem Kessel von Gundestrup findet sich die Abbildung eines Gottes, der zwei Hirsche an den Hinterbeinen hält. Möglicherweise ist dies ein Hinweis für ein Hirschopfer, das dann vermutlich dieselbe Funktion gehabt haben wird wie das Stieropfer, dem auch die meisten Bilder auf dem Kessel gewidmet sind.

(Siehe zu der keltischen Hirsch-Symbolik auch mein Buch 'Cernunnos'.)

Die dritte Außenplatte des Kessels von Gundestrup: 'Gott mit zwei Hirschen'

Bildplatte des Kessels von Gundestrup, 400 v.Chr.

Der Gott hält in seinen Händen zwei Hirsche, die tot zu sein scheinen. Man kann vermuten, daß es sich hier um eine Parallele zu dem toten Stier auf der Mittelplatte handelt, was wiederum die symbolische Gleichwertigkeit von Hirsch und Stier bestätigen würde.

Die paarweise Darstellung der Hirsche erinnert an die paarweise Darstellung der Schlangen links und rechts von Cernunnos auf dem Relief von Cirenchester.

Um die Hirsche herum finden sich einige Ranken mit Blättern, die als immergrüne Pflanzen ein Symbol der Jenseitsreise und vor allem ein Symbol der Wiedergeburt gewesen sind.

Keltische Hirsch-Göttinnen

Karnuntina ('Gehörnte', 'Hindin', 'Hirschgöttin') ist eine Stammes- und Schicksalsgöttin. Sirona ('Hirschkuh', 'Kuh') ist eine Heil- und Quellgöttin.

Die irische Göttin Flidhais ist die Herrin der Hirsche. Dies geht vermutlich auf die ältere Darstellung der Göttin mit den Hirschen auf dem keltischen Kesselwagen von Strettweg zurück.

Karnuntina

Karnuntina (?)

Sirona und Apollo-Grannus

keltische Sagen

In den keltischen Sagen tauchen häufig Hirsche und Hirschkühe auf. In der Regel sind sie Gottheiten oder Menschen, die in einen Hirsch, eine Hindin oder in ein Kitz verwandelt worden sind.

Dagda, der Anführer der Tuatha de Danan, also der keltischen Götter, hatte einen

Sohn mit Namen Bodb Dearg, der nach Dagda der Anführer der Tuatha de Danan wurde. Sadb, die Tochter von Bodb Dearg, wurde von dem 'Schwarzen Druiden' in eine Hindin verwandelt. Der keltische Held Fionn jagte einst im Wald und war erstaunt, daß seine Hunde sich weigerten, diese Hindin zu töten. Als er sie deshalb ebenfalls verschonte, verwandelte sie sich zurück in die Göttin Sadb in der Gestalt einer Frau. Der 'Schwarze Druide' verwandelte sie jedoch wieder zurück in eine Hindin und sie floh in den Wald, wo sie das gemeinsame Kind von ihr und Fionn gebar. Fionn fand eines Tages das Kind und nannte es Ossian ('Kitz'). Er wurde der berühmteste Krieger Irlands. Er lebte dreihundert Jahre lang zusammen mit der Unterweltgöttin Niamh im Jenseits.

Es ist gut möglich, daß die durch die Jenseitsreise erlangte Fhirinne ('Richtigkeit') ähnlich wie bei den Barden in die Dichtkunst, bei Ossian in die Kampfkraft übertragen wurde.

Die Verwandlung in einen Hirsch, eine Hindin oder ein Kitz passen gut zu der Verwandlung des Schamanen in Cernunnos, wenn er sich für das Ritual das Hirschgeweih aufsetzt. Ebenso ist Ossians Aufenthalt in der Unterwelt ein Motiv, das gut zu der Jenseitsreise des Cernunnos-Schamanen paßt.

Diese Verwandlungen erinnern sehr an das Märchen 'Brüderchen und Schwesterchen', in dem sich Brüderchen in ein Reh verwandelt, nachdem es von einer verwunschenen Quelle getrunken hat. Es ist gut denkbar, daß dieses Märchen auf die Verwandlung des Schamanen in Cernunnos an dem wassergefüllten Einweihungsschacht der Kelten zurückgeht.

Die irische Göttin Flidhais war die Herrin der Hirsche und Rehe, aber erscheint nicht selber in der Gestalt einer Hindin.

Karuntina, Sirona, Sadb und Flidhais werden wohl dieselbe Göttin sein, die im Jenseits den Schamanen, den Einzuweihenden und den Toten die wiedergebären.

Die Hirsche und Hirschgottheiten in den keltischen Sagen könnten von ihren Motiven her ihre Wurzeln in dem keltischen Kessel-Ritual haben.

Es wurde auch eine Statuette gefunden, die entweder einen weiblichen Cernunnos, also eine Druidin, oder eine die Göttin Karnuntina darstellt.

Manchmal wurde im gallisch-römischen Bereich der Gott Hermes, der der Jenseitsreisende und Seelenführer der Griechen war, dem Cernunnos angeglichen und erhielt auf diese Weise statt seiner kleinen Ziegenhörner ein Geweih.

Geoffrey von Monmonth: 'Vita Merlini' (1150 n.Chr.)

Vierzehn Jahre nach seiner 'Geschichte der britischen Könige' schrieb Geoffrey von Monmouth eine ausführliche 'Biografie des Merlin', die die älteste zusammenhängende Geschichte des Merlin ist.

Die folgende Geschichte ist eine Zusammenfassung dieser Biographie.

Merlin war ein Seher und der König von Südwales. Eines Tages begann Gwenddoleu von Schottland einen Krieg gegen Merlin von Südwales, der von Peredur von Nordwales und von Rhydderch von Cumberland unterstützt wurde. Als Merlin sah, wie drei seiner Brüder und viele andere Männer, die seine Freunde gewesen waren, in der Schlacht fielen, geriet er in völlige Verzweiflung und brach in heftige Tränen aus.

Schließlich kamen den Heeren von Wales und Cumberland noch andere britische Heere zu Hilfe, sodaß die Schotten schließlich besiegt und vertrieben werden konnten.

Nach der Schlacht ließ Merlin seine drei Brüder so bestatten, wie es Prinzen gebührt. Doch Merlins Schmerz wurde nicht weniger und er klagte drei Tage lang und war durch niemanden zu beruhigen. Da beschloß er, heimlich fortzugehen und verbarg sich im Wald, schlief unter einer Esche, beobachtete die Tiere, aß Wurzeln, Gräser und Beeren und wurde schließlich zu einem Wilden Mann des Waldes. So lebte er den ganzen Sommer über und niemand wußte, wo er geblieben war. An einem Platz, an dem 19 Apfelbäume standen, hielt er sich am liebsten auf. Ein alter, inzwischen weißhaariger Wolf war sein ständiger Begleiter.

Als er im Winter einmal in laute Klagen darüber ausbrach, daß er und der alte Wolf hungern mußten, hörte dies ein Wanderer. Er fand den Klagenden, aber Merlin floh vor ihm und es gelang dem Wanderer nicht, ihn einzuholen. Der Wanderer traf wenig später einen Mann, der am Hofe von Rydderch, dem König von Cumberland, lebte und erzählte ihm von der Begegnung. Der König von Cumberland war mit Merlins Schwester Ganieda verheiratet, die Merlin seit seinem Verschwinden überall hatte suchen lassen.

Der Mann vom Hofe von Cumberland verfolgte Merlin lange Zeit und fand ihn schließlich auf der Spitze eines Berges. Dort saß der Seher, der ein Waldmann geworden war, auf einem Platz, der von Haselsträuchern umgeben war und und in dessen Mitte eine Quelle sprudelte. Als der Mann näherkam, hörte er Merlin dem höchsten Gott klagen, daß es Winter war und nichts zu essen gab und daß die Vögel nicht sangen, um sein Gemüt zu beruhigen.

Als die letzten Seufzer Merlins verklangen, begann der Mann, der ihn aus dem Verborgenen beobachtete, leise auf seiner Harfe zu spielen und nach einer Weile leise davon zu singen, wie sehr Merlins Frau Guendoloena unter dem Fortgehen Merlins litt und wie sehr auch Merlins Schwester Ganieda ihren Bruder vermißte. Dabei beschrieb er ausführlich die Schönheit der Guendoloena, die die der Göttinnen noch übertraf.

Als der Harfner sein Lied beendet hatte, bat Merlin ihn, das Lied noch einmal zu spielen und er fand nach und nach wieder zu sich und wurde sich wieder seiner selber bewußt. Er erinnerte sich wieder daran, wer er gewesen war und wurde von Sehnsucht nach seiner Frau Guendoloena und seiner Schwester Ganieda erfüllt. Schließlich bat er den Harfner, ihn zum Hofe von König Rydderch zu führen. Dort war die Freude groß, als seine Frau und seine Schwester und auch König Rydderch Merlin wiedersahen.

Aber Merlin war solche großen Menschenansammlungen nicht mehr gewohnt und sie ängstigten ihn, sodaß er schon nach kurzer Zeit wieder in den Wald zurückfliehen wollte. Doch König Rydderch von Cumberland hielt ihn zurück und ließ ihn bewachen, damit er nicht wieder floh. Er ließ für ihn Harfner spielen, damit er sich wieder beruhigte, und beschwor ihn, nicht wieder in den Wald zurückzukehren, da er doch der König eines großen und kriegerischen Volkes sei. Er ließ Merlin Hunde und schnelle Pferde, Gold und strahlende Edelsteine und sogar Kelche, die der Schmied Wayland aus der Stadt Segontium gefertigt und graviert hatte, bringen.

Aber Merlin antwortete dem König, daß er diese Dinge an die Armen verteilen solle, denn ihn würde es nur nach den Wäldern Calidons verlangen, nach den hohen Bergen, den weiten Grasebenen und den Nüssen in den Wäldern. Da ließ Rydderch ihn an eine lange Kette legen, damit er nicht wieder in Wald floh. Als der Seher seine Ketten spürte, verlor er jegliche Freude und schwieg von nun an.

Eines Tages ging die Königin Ganieda, die Schwester Merlins, durch die Halle auf der Suche nach dem König. Als sie ihn traf, entdeckte er ein Blatt in ihrem Haar und zupfte es heraus. Als Merlin dies sah, mußte er lachen, obwohl er sonst immer nur schwieg. Der König wurde neugierig und frug Merlin immer wieder, warum er gelacht habe und versprach ihm viele Geschenke und Reichtümer. Aber Merlin antwortete ihm, daß er kein Gold brauche, sondern daß er nur seine Freiheit und seine Wälder zurückhaben wolle.

Schließlich gewährte Rydderch ihm seine Bitte, da er unbedingt den Grund für Merlins Lachen wissen wollte. Da erklärte Merlin dem König, daß sich das Blatt, das er Ganieda aus ihrem Haar gezupft hatte, sich dort verfangen hatte, als sie sich mit ihrem Liebhaber unter einem Busch vereint hatte.

Rydderch wurde wütend und verfluchte den Tag, an dem er Ganieda geheiratet hatte. Ganieda blieb jedoch völlig gelassen und frug ihren Mann, warum er solch einem Verrückten denn Glauben schenken würde und bot ihm an, ihm zu beweisen, daß Merlin kein Seher sei. Ganieda wählte einen Jungen, der gerade in der Halle stand, aus und frug Merlin, auf welche Weise er sterben würde – und Merlin prophezeite ihm, daß er von einem Felsen stürzen würde, wenn er erwachsen war. Dann ging sie mit dem Jungen fort, gab ihm andere Kleider und schnitt sein Haar kurz und kehrte zu Merlin zurück. Diesmal antwortete er auf dieselbe Frage, daß der Junge, während er nicht aufpaßte, in einem Baum sterben würde. Nun verkleidete Ganieda den Jungen als Mädchen, woraufhin Merlin antwortet: „Mädchen oder nicht – es wird in einem Fluß sterben."

Da Merlin einunddemselben Kind drei verschiedene Tode vorhergesagt hatte, begann König Gwydderch laut zu lachen und glaubte Merlin nichts mehr und bat seine Frau um Verzeihung.

Als Merlin nun den Hof von König Gwydderch verlassen wollte, versuchte Ganieda ihn mit Bitten aufzuhalten und auch Guendoloena, Merlins Frau kam hinzu und war völlig verzweifelt. Merlin wollte jedoch in die Einsamkeit des Waldes zurückkehren und gab Guendoloena frei, wieder zu heiraten, aber warnte ihren neuen Bräutigam davor, sich jemals Merlin zu nähern, da er dann Merlins Schwert kennenlernen würde. Und er versprach zur Hochzeit zu kommen und die Braut reichlich zu beschenken. Nach diesen Worten verließ er sie und ging zurück in den Wald.

Guendoloena und Ganieda standen noch lange am Tor und blickten Merlin hinterher und frugen sich, was mit Merlin geschehen war und wieso ein Verrückter solche Dinge wie die geheime Liebschaft sehen konnte. Doch darüber wußten nur Ganieda und ihr Liebhaber die Wahrheit. So hielt man Merlins Weissagungen für leere Worte und achtete nicht weiter auf sie.

Nach einigen Jahren ging der Junge, dem in der Halle des Königs von Merlin drei verschiedene Tode vorhergesagt worden waren, auf die Jagd. Bei der Verfolgung eines Hirsches auf einem einsamen Berg glitt jedoch sein Pferd aus, sodaß er von dem Berg herabstürzte und in den Fluß fiel, wobei sich einer seiner Füße in einem Baum am Flußufer verfing, während sein übriger Körper unter Wasser war. So erlitt er alle drei ihm prophezeiten Tode gleichzeitig.

Guendoloena wählte nach einer Weile einen neuen Mann, den sie bald heiraten wollte. In einer klaren Winternacht saß Merlin auf einem Berggipfel und betrachtete die Sterne, den Mars und die Venus und ihren Lauf und las in ihm die Ereignisse in der Welt. Er sah den Tod von fernen Königen und schließlich auch die bevorstehende Hochzeit von Guendoloena. Er betrachtete seine Zeit mit ihr und ließ sie schließlich innerlich ohne Eifersucht zu ihrem neuen Mann gehen.

Um sein Versprechen, ihr eine Mitgift zu bringen, einzulösen, trieb er Hirsche, Hindinnen und weibliche Ziegen zusammen, setzte sich selber auf den Rücken eines Hirsches und ritt an den Hof von Cumberland. Alle Menschen waren erstaunt, als sie ihn so kommen sahen. Er rief mit lauter Stimme den Namen seiner früheren Frau und daß er ihr ihre Geschenke bringe. Sie kam sofort auf ihn zu und freute sich. Der Bräutigam erschien jedoch an einem der Fenster des Schlosses und begann über Merlin zu lachen. Als Merlin dies sah, brach er eine der beiden Geweihstangen des Hirsches ab, auf dem er ritt, und warf sie so heftig auf den Mann, sodaß er sofort starb – so wie es Merlin angedroht hatte.

Er ritt so schnell er konnte auf seinem Hirsch davon, aber er glitt bei der Durchquerung eines nahen Flusses von dessen Rücken und wurde von den Männern, die ihn verfolgten, gefangen und in Fesseln gelegt. Daraufhin verfiel Merlin wieder in tiefes Schweigen. Rydderch hatte Mitleid mit ihm und schickte ihn, um ihn aufzumuntern, unter Bewachung auf den Markt der Stadt. Auf dem Weg durch die Stadt mußte Merlin zweimal lachen und wieder war Rydderch so neugierig, daß er Merlin schließlich die Freiheit versprach, wenn er ihm den Grund für sein Lachen erklären würde.

Daraufhin erzählte Merlin König Gwydderch, daß er über den jungen Mann, der sich Flicken für seine Schuhe gekauft hatte, lachen mußte, weil dieser anschließend auf seinem Heimweg ertrunken sei und die Flicken nicht mehr benutzen konnte. Über den Bettler, dem sie begegnet waren, mußte Merlin lachen, weil er auf einem großen Schatz saß, der unter ihm vergraben worden war. Rydderch ließ beides überprüfen und seine Boten fanden sowohl den toten Jungen im Fluß als auch den Schatz an dem Platz, an dem der Bettler gesessen hatte. Da mußte auch der König über diese beiden Situationen lachen und er verneigte sich vor dem Seher.

Merlin wollte nun wieder in den Wald zurückkehren, aber seine Schwester wollte ihn zurückhalten. Schließlich sagte er seiner Schwester, daß sie ihm ein Haus mit siebzig Türen und siebzig Fenstern und siebzig Schreibern in ihm errichten solle, in das sie ihm in der Winterszeit zu Essen bringen könne. Aber vom Frühling bis zum Herbst werde er weiter die Wälder durchstreifen. Ganieda ließ ihrem Bruder sofort ein solches Haus im Wald errichten.

Dort ging Merlin im Winter auf und ab und betrachtete die Sterne und die Zukunft der Menschen. Die Dinge, die er sah, erzählte er seiner Schwester (und die Schreiber schrieben sie nieder). Er sah und berichtete in allen Einzelheiten die Geschichte der Könige von Britannien. Diese Visionen hatte er auch schon König Vortigern erzählt, als dieser Merlin um Hilfe bat, als die beiden Drachen in dem See unter Vortigerns Turm miteinander kämpften und den Turm immer wieder zum Einsturz brachten.

Einmal, nachdem er seiner Schwester von diesen Dingen erzählt hatte, sandte er sie schließlich heim und sagte ihr, daß ihr Mann Rydderch im Sterben liege. Er bat sie, Taliesin zu ihm zu senden, der aus der Bretagne zurückgekehrt sei, wo er die Lehren des Gildas des Weisen erlernt habe. Ganieda kehrte zurück an den Hof von Cumberland und trauerte sehr um ihren Mann. Nach einiger Zeit kehrte sie in den Wald zurück und blieb ganz bei ihrem Bruder Merlin.

Taliesin traf bald bei Merlin ein und beide erzählten sich gegenseitig ihr Wissen über die Erschaffung der Welt, das Wesen der einzelnen Tiere, Fische und Vögel, die Geschichte der Völker in Britannien und deren Zukunft und über auch über die Apfelinsel Avalon, zu der die Toten reisen, und die auch die „Insel der Glückseligkeit" genannt wird. Dort wächst alles von alleine und niemand braucht die Felder und Obstgärten zu bestellen. Dort herrschen in Frieden die neun Schwestern: Göttinnen von großer Schönheit, deren oberste Morgan die Geflügelte ist. Auf diese Insel brachte Merlin auch den verwundeten Artus, der dort von Morgan geheilt wurde.

Da kam einer der Diener zu Merlin und Taliesin gelaufen und berichtete, daß am Fuße des Berges eine neue Quelle aufgebrochen sei. Merlin und Taliesin eilten sofort dorthin und priesen dies Wunder. Als Merlin von dem Wasser trank, verschwand der letzte Rest von seiner Verrücktheit, die durch den Schmerz über den Verlust seiner drei Brüder und seiner Freunde in der Schlacht gegen die Schotten entstanden war. Merlin dankte dem höchsten Gott für diese Heilung.

Verwundert frug er Taliesin, was für eine Quelle dies wohl sein möge. Daraufhin erzählte Taliesin ihm die Qualitäten der Flüsse im Allgemeinen und die Qualität jedes einzelnen Flusses, den er kannte, im Besonderen.

Als das Volk von Südwales, dessen König Merlin einst gewesen war, von seiner Genesung hörte, baten sie ihn, wieder ihr König zu sein, aber Merlin lehnte ab und erzählte ihnen von einer uralten Eiche im Wald, von der er noch die Eichel kannte, aus der sie gewachsen war ... und daß er nun schon viel zu alt sei, um König zu sein, und daß er nichts lieber wolle, als im Wald von Calidon zu leben.

Als er zu sprechen geendet hatte, kam ein Mann aus dem Wald gerannt, der nicht mehr bei Sinnen war und wie ein wilder Keiler brüllte und sie angreifen wollte. Die Männer fingen und banden ihn und als Merlin ihn genauer betrachtete, erkannte er ihn als seinen früheren Gefährten Maeldinus wieder.

Sie waren einst zu mehreren auf der Jagd gewesen, als sie zu einer Quelle am Fuße einer alten Eiche kamen und dort zu rasten beschlossen. Dort fanden sie einige Äpfel liegen und einer der Begleiter, der sich lachend über diese unerwartete Speise freute, sammelte sie und gab sie Merlin, seinem Herrn. Dieser verteilte sie an die anderen und ging dabei leer aus, da es ein Apfel weniger als Männer war. Sobald die Männer von den Äpfeln gegessen hatten, wurden sie verrückt und bekamen Schaum vor dem Mund und bissen einander und rannten schließlich in die Wildnis davon. Die Äpfel waren von einer Frau dorthin gelegt worden, von der sich Merlin getrennt hatte und die ihn nun aus Eifersucht zu töten versuchte.

Merlin gab dem wiedergefundenen Gefährten von einst von dem Wasser der neuen Quelle zu trinken, woraufhin dieser wieder zu Sinnen kam und Merlin sofort erkannte.

Ganieda, die bei Merlin lebte, hatte ebenfalls die Sehergabe und beteiligte sich an den Gesprächen zwischen Taliesin und Merlin.

In dieser Geschichte erscheint Merlin als Freund der Hirsche. Er bringt seiner Frau zu deren zweiten Hochzeit eine Herde von Hirschen, Hindinnen (Hirschkühen) und weiblichen Ziegen. Er tötet den zweiten Mann seiner Frau mit einem Hirschgeweih, weil dieser sich Merlin entgegen seiner Warnung gezeigt hatte.

Die Gestalt des Hirsch-Merlin war sehr beliebt. 80 Jahre nach Geoffrey von Monmouth, also um 1230, wurde die Geschichte 'Grisandole' niedergeschrieben, in der Merlin in der Gestalt eines weißen Hirsches erscheint und das Fremdgehen der Königin aufklärt und wie bei Geoffrey über drei Vorfälle lacht und diese dann dem König erklärt. Wieder 20 Jahre später findet sich in dem Roman „Silence" Merlin als wilder Mann, der wie die Hirsche im Wald lebt und der auch das Fremdgehen der

Königin aufdeckt und sein dreimaliges Lachen erklärt.

In der irischen Geschichte von Suibhne und Eoran heiratet Eoran nach der Trennung von ihrem Mann, der in die Wildnis gegangen ist und sich wie ein Vogel verhält, wie Guendoloena ein zweites Mal. Suibhne spricht zu einem der Hirsche, mit denen er zusammenlebt: *„Du Hirsch, Du kommst zu mir über die Lichtung heran – es ist ein schöner Sitzplatz bei Dir auf den Spitzen Deines Geweihs."* (Suibhne hielt sich für einen Vogel bzw. hatte sich in einen Vogel verwandelt.)

Die Verbindung von Merlin als dem 'Mann in der Wildnis' mit dem Hirsch scheint sehr eng gewesen zu sein. Da sich in den genannten Geschichten Abweichungen von einander finden, die es unwahrscheinlich erscheinen lassen, daß es nur eine ursprüngliche Geschichte gegeben hat, die jeder folgende Autor dann weiter ausgeschmückt hat, wird der 'wilde Mann mit den Hirschen' ein damals geläufiges Thema gewesen sein, das die verschiedenen Autoren benutzt haben.

In der Geschichte des Wilden Mannes finden sich vier Themen miteinander verknüpft:

- die untreue Königin bzw. die ein zweites mal heiratende Königin,
- der Wilde Mann, der gefangen wird und die Situationen aufklärt,
- die Verbindung des Wilden Mannes zu den Hirschen,
und in den späteren Varianten (Grisandole, Silence u.a.) zusätzlich
- das Verkleiden einer Frau (von Geburt an) als Junge/Mann.

Es ist gut denkbar, daß Merlins Ritt mit den Hirschen eine Umformung der früheren Jagd des Hirsches ist, der für die Jenseitsreise gebraucht wurde, als er noch nicht durch den Opferstier ersetzt worden war. Die Königin, der die Hirsche gebracht wurden, sollte dann eigentlich ursprünglich die Göttin gewesen sein. Der Tod des neuen Königs durch ein Hirschgeweih wäre dann der rituelle Tod bei der Einweihung.

Taliesin

Die ausführlichste keltische Beschreibung der Vorgänge, die mit dem magischen Kessel der Kelten verbunden waren, findet sich in der Geschichte des Barden Taliesin. Der historische Barde Taliesin lebte von ca. 534 n.Chr. bis ca. 599 n.Chr.; die Darstellung seiner Lebensgeschichte geht aber auf wesentlich ältere Vorstellungen zurück.

Der Name Taliesin bedeutet 'strahlende Stirn'. Dies kennzeichnet ihn als jemanden, der Magie ausübt, da in einigen keltischen Überlieferungen wie z.B. dem 'Stierraub von Cuailgne' beschrieben wird, daß die Stirn eines Mannes, der in sich die Kampf-ekstase weckt, zu leuchten beginnt. Man wird dieses Leuchten wohl dem erwachen des Stirnchakras, daß auch 'Drittes Auge' genannt wird, gleichsetzen können, da dieses Chakra u.a. im Yoga die Funktion der Durchsetzung des eigenen Willens im Außen durch Worte, Taten und Magie hat.

Taliesin bedeutet daher etwas freier übersetzt 'Magier' und 'der mit dem erwachten Dritten Auge'. Dieses erwachte dritte Auge ist auch das Merkmal des indischen Gottes Shiva, der wie der Cernunnos-Schamane dasitzt und meditiert und auch der Gott der magischen Fähigkeiten ist.

Es ist daher denkbar, daß Taliesin ursprünglich genauso wie „Myrrdin" kein Eigenname, sondern ein Titel für einen Druiden gewesen ist, der ein besonders fähiger Magier war.

Auf einer Insel in Penllyn lebte einst Cerridwen mit ihren Kindern Creidwy und Morfan. Creidwy wuchs zu einer schönen und lieblichen Maid heran, aber ihr Bruder war so häßlich, daß er nur 'Afagddu' genannt wurde, was 'tiefste Finsternis' bedeutet. Er hatte einen behaarten Körper wie ein Hirsch und ein rauhes, abscheuliches Benehmen. Das bekümmerte seine Mutter Cerridwen sehr, und so beschloß sie, einen Trank zu brauen, der ihm als Ausgleich für sein abstoßendes Äußeres Weisheit und Inspiration schenken sollte.

... ...

Elphin wunderte sich sehr über die Worte des Taliesin und frug ihn, ob er ein Mensch oder ein Geist sei. Darauf antwortete Taliesin ihm mit einem zweiten Lied:

> *„Zuerst war ich ein normaler Mensch,*
> *dann litt ich am Hofe der Cerridwen;*
> *Obwohl ich nur wenig geachtet wurde, ließ man mich dort wirken.*
> *Ich war wichtig an dem Ort, zu dem man mich führte;*
> *Ich war die hochgeschätzte Verteidigung des Werkes,*
> *Und von dem Verbot des Sprechens wurde ich*
> *durch eine lächelnde schwarze alte Hexe befreit,*
> *die voller furchtbarer Wut das verfolgte, was sie als das ihre ansah:*
>
> *Ich floh voller Kraft, ich floh als Frosch,*
> *Ich floh in der Gestalt einer Krähe, die kaum Ruhe findet,*
> *Ich floh mit aller Macht, ich floh in der Gestalt einer Kette,*
> *Ich floh als Reh in ein verwuchertes Gestrüpp,*
> *Ich floh als Wolfwelpe, ich floh als Wolf in die Wildnis,*
> *Ich floh in der Gestalt einer unheilverkündenden Drossel,*
> *Ich floh als Fuchs, der Revierkämpfe gewohnt ist,*
> *Ich floh als Schwalbe, was mir aber nichts nützte,*
> *Ich floh als Eichhörnchen, das sich vergeblich versteckte,*
> *Ich floh als Hirsch mit großem Geweih – doch vergeblich,*

Ich floh als Eisen in einem glühenden Feuer,
Ich floh als Speerspitze, die denen Leid brachte, die das wünschten,
Ich floh als wütender Stier, der bitter kämpfte,
Ich floh als borstiges Wildschwein, das in einer Senke gesehen wurde,
Ich floh als weißes Weizenkorn,
das sich am Rand eines Lakens aus Hanf verfangen hatte,
das die Größe des Felles des Fohlens einer Stute hatte,
das wie ein Schiff auf dem Wasser dahintrieb;
Ich wurde in den dunklen Ledersack geworfen,
und auf eine Reise über die grenzenlose See gesandt;
Das war für mich ein Omen der zärtlichen Fürsorge,
Und schließlich gab mir der Herrgott meine Freiheit wieder zurück."

Amairgen

Amairgen ist wie Merlin und Taliesin ein Druide und Barde. Sein Name bedeutet 'Geburt (gen) des Klagegesanges (amair/amra)'. Durch diese Klagegesänge oder Lobgesänge wurden die Taten eines Verstorbenen gerühmt. Der Name Amairgen könnte darauf hinweisen, daß man diesen Barden entweder als den Erfinder des Klagegesanges ansah, oder ihn zumindest als einen besonders fähigen Barden, der den keltischen Gesängen so wie Homer den griechischen Gesängen eine neue Form gegeben hat. Die zweite Variante ist wahrscheinlicher, da auch die anderen indogermanischen Völker diese Form des 'biographischen Lobgesanges' bei der Bestattung eines Fürsten kannten. Es werden diese Lieder gewesen sein, aus denen sich in erster Linie das Geschichtswissen der Druiden-Barden zusammensetzte.

Der Name 'Amairgen' könnte auch einfach jemanden bezeichnen, der Klagegesänge erschafft. Der Name Amairgen wäre, wenn dies zutrifft, ein Synonym zu 'Barde'. Amairgen wäre dann wie Merlin und Taliesin ein Titel für die Druiden und kein Eigenname. Man könnte 'Amairgen' dann mit 'Dichter der Klagegesänge' oder einfach mit 'begabter Barde' übersetzen.

Amairgen ist der Druide/Barde, der den keltischen Stamm der Mileser bei der Eroberung Irlands anführte, das bis dahin nur von den Tuatha de Danan, also von den Göttern bewohnt wurde.

Diese Eroberung fand wahrscheinlich um 350 v.Chr. statt. Ihr waren wahrscheinlich schon etwas früher die Ankunft anderer keltischer Stämme vorausgegangen. Amairgen ist demnach ein Zeitgenosse des auf dem Kessel von Gundestrup abgebildeten Cernunnos-Schamanen gewesen. Da die Druiden eine gesamtkeltische Organisation gewesen sind, kann man davon ausgehen, daß die Ansichten und Fähigkeiten des

Amairgen denen des Cernunnos-Schamanen weitestgehend entsprochen haben werden.

Die Worte und Verse des Amairgen hätten in etwa auch die des Cernunnos-Schamanen in derselben Situation gewesen sein können.

Nach einem langen Kampf siegten die Mileser und wurden die Herren von Irland. Nach dem Sieg der Mileser sprach Amairgen Recht, wozu an erster Stelle die Regelung gehörte, wem was von dem ersten in Irland erlegten Hirsch zusteht.

Ob dies eine tiefere Bedeutung hat und in Zusammenhang mit dem Cernunnos-Schamanen oder dem Gott Cernunnos steht, bleibt jedoch ungewiß, da in den Versen nichts erwähnt wird, was diese Frage eindeutig klären würde. Immerhin ist es beachtlich, daß die Klärung der Verteilung des ersten in Irland erlegten Hirsches als so wichtig erachtet wird, das es das Thema der ersten Rechtsprechung war.

Einige Stellen der Übersetzung des folgenden Gedichtes sind unsicher – insbesondere einige Bezeichnungen für die Körperteile des Hirsches:

„Dort sprach Amairgen Recht
und seine Nachbarn verbargen es nicht –
nach der Schlacht von Mala:
ein unvergänglicher Ruhm für die Heere der Söhne des Mil.

Einem Jedem sprach Amairgen seinen Teil zu,
als sie jagen gingen;
jeder von ihnen empfing seinen rechtmäßigen Teil
aus den Händen des hohen und großen Amairgen nach seinem Urteil.

Das erste Erlegen eines Hirsches
– ob es ein Mann oder ein Hund ist, der an dem Fell reißt:
die Hunden erhalten, wie man weiß und wie es unfehlbarer Brauch ist,
das, was man ihnen zuwirft.

Der Anteil des Häuters ist, so bestimmte es Amairgen,
ein Teil des kurzen Nackens;
der Anteil des Spürhundes sind die Beine des Hirsches,
dieser Anteil sollte nicht vergrößert werden.

Die Innereien gehören dem Mann, der als letzter kam,
und egal, ob er nun glaubt, daß die Jagd gut oder schlecht war,
ist es gewiß, daß er kein Recht hat,
an der gemeinsamen Verteilung der Beute teilzunehmen.

Danach folgt die allgemeine Verteilung der Beute
ohne kleinliches Gezänk
über dieses und jenes Teil
– das ist das Urteil des Amairgen. "

Fionn mac Cumhaill

Muire Muncháem war die Tochter des Druiden Tagd Mac Nuadat, der südlich von Tara im mittlerem Ostirland lebte. Da dem Druiden vorhergesagt worden war, daß er durch die Heirat seiner Tochter sein Haus verlieren würde, wies er jeden Feier ab. Daher entführte Cumhaill, der in Muire verliebte Anführer der Fianna, die die Schutztruppe des irischen Hochkönigs war, schließlich die Druidentochter und zeugte bald darauf mir ihr einen Sohn. Auf die Klage des Druiden Tagd hin griff der Hochkönig Cumhaill mit seinem Heer an, wobei Cumhaill von Goll Mac Morna getötet wurde, der danach die Fianna anführte.

Um den noch ungeborenen Sohn der Muire vor ihrem Vater zu schützen, stellte der Hochkönig sie unter die Obhut eines seiner Krieger. Muire gebar einen Sohn, den sie Deimne, also 'Hirschkälbchen' nannte. Er wurde von der Schwester seines Vaters, der Druidin Bodhmall und der Kriegerin Liath Luachra aufgezogen und lernte von ihnen die Jagd und den Kampf.

Als Deimne sieben Jahre alt geworden war, übernahm der Druide und Barde Finnegas seine Unterrichtung in der Dichtkunst und anderen Dingen. Finnegas versuchte den Lachs zu fangen, der einer Prophezeiung zufolge das gesamte Wissen der Welt enthielt. Als ihm dies endlich gelang, ließ er den Lachs von Deimne kochen. Als dieser sich den Finger an dem Lachs verbrannte, steckte er ihn in den Mund, wobei auch ein winziges Stückchen von dem Fleisch des Lachses in seinen Mund geriet, wodurch Deimne allwissend wurde. Daran erkannte Finnegas, daß der Junge eigentlich Fionn, d.h. 'der Blonde' war, denn es gab eine Prophezeiung, nach der Finnegas zwar den Lachs fangen, aber Fionn ihn zuerst kosten würden.

Fionn ging nach einiger Zeit an Samhain (Nacht zum 1. November) *an den Hof des irischen Hochkönigs Cormac Mac Art in Tara. In dieser Nacht, in der die Tore zum Jenseits offenstehen, kam seit vielen Jahren Aillen ('Verbrenner'), einer der Tuatha de Danan, aus dem Jenseits nach Tara, schläferte alle Menschen mit seiner Harfenmusik ein und verbrannte dann das Schloß des Hochkönigs mit seinem Feueratem bis auf die Grundmauern nieder.*

Fionn versprach Cormac, dem Hochkönig, Aillen zu besiegen, wenn er dafür anschließend einen Wunsch frei hätte. Cormac stimmte zu und Fionn besiegte Aillen dadurch, daß er von dem Krieger Fiacha einen Zauberspeer erhielt, den er sich gegen seine Stirn drückte, was ihn am Einschlafen hinderte, als Aillen auf seiner Harfe zu spielen begann. Nach einer längeren Verfolgung tötete Fionn schließlich Aillen.

Als Belohnung nahm er die Führung der Fianna, der Elitetruppe des Hochkönigs, in Anspruch. Goll, der die Fianna geführt hatte, seit er Cumhaill, Fionns Vater, im Auftrag des Hochkönigs getötet hatte, trat freiwillig zurück und wurde Fionns treuer Gefolgsmann. Als Entschädigung für seinen toten Vater erhielt Fionn das Haus seines Großvaters Tagd – womit sich auch diese Prophezeiung erfüllt hatte.

Nach vielen Abenteuern hielt Fionn um die Hand von Grainne, der Tochter des Hochkönigs Cormac Mac Art an. Bei dem Verlobungsfest zwischen beiden verliebte sich Grainne jedoch in Diarmaid, einen der Krieger der Fianna und überredete ihn dazu, sie zu entführen. Fionn verfolgte die beiden. Er erkannte durch seine Allwissenheit zwar stets, wo sie sich aufhielten, aber Diarmaid erhielt stets Hilfe von seinem Ziehvater Aengus, einem Sohn des Gottes Dagda und selber Gott der Jugend, der Liebe und der Bardenkunst.

Aengus schlug schließlich einen Kompromiß vor: Diarmaid sollte Grainne heiraten und Fionn eine andere Tochter des Hochkönigs. Fionn stimmte zu, aber sein Groll blieb. Da Fionn eine Prophezeiung kannte, nach der Diarmaid eines Tages von seinem Halbbruder, der in einen Eber verwandelt worden war, getötet werden sollte, lud Fionn Diarmaid zur Eberjagd ein. Dabei wurde Diarmaid auch tödlich verwundet. Die Jagdgemeinschaft wußte, daß Wasser aus Fionns Händen Heilkraft besaß. Fionns Onkel Oscar zwang ihn schließlich dreimal dazu, in seinen Händen Wasser aus einer Quelle zu holen, aber die beiden ersten Male ließ Fionn das Wasser durch seine Finger rinnen und gab Diarmaid erst beim dritten Mal davon zu trinken, als es schon zu spät war. Diarmaid starb kurz darauf.

Durch diese Form der Rache verlor Fionn seine Ehre und mußte aus der Fianna ausscheiden.

Der Name 'Hirschkälbchen' läßt einen Zusammenhang mit Cernunnos und somit mit einer rituellen Einweihung vermuten – was bei einem Enkel eines Druiden auch naheliegt. Sein Sieg über Aillen ist in gewisser Weise eine solche Jenseitsreise – auch wenn das Jenseits in der Gestalt des Aillen mit seiner Harfe, die alles in einen magischen Schlaf versetzt, in das Diesseits herüberkommt.

Fionn erhielt seinen Namen Fionn (vorher hieß er Deimne = 'Hirschkälbchen') durch den Druiden-Barden Finnegas, als Deimne versehentlich von dem 'Lachs der Weisheit' gegessen hatte, den Finnegas gefangen hatte.

Die Hindin-Frau

In Irland kann die 'alte Frau von der Insel Beare' die Gestalt einer Hindin annehmen. Da die Toten zu ihr reisen, ist sie gut als die Jenseitsgöttin auf der Insel in der

Wasserunterwelt wiederzuerkennen.

Merlin tötete den neuen Mann seiner Exfrau mit einem Hirschgeweih, nachdem dieser seine Warnung, sich ihm nicht zu zeigen, mißachtet hatte.

In Mitteleuropa finden sich seit der Hallstattzeit (frühe Kelten) Hirsche auf Krügen und auf Gürtelschnallen. In einem Grabhügel aus der Nähe von Schirndorf (Mittelbayern) fand sich auf dem Hals eines Keramikgefäßes ein Fries aus sich abwechselnden Leierspielern und Hirschen mit aufgerichtetem Penis – vermutlich der Druide-Barde bei der Bestattung und der die Zeugungskraft des Toten sichernde Hirsch. In einigen Gräbern in Schirndorf fanden sich auch Hirschknochen, die vermutlich von dem Hirschopfer bei der Bestattung stammen.

Die Kelten in Spanien assoziierten den Hirsch eng mit dem Tod bzw. dem Weg ins Jenseits. So finden sich noch in christlicher Zeit Grabsteine, auf denen entweder ein Hirsch oder eine Hindin mit Kitz eingraviert sind. Auch in den Nekropolen selber wurde manchmal eine Hindin dargestellt.

Zusammenfassung: Neben der allgemeinen Assoziation des Hirsches mit dem Tod scheint er insbesondere mit dem Tod der Sonne (Hirschgeweih) verbunden gewesen und als Todesbote (Weißer Hirsch) aufgefaßt worden zu sein.

Der weiße Hirsch

Der weiße Hirsch wurde von den Kelten als ein Bote des Jenseits angesehen. Der weiße Hirsch erschien z.B. als Pwyll die Jagdgründe des Unterweltgottes Arawn, d.h. das Jenseits betrat (Mabinogion).

In den keltischen Sagen erscheint dem jagenden König Artus ein weißer Hirsch, um ihm die Quelle von Sir Pellinor, dem Vater von Parzifal, der schließlich den Gral fand, zu zeigen. Der weiße Hirsch forderte die Ritter der Tafelrunde zur Suche nach dem Gral auf.

Dem irischen Held Finn mac Cumhail erschien einst eine weiße Hindin. Zu seiner Verwunderung weigerten sich seine Hunde, sie zu jagen. In der Nacht erschien ihm die Göttin Sadb im Traum und erklärte ihm, daß sie die weiße Hindin gewesen sei und daß nur die Liebe von Finn sie von dieser Gestalt erlösen könne. Aus der Vereinigung der beiden entstand Oisin ('Kitz'), der der größte Barde Irlands wurde.

Diese Geschichte ist eine etwas ursprünglichere Variante der ursprünglichen Hirsch/Hindin-Symbolik der Indogermanen als die Mythe von Artemis und Aktaion.

Der Sonnenhirsch

Der einzige Hinweis auf eine Verbindung des Hirsches mit der Sonne bei den

Kelten ist sehr indirekt und besteht aus dem Töten des neuen Mannes von Merlins Ex-Frau durch Merlin mithilfe eines Hirschgeweihs. Auf diese Weise tötet auch bei den Germanen Freyr den Riesen Beli, der ursprünglich die Sonne gewesen sein wird. Man wird davon ausgehen können, daß das ungewöhnliche Motiv des Todes durch ein Hirschgeweih bei den beiden nah verwandten Völkern einen gemeinsamen Ursprung haben wird, zumal der keltische Belenus und der germanische Beli ursprünglich dieselbe Gottheit gewesen sein werden.

Der Hirsch als Tier des Cernunnos-Schamanen ist eine naheliegende Assoziation zu der am Abend bzw. im Herbst sterbenden Sonne, da der Schamane, weil er die Toten und die Einzuweihenden ins Jenseits begleitet, auch der wahrscheinlichste Helfer der Sonne auf ihrem Weg ins Jenseits ist.

Der Hirsch erscheint bei den Kelten auch zusammmen mit der sechsblättrigen Blüte bzw. dem sechsspeichigen Rad, die als Seelensymbol ein der Sonne nah verwandtes Symbol ist:

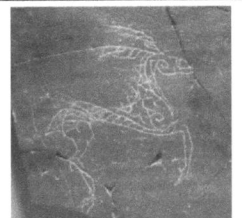		
keltische Tonscherbe: Hirsch	*keltische Tonscherbe: Hirsch mit sechsspeichigem Rad*	*keltische Münze: geflügeltes Pferd mit sechsspeichigem Rad*

Hirschfrauen und Hirschmänner

Neben Cernunnos gibt es in der keltischen Mythologie noch viele andere Hirschmänner und Hindinnenfrauen: Oisins Mutter Sadb konnte sich in eine Hindin verwandeln und Finn, der Gemahl der Hirschkuh Saar, konnte sich in einen Hirsch verwandeln. Der Name Oscar bedeutet 'Geliebter des Hirsches' und Fionn hieß als Kind 'Hirschkälbchen'. König Suibhne soll wie vor ihm Merlin vor Schrecken über eine Schlacht den Verstand verloren haben und dann mit den Hirschen im Wald gelebt haben. In manchen keltischen Sagen tritt Cerviden ('Hirsch') auf, der ähnlich den Zentauren ein Hirsch mit Menschenoberkörper ist.

Das Melken der Hindin

In manchen britischen Sagen melken die Feen (Ahnen) die Hindinnen. Diese Vorstellung könnte keltischen Ursprungs sein.

Hirsch-Szepter

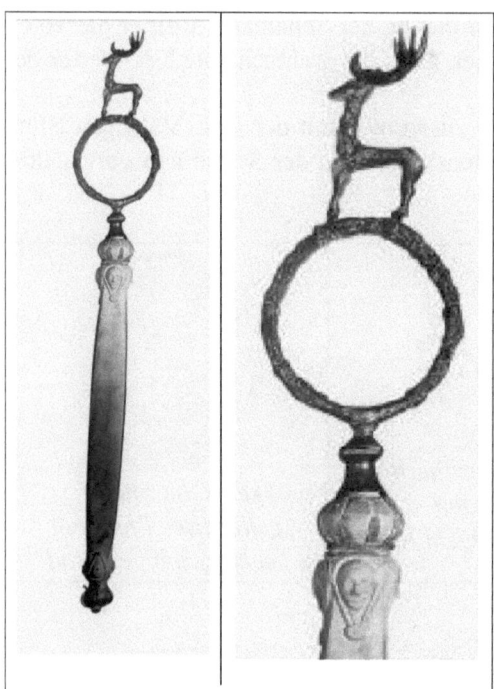

Szepter aus Sutton-Hoo, Ostengland

In dem angelsächsischen Schiffsgrab von Sutton Hoo in Ostengland (650 n.Chr.) fand sich ein Szepter, an dessen Spitze ein Hirsch über einem Ring steht, der sich seinerseits über vier in die vier Richtungen blickenden Männerköpfen befindet, die vermutlich den viergesichtigen Sonnengott darstellt.

Dies ist vermutlich die Darstellung der durch den Hirsch (Jenseitsbote) von dem Sonnengottes an den Fürsten gesandten Hilfe, die 'Fhirinne', also die Richtigkeit (Ring/Torque) in seinem Fürstentum aufrecht zu erhalten.

Es ist anzunehmen, daß sich in dieser Szepter-Symbolik keltische und germanische Vorstellungen vermischt haben – die weitgehend übereingestimmt haben.

Hirsch-Masken

Aus Spanien sind aus der Zeit von 150 n.Chr. durch römische Berichte Umzüge der Kelten bekannt, bei denen sie Hirschmasken und Hirschgeweihe sowie Felle von Stieren, Kälbern und Lämmern trugen. Diese Umzüge mit Stiermasken gibt es in ländlicheren Gegenden in Spanien z.T. noch heute. Den Kommentaren der späte-ren christlichen Mönche und Bischöfe zufolge scheinen diese Umzüge auch eine erotische Seite gehabt zu haben.

Die Hirsch- und Stiermasken und die Stierfelle entsprechen recht sicher dem Hirschgeweih des Cernunnos und den Stierfellen, auf die sich die Druiden bei ihrer Jenseitsreise setzten.

Hirschreiter

Merlin kommt auf einem Hirsch aus dem Wald zu der Hochzeit seiner früheren Frau geritten und tötet dort ihren neuen Mann, da dieser sich nicht nicht an das von Merlin ausgesprochene Tabu, sich vor Merlin zu verbergen, gehalten hat.

Hirsche als Zugtiere

Aus der frühkeltischen Hallstattzeit (ca. 1.000 – 800 v.Chr.) sind gezähmte Hirsche vor Kultwagen bekannt. Auf dem späteren Kesselwagen von Strettweg befinden sich die Hirsche jedoch auf und nicht vor dem Wagen – was aber durchaus eine Erinnerung an die früheren „Zughirsche" sein könnte.

Hirsch-Orakel

Bei den Kelten findet sich die Kombination von Hirsch, Sehergabe und Wissen bei Merlin.

In Spanien hielt sich der keltische Brauch, mithilfe von Hirschen die Zukunft zu deuten und dabei auch Träume zu benutzen, bis in die römische und die christliche Zeit hinein. Der Hirsch wurde dabei als ein Tier einer Göttin, die von den Römern der Artemis/Diana gleichgesetzt wurde, angesehen. Dieser Hirsch stand auch mit dem Totenkult in Verbindung, da er auf Grabsteinen abgebildet wurde. Dies zeigt, daß das Wissen über die Zukunft aus dem Jenseits kam.

Hirsche auf Grabsteinen

Auf den frühen christlichen Grabsteinen in Spanien wurden mehrfach Hirsche bzw. eine Hindin mit Kitz abgebildet. Diese Kombination weist auf die Wiederzeugung und Wiedergeburt in Hirschgestalt im Jenseits hin.

Aus der frühkeltischen Hallstattzeit gibt es u.a. ein Gefäß, das in Schirndorf in Bayern gefunden wurde, auf dem ein Fries gemalt ist, der abwechselnd aus leier-spielenden Barden und Hirschen mit aufgerichtetem Penis bestehen.

Der Hirschgott Cernunnos ist ein Gott der Ernte und der Fruchtbarkeit. Dieses Motiv hat sich durch die Analogie zwischen dem Schicksal der Menschen und dem Schicksal des Getreides sozusagen als 'Jenseitsreise' des Getreides bei der Ernte entwickelt.

In der Bretagne, die sehr lange etwas abseits von der übrigen Entwicklung in Frankreich lag und viele alte Traditionen bewahrt hat, wurde Cernunnos zu dem Heiligen St. Cornely ('Heiliger Gehörnter'). Einen Heiligen mit diesem Namen hat es nie gegeben, aber er wird trotzdem bis heute in der Bretagne verehrt. Solche Vorgänge gab es in der christlichen Kirche bei wichtigen mythologischen Gestalten der früheren Religionen immer wieder einmal. Das bekannteste Beispiel ist sicherlich der Heilige Christopherus, der eine Umdeutung des Jenseitsfährmannes war.

… anders als durch die Umdeutung zu einem Heiligen ließen sich manche „heidnische" Vorstellungen nicht auflösen. Das Überdauern des Cernunnos als St. Cornely zeigt, wie wichtig der Hirschgott für die Kelten gewesen ist.

Die beiden „Hirschheiligen" St. Giles und St. Hubertus lebten im Merowingerreich und traten an die Stelle des Cernunnos und führten seine Symbolik in christlicher Umdeutung fort.

I 16. b) Römer

Die Römer waren der Ansicht, das sich Herkules in ein Reh verwandeln kann.

Der römische General Quintus Sertorius hat um 100 v.Chr. zahmen weißen Hirsch aufgezogen, der in der Lage gewesen sein soll, durch sein Verhalten die verschiedensten Dinge zu prophezeien. Ob dies ein Hinweis auf einen allgemein verbreiteten Hirschkult ist, ist unklar. Zumindest wird es einen mythologischen Hintergrund gegeben haben, der Quintus Sertorius zu der Zähmung und Aufzucht seines weißen Hirsches bewogen hat.

I 16. c) Germanen

Der Hirsch wurde dem Sigurd und manchmal auch den Königen vergleichen. Da Sigurd eine Saga-Variante des ehemaligen Sonnengott-Göttervaters Tyr und die Könige bei ihrer Krönung (bis um 500 n.Chr., als Tyr durch Odin abgesetzt wurde) einen Jenseitsreise zu Tyr unternommen haben, könnte der Hirsch in den Mythen vor 500 n.Chr. ein Tier des Tyr gewesen sein.

Auf der Jenseitsreise verwandelte sich der Reisende (Tyr, Toter, Schamane, König bei der Krönung) in einen Hirsch oder in einen Hirsch-Mann. Im jenseits vereinte er sich bei seiner Wiederzeugung mit der Jenseitsgöttin, die dann die Gestalt einer Hindin annahm. nach der Wiedergeburt des Jenseitsreisenden durch die Göttin stille sie ihn in der Gestalt eines Kitzes – sie selber blieb dabei eine Hindin.

Der Beiname 'Hirsch' des Sigurd wird ein Überrest von dieser Hirsch-Verwandlung auf der Jenseitsreise sein, da Sigurd eine Saga-Variante des Tyr ist.

Der Ort bzw. die Halle 'Heorot' könnte ursprünglich das Jenseits und die Jenseitshalle des Tyr gewesen sein.

Die Jenseitsgöttin vereint sich in Hindingestalt mit dem Toten bzw. dem Gott Tyr in Hirschgestalt in dem Hügelgrab, das in diesem Zusammenhang 'Hirsch-Hügel' genannt wird und vermutlich der Halle 'Heorot' ('Hirsch-Halle') entspricht.

Tyr nahm auf seiner Reise in das Jenseits die Gestalt des Sonnenhirsches an, zwischen dessen beiden Geweihhälften die goldene Sonne leuchtete.

Der Hirsch des Sonnengott-Göttervaters ist ein 'Gold-geschmückter Sonnenhirsch mit glühenden Hörnern'.

Dieses Motiv hat dann später die Gottes-Visionen des St. Eustachius und des St. Hubertus geprägt.

Vermutlich ist dieser Sonnenhirsch eine Vision der aufgehenden Sonne, des wiedergeborenen Tyr und später dann des auferstandenen Christus gewesen.

Vermutlich ist auch das Schiff, in dem der Sonnengott-Göttervater Tyr über den Himmel und durch die Wasserunterwelt fuhr, mit dem Hirsch assoziiert worden, da sowohl der Hirsch als auch das Schiff ein Symbol der Jenseitsreise gewesen sind.

Die Schlangen bzw. Drachen, die den Drachenschiffen ihre Gestalt und ihren Namen gegeben haben, waren die Geister der Toten auf ihrer Reise ins Jenseits.

Ein 'Hirsch-Schiff' in Analogie zum 'Drachenschiff' wäre also sehr naheliegend gewesen.

Das Verirren auf der Hirschjagd ist ein Standardmotiv in den germanischen Sagas, das aus der Umdeutung der Jagd auf einen Hirsch entstanden ist, der als Opfertier bei einer Jenseitsreise gebraucht wurde. Dieses Verirren auf einer Hirschjagd ist daher ein Hinweis auf eine Jenseitsreise des Verirrten. Da dieser fast immer ein König ist, wird es sich ursprünglich um die Jagd auf einen Hirsch und dessen Opferung im Krönungsritual gehandelt haben, dessen wesentlichster Teil die Reise des angehenden Königs bzw. Fürsten in das Jenseits zu dem Götterkönig war.

Der Hirsch wird daher ursprünglich das Opfertier des Tyr gewesen sein. Diese Symbolik wurde dann um 500 n.Chr. in der Form des 'Verirrens auf der Hirschjagd' von Odin übernommen.

Das Jenseits erscheint in diesem Motiv als Wald, als Bauernhof im Wald oder als eine Höhle (Hügelgrab), in der die Jenseitsgöttin Huldar oder die drei Nornen wohnen.

Wahrscheinlich trug Tyr als Hirsch im Jenseits den Namen 'Eikthyrnir'. Seine vier Jenseits-Söhne, die in der Gefjun-Mythe auch als vier Stiere erscheinen, hießen 'Dain, Dwalin, Duneyr und Durathror'. Hirsch und Stier waren die Opfertiere des Tyr.

Tyr Zwillingssöhne, die als zwei Schimmel seinen Streitwagen zogen, trugen den Namen 'Alcis', d.h. 'Elche'. Die vier Hirsche sind möglicherweise eine Verdopplung dieser beiden Elche.

Das Hirschgeweih steht für den Hirsch selber, aber ist z.T. von der Hilfe auf der Jenseitsreise zu einer Todesursache umgedeutet worden.

Hirsch und Elch wurden anscheinend nicht unterschieden.

In Deutschland und Frankreich gab es früher die Vorstellung, daß ein weißer Hirsch oder eine weiße Gemse dem Jäger dessen nahen Tod ankündigt. So soll z.B. König Philipp der Schöne von Frankreich Anno 1314 mit 46 Jahren gestorben sein, nachdem ihm im Wald ein weißer Hirsch begegnet war.

Dem bayrischen Herzog Tassillo III (741 – 796) zeigte ein weißer Hirsch mit Kreuz im Geweih den richtigen Ort für das Kloster Kremsmünster.

Zwei Töchter Ludwigs des Deutschen (806 – 876) sahen immer wieder an derselben Stelle einen Hirsch mit leuchtendem Geweih, an der sie mit Unterstützung ihres Vaters ein Kloster gründeten.

Ein weißer Hirsch ist bei Goslar den Bergleuten erschienen und hat ihnen gesagt, wo sie nach Erz suchen sollen.

Es gab in Süddeutschland lange die Vorstellung, daß die Begegnung mit einem weißen Hirsch oder einer weißen Gemse dem Jäger seinen nahen Tod verkündet.

König Philipp der Schöne von Frankreich (1268 – 1314) begegnete im Wald ein weißer Hirsch, woraufhin der König erkrankte und bald darauf im Alter von nur 46 Jahren starb.

Es gibt seit mindestens Karl dem Großen Berichte von vielen französischen Königen über die Erscheinung eines Hirsches an wesentlichen Punkten ihrer Biographie, insbesondere vor der Krönung und vor dem Tod – allerdings wird der Hirsch nicht immer als weiß geschildert.

Der englische Freibeuter und spätere Admiral Sir Francis Drake nannte sein Schiff 'Goldene Hindin'. Dieser ausgefallene Name wird wohl kaum ohne eine Erinnerung an die Göttin, die in der Gestalt einer Hindin die Sonne in der Wasserunterwelt wiedergebiert, entstanden sein können. Der Schiffsname wird daher wohl eine Bitte an die Göttin der Wasserunterwelt und somit auch des Meeres gewesen sein, das Schiff zu beschützen, dessen Fahrten über das Meer eine Analogie zu den Fahrten in die Wasserunterwelt bildeten.

I 16. d) Slawen

Aus der slawischen Mythologie ist ein bärtiger Mann mit Hirschhörnern auf seinem Kopf und einem großen Phallus bekannt, der in der Wildnis lebt. Sein Name Porewit bedeutet 'Bienenmeister'. Da er bisweilen auch als Ziegenbock erscheint, werden sein Phallus und seine Hirschhörner bzw. seine Ziegenbockgestalt dieselbe Bedeutung haben: seine Zeugungskraft. Die Wildnis ist möglicherweise (wie dies ja oft der Fall ist) ein Bild für die Unterwelt.

Da die Bienen den Honig herstellen, aus dem der Göttertrank (Met) hergestellt wird, würde sein Name ebenfalls für diese Interpretation sprechen, da dieser Met bei der Bestattung getrunken wird und der Tote ihn im Jenseits von der Göttin nach der Wiedergeburt erhält.

Der slawische Hirschgott Porewit, der den verirrten Wanderern hilft, wird auf den Hirsch auf dem Jenseitsweg zurückzuführen sein. Der Hirsch ist bei den Slawen auch das Tier des Donnergottes Perun.

Nach der Übernahme des Christentums ging bei den Slawen wurde aus dem Hirsch des Perun der Hirsch des Heiligen Elias. Elias zeichnete sich vor allem durch seine 'magischen Fähigkeiten' und seine leibliche Himmelfahrt (Jenseitsreise) auszeichnet – worin er ganz den Schamanen glich.

Heutige bulgarische Weihnachtslieder beinhalten noch immer die Hirschjagd und die Gespräche zwischen Jägern und Hirschen. Der Schamane ist in diesen Liedern wie Aktaion in der Artemis-Mythe zum Jäger geworden. diese Übertragung findet sich des öfteren, denn sowohl der Schamane als auch der Jäger befinden sich in dem Unbekannten: die Wildnis ist auch ein Symbol des Jenseits. Der bekannteste Scha-manen-Jäger ist vermutlich derjenige, der Schneewittchen in die Wildnis (Jenseits) bringt, wo sie dann die Zwerge (Ahnen) trifft.

In anderen bulgarischen Lieder wird von der Verwandlung von Menschen in Rehe oder Hirsche erzählt – wie in dem deutschen Märchen 'Brüderchen und Schwester-chen'.

Der Hirsch war auch das Symbol des Horizonts als des Ortes, an dem sich Himmel und Erde begegnen, denn der Hirsch wurde als der Vermittler und Bote zwischen Himmel und Erde angesehen. Eine noch recht neue Variante dieser Verbindung des Hirsches mit dem Jenseitsweg ist der Weihnachtsmann, der in einem Rentierschlitten vom Himmel herabkommt.

In slawischen Märchen erscheint des öfteren ein Hirsch mit einem goldenen Geweih, der wohl auch ein Sonnenhirsch sein wird.

I 16. e) Hethiter

Bei den Hethitern muß der Hirsch noch eine kultische Bedeutung gehabt haben, da man einen bronzenen Hirsch fand, unter dessen (zusammenstehenden) Füßen eine Halterung angebracht war, sodaß man ihn auf einer Stange wie eine Standarte tragen konnte. Auf seinem Rücken befanden sich „Kleiner Kreis in größerem Kreis" – Symbole, die vermutlich die Sonne darstellten. Es wurden auch noch andere Bronzeplastiken von Hirschen hergestellt: stehende Hirsche; eine Hirschkuh in einer Sonnenscheibe; sowie zwei Stierhörner, über denen sich ein Hirsch befand, der auf seinem Geweih eine halbrunde Scheibe trug und neben dem zwei Panther standen.

Die Hethiter hielten Hirsche in Gehegen für Kultzwecke. Der König versprach im Zusammenhang mit einem Ritual der Sonnengöttin Hirsche für ihr Gehege und trank ihr zu Ehren aus einem Horn in Hirschform. Im Verlauf des Rituals fütterte der König die Hirsche mit Brot und goß ihnen ein Getränk aus einer goldener Schale zum Trinken. Auch hier ist der Hirsch mit der Sonne verbunden.

Die Hethiter verehrten auch einen Hirschgott mit dem Namen Lullayamma ('Hirsch-Schutzgott') bekannt. Vereinzelt findet sich auch die Darstellung eines Gottes mit einem Adler und einem Bogen auf einem Hirsch.

Bei den Hethitern in Nordanatolien finden sich ein auf einer Standarte stehender Hirsch mit einem Sonnensymbol auf seinem Rücken. Es gab auch eine Hindin in einer Sonnenscheibe. Der Hirsch war offenbar eng mit der Sonne verbunden. Auch der hethitische Gott, der einen Adler auf der einen Hand und einen und Bogen in seiner anderen Hand hält, wird der Sonnengott sein, da sowohl der Adler als auch der Bogen bei vielen indogermanischen Völkern die Zeichen des Sonnengottes waren. Es gab Trinkhörner, die an ihrer Spitze in das Vorderteil eines Hirsches ausliefen. Sie wurden im Hirschkult von dem König für Trinkopfer verwendet. In diesem Kult fütterte der König auch die dafür in einem Gehege gehaltenen Hirsche. Es gab Statuen von stehenden Hirschen und auch Hirschstatuetten zwischen zwei Stierhörnern, was zeigt, daß auch bei den Hethitern die Symbolik von Hirsch und Tier sehr ähnlich gewesen sein muß. Der Hirschgott selber hieß Lullayamma, was 'Hirsch-Schutzgott' bedeutet. Dieser Name ist allerdings nicht indogermanisch.

Ein Hirschkult im Sinne eines Haltens und Verehrens von lebenden Hirschen ist von den Hethitern gut bekannt. Bei ihnen war der König selber derjenige, der den in einem Gehege gehaltenen Hirschen zumindest an wichtigen Tagen Nahrung und Trank aus Gefäßen brachte, die Hirschgestalt hatten bzw. in die Hirsche eingraviert waren.

Die Hethiter stellten oft den Sonnengott oder eine Sonnenscheibe auf dem Rücken eines Hirsches dar und auch eine Hindin in der Sonnenscheibe. Es wurden auch andere Götter auf dem Rücken des Hirsches dargestellt, aber da sich in diesen Darstellungen der Sonnengott am häufigsten findet, werden die anderen Götter wohl eine

Ausweitung der 'Sonnenhirsch'-Symbolik sein.

Goldene Trinkhörner, deren Spitze in dem Vorderleib eines Hirsches endet, finden sich bei den Thraker, Skythen und Hethiter.

Hirsch-Trinkhorn

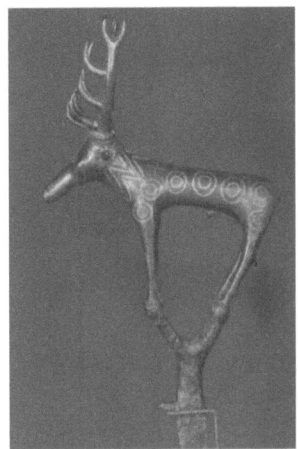

Hirsch-Standarte

Hirsch-Standarte

I 16. f) Lyder

Bei den Lydern galt der Hirsch als eines der Tiere der Artemis. Leider gibt es keine genaueren Auskünfte darüber, welche Bedeutung er gehabt hat.

Diana-Artemis im Hirschwagen
Griechenland   100 v.Chr.

Die griechisch-thrakisch-anatolische Göttin Artemis wurde von Hirschen begleitet. Ihr Lieblingstier war die Kerynische Hindin, die ein goldenes Geweih hatte. Es war eine der zwölf Arbeiten des Herakles, diese Hindin zu fangen – sie muß in mythologischer Hinsicht also wichtig gewesen sein, zumal Herakles weitgehend die Sonnensymbolik verkörpert.

Diana-Artemis fuhr auf einem von zwei Hirschen gezogenen Wagen.

Der deutlichste Hinweis auf eine Wiederzeugung, bei der der Hirsch die Zeugungskraft des Toten und die Hindin die Fruchtbarkeit der Göttin darstellt, findet sich in den indogermanischen Mythen bei Artemis.

Artemis verwandelte den Aktaion in einen Hirsch, da er sie nackt beim Baden gesehen hatte. Daraufhin wird er von seinen Hunden zerrissen, nachdem er in eine Höhle geflohen ist. Diese Szenerie ist offenbar bereits durch die Furcht vor dem Tod umgedeutet worden.

Dafür, daß Aktaion nicht nur ein einfacher Jäger war, spricht unter anderem, daß er von dem Zentauren Chiron erzogen worden war, der der Inbegriff der Weisheit gewesen ist und aufgrund seiner Pferd-Mensch-Mischgestalt eng mit der Jenseitsreise (Pferdeopfer) verbunden war.

Die vermutete Entwicklung der einzelnen Motive der Mythe über Artemis/Diana und Aktaion ist in der folgenden Liste aufgeführt:

vermutetes ursprüngliches Motiv	=>	griechische Artemis-Mythe
Jenseitsgöttin Artemis als Hindin	=>	Artemis mit Hindin
Toter/Schamane Aktaion	=>	Jäger Aktaion
Vereinigung von Aktaion und Artemis	=>	Aktaion sieht nackte Artemis
Göttin in der Wasserunterwelt	=>	badende Göttin
Verwandlung in Hirsch bei Jenseitsreise	=>	Hirschverwandlung als Todesursache
Jenseitsgöttin gibt Wiedergeburt	=>	Göttin verursacht Tod
Hund = Jenseitsführer	=>	Jagdhund, Todbringer
Jenseits	=>	Wildnis
Höhle = Unterweltseingang	=>	Höhle = Fluchtort

I 16. g)   Luwier

Bei den Luwiern in Westanatolien findet sich der Hirschgott Kurunter. Sein Name leitet sich wie der des keltischen Cernunnos von dem indogermanischen 'ker' mit der Bedeutung 'Horn' ab. Er war eng mit dem Königtum verbunden wie der Königsname Kubanta-Kurunter zeigt. Da der Hirsch bei den Hethitern, die die östlichen Nachbarn der Luwier gewesen sind, als Tier des Sonnengottes galt, und zudem der Sonnengott immer eng mit dem Königtum verbunden gewesen ist, ist dieser Königsname nicht verwunderlich.

Kurunter war eng mit dem Königtum verbunden, da sich einige Könige nach ihm benannt haben.

I 16. h)   Inder

In Indien wird die Göttin Saraswati oft als eine Hindin dargestellt. Saraswati die Göttin der Weisheit.

Die Hindhi-Gelehrten kleideten sich oft in ein Hirschfell oder saßen auf einem Hirschfell. Auch Shiva meditiert auf einem Hirschfell.

In dem Epos Ramayana verwandelt sich ein Raksha (eine Art Halb-Dämon) in einen Hirsch mit goldenem Geweih, um die Männer von Sita fortzulocken, damit er sie entführen kann.

Der Hirsch hat wie auch viele andere buddhistische Symbole wie z.B. das acht-speichige Rad als Zeichen des Dharmas (Richtigkeit) seine Wurzeln in vorbuddhis-tischen Vorstellungen – Buddha benutzte die Bilder seiner Zeit, um den Menschen seine Erkenntnisse mitzuteilen.

Der Name des Parks, in dem Buddha seine erste Lehr-Rede hielt, sowie die in diesem Park dargestellten Tiere schwanken zwischen Gazelle und Hirsch, die von ihrer religiösen Bedeutung her identisch gewesen sein werden – die Gazelle war sozusagen der 'Hirsch der südlichen Länder'.

Über Buddha gibt es die Erzählung, daß er in einer früheren Inkarnation ein Hirsch gewesen sein soll und den König des Reiches, in dem er lebte, Mitgefühl mit allen Lebewesen gelehrt haben soll. Da Buddha von seiner Lehre her ein Jenseitsreisender war und auch zu einer Zeit lebte, in der die Jenseitsreise der Schamanen noch lebendig war und in der die Mysterien gegründet wurden, ist es gut möglich, daß auch diese Hirschsymbolik aus dem Schamanismus übernommen wurde.

das buddhistische Rad der Lehre zwischen zwei Hirschen/Gazellen

<u>Rig-Veda 2, 34:</u>
Ihr Maruts mit den goldenen Helmen, ihr, die ihr alle Dinge erschüttert, kommt mit euren gefleckten Hirschen, einig, zu unserer Speise.

Hier haben die Maruts wie die Ashvins Hirsche als Reittiere und zudem Goldhelme wie die Sonne. Die Speise ist die Opfergabe an die Maruts.

Rig-Veda 1, 37:

Singt, o Kanvas, für eure Schar von unbesiegbaren Maruts,
die fahrenden, die glanzvollen auf ihrem Streitwagen,
für die, die aus sich selber heraus leuchten, die zusammen mit den gescheckten
* Hirschen,*
mit den Speeren, den Schwertern, dem glitzernden Schmuck geboren wurden.

Die Maruts sind weitgehend den beiden Ashvins identisch, die den beiden germanischen Alcis-Söhnen des Tyr entsprechen, deren Name 'Elch, Hirsch' bedeutet.

Rig-Veda 5, 60:

Ihr Maruts, ja, ihr Rudras, die ihr eure berühmten gescheckten Hirsche und eure
schnellfahrenden Streitwägen bestiegen habt!

Rig-Veda 6, 75:

Beschütze uns vor Bösem, Pushan, bewache uns Erhalter der Richtigkeit: Laß nicht
* zu, daß der Übeltäter uns unterwirft!*
Ihre Zähne sind einer Hindin, gekleidet ist sie in Adlerfedern, gegürtet mit einem
* Kuhfell – sie stürmte heran, doch nun flieht sie davon.*

I 16. i) Perser

sarmatische Krone

Von den Sarmaten, einem den Persern nah verwandten indogermanischen Stamm, der nordöstlich des schwarzen Meeres lebte, ist aus der Zeit von ca. 100 n.Chr. eine Goldkrone bekannt, auf der ein Baum zwischen zwei Hirschen dargestellt ist.

I 16. j) Skythen

Bei den Skythen, einem Reitervolk in der südrussischen Steppe, erschienen die beiden Göttinnen Api und Ge oft als Hindinnen. Im Kult der Skythen wurden auch Hirschstatuetten und Hirschstandarten verwendet.

In dem Grab eines Skythenfürsten wurde ein Hirschszepter gefunden. In einem anderen Grab fand sich ein Helm, der als Aufsatz einen goldenen Hirsch trug.

In einigen frühskytischen Kurganen (Hügelgräbern) in der südrussischen Steppe wurden den Pferden der Fürsten Masken mit Hirschgeweihen mitgegeben.

In den Grabhügeln ('Kurgan') der Skythen wurden kleine goldene Hirschstatuen gefunden. Solche goldenen Hirsche wurden wie bei den Hethitern auch auf Stäben getragen, die z.T. reich verziert waren. Hirsche aus dünnem Goldblech wurden auf die Kleidung, meistens auf die Hüte appliziert.

Eine recht unklare Darstellung zeigt einen Adler, der einen Hirschkopf in seinem Schnabel hält. Die Hirschjagdszenen aus Gold, die als Pferde-Kopfschmuck benutzt wurden, hatten vermutlich keine mythologische Bedeutung, sondern waren einfach eine Darstellung der Hirschjagd.

Der Hirsch wurde von den Skythen als Tier der Göttinnen Api und Ge angesehen – vermutlich handelt es sich dabei nicht um den Hirsch (Zeugungskraft), sondern um die Hindin (Fruchtbarkeit).

An der Küste des Schwarzen Meeres gibt es viele (skythische?) Bild-Darstellungen und Steinreliefs von Hirsch und Reh.

In dem Grab eines Skythenfürsten wurde ein Hirschszepter gefunden. In einem anderen Grab fand sich ein Helm, der als Aufsatz einen goldenen Hirsch trug.

Hirschszepter

Hirsch von der Kopfbedeckung eines skythischen Fürsten

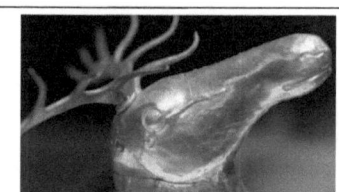

Hirsch-Statuette

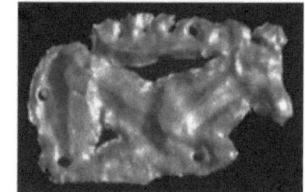

Hirsch-Applikation für die Kopfbedeckung eines Skythen

I 16. k) Thraker

Von den Thrakern hat sich ein goldenes Trinkhorn mit Ständer erhalten, an dem sich der ebenfalls goldene Kopf eines Hirsches befindet. Man kann wohl davon ausgehen, daß es sich dabei um ein Kultgefäß handelt, bei dem man die Symbolik des Stieres (Horn) und des Hirsches zusammenfassen wollte.

Die griechisch-thrakisch-anatolische Göttin Artemis wurde von Hirschen begleitet. Ihr Lieblingstier war die Kerynische Hin-din, die ein goldenes Geweih hatte. Es war eine der zwölf Arbeiten des Herakles, diese Hindin zu fangen – sie muß in mythologischer Hinsicht also wichtig gewesen sein, zumal Herakles weitgehend die Sonnensymbolik verkörpert. Diana-Artemis fuhr auf einem von zwei Hirschen gezogenen Wagen.

Der deutlichste Hinweis auf eine Wiederzeugung, bei der der Hirsch die Zeugungskraft des Toten und die Hindin die Fruchtbarkeit der Göttin darstellt, findet sich in den indogermanischen Mythen bei Artemis.

Artemis verwandelte den Aktaion in einen Hirsch, da er sie nackt beim Baden gesehen hatte. Daraufhin wird er von seinen Hunden zerrissen, nachdem er in eine Höhle geflohen ist. Diese Szenerie ist offenbar bereits durch die Furcht vor dem Tod umgedeutet worden.

Dafür, daß Aktaion nicht nur ein einfacher Jäger war, spricht unter anderem, daß er von dem Zentauren Chiron erzogen worden war, der der Inbegriff der Weisheit gewesen ist und aufgrund seiner Pferd-Mensch-Mischgestalt eng mit der Jenseitsreise (Pferdeopfer) verbunden war.

I 16. l) Griechen

Auch die Griechen sahen wie die Lydier die Hindin (Hirschkuh) als Tier der Göttin Artemis an. In der Mythe, in der davon berichtet wird, wie der Jäger Aktaion unbeabsichtigt die nackte Artemis beim Baden sah, verwandelt sich auch Artemis selber in eine Hirschkuh.

Bei den Griechen hat die Göttin Artemis oft die Gestalt einer Hindin. Auch die Nymphen nehmen bisweilen die Gestalt einer Hindin an. Den Mythen zufolge schützte diese Verwandlung die Göttin und die Nymphen vor den Nachstellungen des Zeus. Man kann zumindest vermuten, daß diese Vorstellung auf die Wiederzeugung mit der Göttin im Jenseits zurückgeht – was vermuten läßt, daß die Hirsch- bzw. Hindingestalt in einem engen Zusammenhang mit der Wiederzeugung gestanden hat. Herakles mußte als eine seiner zwölf Arbeiten, die die Reise der Sonne durch den Tierkreis symbolisierten, eine Hindin fangen. Es ist anzunehmen, das das Fangen der Hindin zu der nächtlichen Hälfte der Reise der Sonne durch die Unterwelt gehört hat.

Herakles mußte als eine seiner zwölf Arbeiten eine Hirschkuh fangen, was vermuten läßt, das sie etwas mit der Jenseitsreise zu tun hat, da die zwölf Arbeiten des Herakles die Reise der Sonne durch den Tierkreis und somit Tod (Abend) und Wiedergeburt (Morgen) darstellen.

Für diese Annahme spricht auch, daß die kerynaiische Hindin, die Herakles fangen mußte, eine verwandelte Nymphe war, die von Artemis in diese Hindin verwandelt worden war, damit sie den Nachstellungen des Zeus entkommen konnte – was natürlich vergeblich war. Vermutlich war Artemis ursprünglich selber diese Hindin, die sich mit Zeus in der Unterwelt vereinte, um ihm die Wiedergeburt zu geben.

Zeus müßte in diesem Zusammenhang dann die Gestalt eines Hirsches gehabt haben, so wie er bei der Entführung der Europa die Gestalt eines Stieres annahm.

Die Symbolik des Stieres hat sich bei den Griechen aber offenbar besser halten können.

Telephos, der Sohn des Herakles, wurde wie der germanische Siegfried von einer Hindin gesäugt.

Interessant ist auch die griechische Münze von 400 v.Chr., da sie die Identität des Pegasus mit dem Flügelhirsch deutlich macht, indem sie beide zu einem geflügelten Wesen mit zwei Köpfen zusammenfaßt.

griechisches Siegel 1200 v.Chr.	*Abdruck des links abgebildeten Siegels*	*Apollon mit Daimon (Seelenvogel) und Hirsch 510 v.Chr.*	*Hindin mit Flügeln (?) Mysia, Nordwestanatolien 450 v.Chr.*

400 v.Chr.

*Apollon mit Hirsch
450 v.Chr.*

*Hirsch (Rückseite:
Apollon) 450 v.Chr.*

*Dionysos mit Kelch und Leier auf
gehörntem Tier,   440 v.Chr.*

*Köpfe von
Hirsch und Hindin
360 v.Chr.*

*Hirsch mit Palme
(Rückseite: Biene)
360 v.Chr.*

*Löwe tötet Hirsch
350 v.Chr.*

*Artemis mit Hirsch
250 v.Chr.*

*Hirsch und Palme
158 v.Chr.*

*Hirsch
150 v.Chr.*

*Diana-Artemis auf
Hirschwagen
100 v.Chr.*

*Diana-Artemis auf
Hirschwagen
100 v.Chr.*

*Hirsch (Rückseite:
Apollon)
88 v.Chr.*

*Hirsch in Efeu-
kranz mit acht-
strahligem Stern
80 v.Chr.*

Der Hirsch war bei den Griechen eng mit Apollon, dem Gott der Sonne und der Fhirinne, verbunden. Der Vogel neben Apollon wird sein Seelenvogel, d.h. die wiedergeborene Sonne sein, die von den Ägyptern, Persern und auch von den Griechen z.B. oben am Hermesstab als Flügelsonne dargestellt wurde. Apollon entspricht den keltischen Göttern Beli und Dagda, die Sonnengötter und Erhalter der Fhirinne ('Richtigkeit') waren – und Dagda spielte wie Apollon auf der Leier bzw. Harfe, die die Fhirinne symbolisierte – so wie auch der achtstrahlige Stern über dem Hirsche (80 v.Chr.).

Dionysos mit Kelch auf dem Hirsch ist ein Bild für seine Reise in die Unterwelt, in den Hades. Auf dieser Reise gelangt er zu Diana-Artemis, deren Wagen von zwei Hirschen gezogen wird, um sie als Göttin des Jenseits und der Wiedergeburt zu kennzeichnen. Das Efeu, das den Hirsch umrankt, ist wie auf dem Kessel von Gundestrup ein Symbol des Todes und somit der auch der Wiedergeburt.

Der einen Hirsch tötende Löwe erinnert sehr an den Löwen, der auf dem Gundestrup-Kessel einen Mann tötet – der Mann ist auf seiner Jenseitsreise mit dem Hirsch bzw. Stier identisch geworden.

Die Palme wird ein Weltenbaum sein, der wie die Flügel des Hirsches auf ein Jenseits im Himmel hinweist, das auf dem Gundestrup-Kessel durch die Wellen am oberen Bildrand der Götter-Bildplatten sowie durch die erhobenen Arme der Götter symbolisiert wird.

Die Gleichsetzung des Hirsches mit dem Pferd ist auf der Münze von 400 v.Chr. sehr deutlich dargestellt worden. Der Hirsch ist den Bildern auf diesen Münzen zufolge nicht nur ein wichtiges Symbol der Kelten, sondern auch der Griechen gewesen.

Die Zweizahl der Hirschköpfe findet ihre keltische Entsprechung in dem Gott auf dem Gundestrup-Kessel, der zwei Hirsche in seinen Händen hält.

I 16. m) Indogermanen

Bei den Indogermanen ist die Hirschsymbolik im Vergleich zu der Symbolik der Pferde, Rinder und Schweine nur schwach ausgeprägt. Lediglich bei den Kelten spielt sie eine größere Rolle. Man könnte vermuten, daß die mesopotamischen Ackerbauern hauptsächlich die Stiersymbolik kannten und erst die Indogermanen die Hirschsymbolik in den russischen Ebenen die dort häufigen Hirsche verstärkt in ihre religiöse Symbolik miteinbezogen.

Neben den Rindern kannten die frühen Ackerbauern in Mesopotamien auch andere Herdentiere wie Ziegen, Gazellen, Antilopen, Steinböcke usw. als Fruchtbarkeitssymbole, die allerdings den Rindern immer untergeordnet blieben. Es spricht also einiges dafür, daß die Indogermanen die Herdentiere der russische Steppe nördlich des Kaukasus, in der sie lange Zeit lebten und allmählich von Ackerbauern zu Viehzüchtern wurden, ebenfalls in diese Symbolik übernahmen.

Sehr deutlich ist diese Entwicklung bei der Bedeutung des Pferdes für die Indogermanen. Es wäre daher plausibel, dieselbe Entwicklung für den Hirsch anzunehmen. Unterstützend käme hinzu, daß sich bei den Jägern und Sammlern, denen die Indogermanen sicherlich hin und wieder begegneten, noch die altsteinzeitliche Symbolik erhalten haben wird, in der der Hirsch und das Pferd bereits die Fruchtbarkeitssymbolik mit den Rindern geteilt haben.

Da sowohl die Göttin als auch der Mann mit dem Hirschgeweih die Gestalt eines Hirsches bzw. einer Hindin annehmen können und das Hirschthema mit der Wiederzeugung verbunden ist, liegt die Vermutung nahe, daß die Hirschgestalt die Fruchtbarkeit und die Zeugungskraft fördern sollte. Diese beiden Qualitäten sollte man allgemein bei den Huf- und Hörnertieren vermuten, da sie in großen Herden lebten. Das Säugen des Helden durch die Hindin wäre dann eine passende Ergänzung hierzu – und die Jagd des Helden nach der Hindin eine Umdeutung der Suche nach ihr im Jenseits. Der Sonnengott auf seiner allnächtlichen Reise durch die Unterwelt und der König bei seiner Krönung haben dann diese Jenseitsreise- und Wiederzeugungssymbolik übernommen und dadurch ebenfalls die Gestalt des Hirsches angenommen bzw. ihn als ihren Begleiter ausgewählt. Der Hirsch wurde auch mit dem Trinken assoziiert, was sich vermutlich auf den Ritualtrank (Met) bezieht.

In der indogermanischen Hirsch-Symbolik finden sich mehrere Motive:

> - der Mann mit dem Hirschgeweih und dem großen Penis, der den Met braut,
> - die Verbindung von Hirsch und Sonnengott und König,
> - die Göttin als Hindin, die auch mit der Wiederzeugung verbunden ist,
> - die Hirschgötter Cernunnos/Kurunter und Lullayamma,
> - das Säugen des Helden durch die Hindin,
> - das Jagen der Hindin durch den Helden,
> - Trinkgefäße in Hirschgestalt.

Aus der älteren europäischen Malerei ist das Motiv des Hirsches bzw. Einhorns bekannt, der eine Schlange zertritt. Hier ist die Schlange bereits nach dem üblichen Muster von der Helferin auf der Jenseitsreise zur Bedrohung durch den Tod geworden.

I 17. Der Hirsch in der Jungsteinzeit

Die Indogermanen stammen von den frühen Jägern, Ackerbauern und Viehzüchtern in Nord-Mesopoatmien ab, von wo aus sie um 7000 v.Chr. nach Norden über den Kaukasus in die südrussische Steppe ausgewandert sind. Daher haben die Völker, die ebenfalls von diesen früh-jungsteinzeitlichen Bewohnern Mesopotamiens abstammen, dieselben mythologischen und allgemein kulturellen Wurzeln wie die Indogermanen.

Diese Vorstufe der Indogermanen läßt sich zum einen direkt durch die Funde aus dieser Zeit betrachten und indirekt durch den Vergleich der Mythen der Nachkommen-Völker dieser früh-jungsteinzeitlichen Bewohner von Mesopotamien erschließen.

I 17. a) Rheinland

Aus der mittleren Jungsteinzeit (7.000 v.Chr.) sind aus dem Rheinland aus der Nähe von Bedburg zwei Hirschschädelplatten mit Geweih gefunden worden, die man sich mithilfe von Schnüren, die man durch in die Schädelplatte gebohrte Löcher ziehen konnte, auf den Kopf schnallte.

I 17. b) Çatal Höyük

Um der Zeit um 7.000 v.Chr. wurden auch in der heutigen Südosttürkei in Catal Höyük Darstellungen von Hirschen gefunden.

I 17. c) Hacilar

Um 5.600 v.Chr. wurden in Hacilar in der Südwesttürkei Trinkgefäße in Hirschform hergestellt.

I 17. d) Sumer

In Sumer sagte man vom Hirsch, daß er fürstliche Kraft besitzt, und den Fürsten nannte man bisweilen 'Hirschmann'. Vermutlich wird beides eher auf die

Zeugungskraft des Hirsches als auf seine Körperstärke anspielen, da der Hirsch diesbezüglich von den Löwen ja deutlich übertroffen wird. Daher kann davon ausgehen, daß der Stier und der Hirsch in der sumerischen Jenseitssymbolik gleichbedeutend waren – sie sind Symbole der Zeugungskraft gewesen.

Relief aus dem Tempel der Göttin Ninhursaga (Sumer)

Im Tempel der Ninhursaga, die die Göttin der wilden Tiere war, gab es ein Relief, das aus zwei Hirschen und zwischen ihnen einer Eule mit einem Pantherkopf bestand.

In Sumer sind wie bei den Kelten gezähmte Hirsche vor Wagen gespannt worden. Da die betreffenden Wagen sehr aufwendig mit Goldbeschlägen u.ä. hergestellt worden sind, wird es sich dabei wahrscheinlich um Kultwagen gehandelt haben.

I 17. e) Elamo-Drawiden

Obwohl die Hänge des iranischen Hochlandes reich an Hirschen waren, scheint es in Elam keine Hirschsymbolik gegeben zu haben.

I 17. f) Phönizier

Der Hirsch ist bei den Phöniziern als beliebtes Opfertier bekannt – sonst ist keine weitergehende Hirsch-Symbolik bekannt.

Das Hirsch-Opfer könnte eventuell bedeuten, daß bei den Phöniziern die Hindin mit ihrer Muttergöttin Anat verbunden war.

I 17. g) Juden

Im jüdischen Talmud wird ein Riesenhirsch beschrieben, der 'Keresh' ('Holz, Brett') heißt und in dem Wald 'Dvei llai' lebt. Vielleicht bezieht sich sein Name auf den Weltenbaum. Da keine weiteren Details bekannt sind, kann man nur vermuten, daß der Hirsch Keresh ein Überrest aus den früheren sumerischen Vorstellungen ist.

Der Stamm Naphtali, einer der zwölf jüdischen Stämme, hat einen Hirsch als Banner.

I 17. h) Türkei

Die islamischen Ottomanen in der Türkei haben ihren Hirschkult vermutlich von früheren Kulturen wie den Thrakern und den Hethitern übernommen – was unter anderem zeigt, daß sich dieser Kult bis zur Ankunft des Islams in der Türkei lebendig erhalten haben muß.

I 17. i) Italien

Aus der Jungsteinzeit ist aus dem Val Camonica in Norditalien eine Darstellung von zwei Menschen bekannt, von denen einer einen Strahlenkranz um seinen Kopf trägt und in einem gepunkteten Kreis steht, neben dem sich zwei Hirsche befinden. Der gepunktete Kreis könnte ein Steinkreis sein, der in der Jungsteinzeit das Jenseits und somit auch den „Heiligen Ort" symbolisierte (Steinkreise von Göbekli Tepe, Malta, Stonehenge u.a.). Der Mann mit der Strahlenkrone wird dann wahrscheinlich die Sonne sein. Diese Zusammenstellung dieser Gestalten ergibt dann 'die Sonne geht (in Hirschgestalt) zu einem anderen Menschen in die Unterwelt'.

Dieser andere Mensch könnte die Jenseitsgöttin sein – dann würde der Hirsch dem Sonnengott die Zeugungskraft geben und die Hindin der Göttin ihre Fruchtbarkeit. Die Abbildung insgesamt würde dann die Wiedergeburt der Sonne, d.h. ihren morgendlichen Aufgang darstellen.

Hirschtänzer
Frankreich, Altsteinzeit

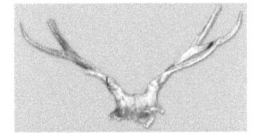

Hirschmaske
Bedburg, Jungsteinzeit

Hirschmann
Norditalien, Jungsteinzeit

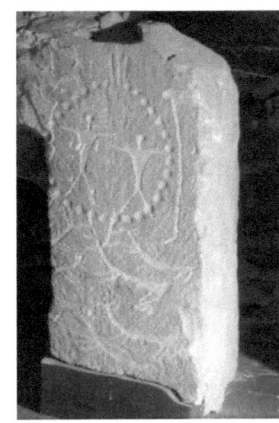

Männer in Kreis, Hirsche
Norditalien, Jungsteinzeit

I 17. j) Göbekli Tepe

Im Altägyptischen, in dem wie in allen semitischen und hamitischen Sprachen keine Vokale geschrieben wurden, lautet das Wort für Horn 'krn'. Der jüdische Hirschname schrieb sich entsprechend 'krsh', was dem ägyptischen 'krn' und dem indogermanischen 'cern' sehr ähnlich ist.

Das Wort 'krn' wird also das (nostratische) Wort der frühen jungsteinzeitlichen Ackerbauern in Mesopotamien (Göbekli Tepe, Nevali Cori usw.) für 'Horn, Hirsch, Hörnertier' gewesen sein.

I 18. Der Hirsch in der Altsteinzeit

Der Homo sapiens ist vor 50.000 Jahren von Südwest-Afrika aus nach Eurasien eingewandert. Er ist der Urahn der heutigen Menschen in Europa, Asien, Australien und Amerika. Die Kultur dieser Einwanderer ist somit auch die Grundlage der frühjungsteinzeitlichen Jäger in Mesopotamien.

Auch hier läßt sich die Kultur der damaligen Menschen wieder direkt durch Funde und indirekt durch den Verglich der Vorstellungen der Völker in diesem Bereich erschließen.

I 18. a) China

Drache mit Hirschgeweih (China)

Die chinesischen Drachen tragen auf ihrem Kopf stets ein Hirschgeweih.

I 18. b) Mongolei

Aus ungefähr derselben Zeit wie die frühgermanischen Felszeichnungen stammen auch die Hirschsteine in der Westmongolei (1.000 v.Chr.), die entweder von einem östlichen Stamm den Skythen oder von Vorfahren der Mongolen stammen, die recht ähnliche Bilder und auch einen sehr ähnlichen Mal- und Ornamentstil wie die späteren Skythen benutzten. Auf diesen Hirschsteinen findet sich des öfteren über dem Hirsch ein Kreis. Da dieser Kreis sich fast immer ganz oben an dem Stein befindet, wird er wohl die Sonne darstellen.

Hirschsteine   (Mongolei, ca. 1.000 v.Chr.)

117

Ob die Hirsche auf den Hirschsteinen in der östliche südrussischen Steppe und in der westlichen Mongolei einen Hirschgott, Hirsche als Symbole für die Zeugungskraft oder gar den Sonnengott darstellen, läßt sich kaum entscheiden.

I 18. c) Tibet

Auch in Tibet und den angrenzenden Gebieten gibt es noch in vielen Ritualen den Hirschtänzer.

In Tibet wird der Hirsch als das Tier von Buddha Vairocana angesehen. Vairocana ist der die Lehre verkündende Buddha. Diese Verbindung von Buddha und Hirsch geht daher vermutlich darauf zurück, daß Buddha seine erste Lehrrede in dem 'Hirschhain' hielt.

I 18. d) Bhutan

Aus Bhutan ist ein Hirschtanz bekannt, in dem ein Schamane, der auf einem Hirsch reitet, den 'bösen Wind' besiegt.

I 18. e) Japan

zwei Hirsche, Japan

In der vorbuddhistischen japanischen Shinto-Religion ist der Hirsch der Bote der Götter.

In Japan wird Fukurokuju, der Gott der Weisheit und des Glücks, von einem Hirsch und einer Schildkröte begleitet. Beide Tiere symbolisieren in Japan ein langes Leben. Die Kombination von Weisheit und langem Leben läßt vermuten, daß Fukurokuju wie Cernunnos und Odin ursprünglich ein Schamane war.

Dafür spricht auch, daß er als die Reinkarnation des taoistischen Gottes Xuan-Wu angesehen wurde. Ursprünglich ist Xuan-Wu ein Mann gewesen, der durch die Einsicht in das Leid, das sein bisheriges Handeln in seinem Leben anderen verursacht hatte, und durch die Hilfe der buddhistischen Muttergöttin Kuan Yin zur Erleuchtung fand. Xuan-Wu konnte nach seiner Erleuchtung ohne zu essen leben. Er konnte mithilfe seiner Schildkröte und seiner Schlange an jeden Ort reisen. Er wurde auch als die Verkörperung des südlichen Polarsternes angesehen. An seinen Stab hat er ein Buch gebunden, in dem die Lebensdauer eines jeden Menschen sowie Zaubersprüche stehen. Er ist einer der sehr wenigen Götter, die Tote wieder zum Leben erwecken können. Er ist zudem der Gott der Magie, der die Elemente, insbesondere das Feuer beherrscht.

Sowohl die Indogermanen als auch die chinesisch-japanische Kultur stammen von den Menschen der Mittelsteinzeit in Mesopotamien (14.000 v.Chr.) ab, deren Sprache 'borealisch' genannt wird. Die Symbole des Fukurokuju/Xuan-Wu sind die Auferstehung vom Tod (Jenseitsreise), die Schlange als Symbol des Jenseitsweges, das Feuer als Symbol des Jenseitstores, der 'Hirsch der Zeugungskraft', die enge Verbindung zur Jenseitsgöttin, die Betonung der Weisheit, die Kenntnis der Magie, die Verbindung mit dem Polarstern (Weltenachse/Weltenbaum am Pol), der Stab als Symbol des Weltenbaumes usw.

I 18. f) nordamerikanische Indianer

Der nordamerikanische Indianerstamm der Hoopaden sah den Hirsch als Symbol für die alljährliche Erneuerung der Welt an. Der Weißhirsch-Fell-Tanz, bei dem sich die Tänzer als Hirsche verkleideten, dauerte zwei Wochen und sollte für eine gute

119

Ernte sorgen.

Die Chikasaws, Delaware, Lenape, Senecas und einige andere Indianerstämme sahen den weißen Hirsch als den Geist aller Hirsche an, weshalb er nicht gejagt werden durfte.

In den Ozark-Bergen gab es Mythen über einen riesigen Hirsch mit Moos und Blumen auf dem Geweih, der der Geist der Pflanzen ist.

Bei den Onota-Indianern gab es die Vorstellung, daß der Stamm solange nie Hunger leiden würde, wie niemand den Weißen Hirsch stört, wenn er zur Quelle kommt, um zu trinken.

In einer Erzählung der Senecas verließ eine Frau mit ihrem Kind ihren Mann und starb und erschienen ihrem Mann daraufhin als weiße Hindin mit einem Kitz.

In einer anderen Erzählung der Croatan-Indianer verwandelt sich eine Frau in eine weiße Hindin, nachdem ein Mann ihr eine magische Perlenkette umgelegt hatte.

Die Vorstellung, daß der Hirsch die Pflanzen wachsen läßt, ihnen Fruchtbarkeit gibt oder sie aus dem Jenseits ins Diesseits bringt, ist bei den Indianern weit verbreitet.

Bei den Irokesen und auch bei einigen anderen Stämmen gab es einen Hirsch-Clan.

In neuerer Zeit wählte man in Tennessee (USA) einen geflügelten weißen Hirsch als Emblem eines Parks.

I 18. g) Mexiko/Arizona

Am bekanntesten ist der Hirschtanz von den Yaqui- und den Pueblos-Indianern in Arizona und Nordmexiko. In ihren Liedern steht der Hirsch in Zusammenhang mit der Sonne, dem Erlangen von Wissen und dem Gedeihen der Pflanzen. Bei den Yaquis und den Pueblos ist der Hirsch eng mit der Sonne verbunden.

Der Hirschtanz ist aber auch von anderen Indianerstämmen bekannt.

I 18. h) Mexiko

In Mexiko stellt u.a. bei den Huichol-Indianern ein magischer Hirsch die Kraft des Mais für den Körper und die Kraft des Peyote für die Seele dar, die durch diese Kraft den Kontakt zu den Ahnen und Göttern im Jenseits aufnehmen kann.

Bei den Mayas und den Azteken ist der 7. Monat der Hirschmonat, der dem Regengott Tlaloc untersteht.

I 18. i) Altsteinzeit

Die sehr häufigen Abbildungen der Hirsche in den altsteinzeitlichen Höhlenmalereien hatten auch damals schon eine symbolische Bedeutung, die über den Wunsch, diese Tiere zu erlegen und zu verspeisen, deutlich hinausging. Dies ergibt sich unter anderem daraus, daß die in den Höhlenmalereien dargestellten Tiere in einer völlig anderen Häufigkeit auftreten als die gejagten Tiere, die man aufgrund der Knochenfunde in den 'Küchenabfällen' rekonstruieren konnte.

Aus diesen beiden Befunden läßt sich nur schließen, daß die Hirschsymbolik bis in die Altsteinzeit zurückreicht.

Die älteste bekannte Darstellung eines Hirschtänzer stammt aus den 18.000 Jahren alten Höhlenmalerein von Lascaux. Aus der Jungsteinzeit sind ebenfalls Hirschmasken, d.h. Hirschschädelplatten mit Geweih, die man sich auf den Kopf binden konnte, bekannt. Solche Hirschmasken sind auch noch aus christlicher Zeit aus ganz Deutschland bekannt, wo sie von der Kirche immer wieder verboten wurden.

Bei den Hirschtänzen trägt der Tänzer so gut wie immer die Maske oder das Geweih eines Hirsches.

Es lohnt sich, die Bedeutung des Hirsches für die Menschen der Steinzeit einmal näher zu betrachten. Zunächst einmal waren die Hirsche und Hindinnen als Herdentiere das Symbol für 'viele'. Davon leiteten sich die Zeugungskraft und die Fruchtbarkeit ab. Die Große Mutter übernahm das Bild der Hindin, Kuh, Bache, Ziege usw. als Ausdruck ihrer Fruchtbarkeit. Die (männlichen) Ahnen im Jenseits, die sich erfolgreich wiedergezeugt haben und dann wiedergeboren worden sind, konnten am einfachsten durch das Hirschgeweih oder die Hörner des Stiers, des Ziegenbocks, des Widders usw. an ihrem Kopf, die sie durch ihre Identifikation mit dem männlichen Herdentier erhalten hatten, dargestellt werden. Diese „Gehörnten in der Unterwelt" wurden später durch die Analogie zwischen Unterwelt und Wildnis (beides ist das Fremde) zu den 'Gehörnten in der Wildnis'.

Der Schamane als ein Mensch, der ebenfalls ins Jenseits gereist ist und sich dabei auch mit einem Hirsch, Stier, Ziegenbock o.ä. identifiziert hat, kann als Wiedergeborener bzw. Zweimalgeborener auch ein Hirschgeweih oder Stierhörner tragen – sowohl auf Abbildungen als auch im Ritual.

Als gegen Ende der Jungsteinzeit und zu Beginn des Königtums aus den Ahnen nach und nach „Große Ahnen" und schließlich Götter wurden, entstanden die gehörnten Unterweltsgötter und die gehörnten Wildnisgötter. In manchen Religionen wie z.B. der der Sumerer wurden die Hörner auch zu einem allgemeinen Zeichen für 'Gottheit'.

Wenn man kleine Kinder beobachtet, wird man feststellen, daß sie vor allem durch das Vorbild ihrer Eltern lernen. Von dieser Art des Lernens wird man auch bei den Menschen in der Alt- und Jungsteinzeit ausgehen können. Auch heute noch ist aus der Psychologie nur zu gut bekannt, wie schwer es ist, sich wirklich anders zu verhalten als es die eigenen Eltern vorgelebt haben.

Am direktesten und deutlichsten kann man den großen Einfluß der Eltern in Familienaufstellungen erleben.

Die damaligen Menschen werden wie wir heute das Vorbild ihrer Eltern als die maßgebliche Richtschnur für ihr Handeln in sich getragen haben. Dies wird noch stärker als heute ausgeprägt gewesen sein, da die Kinder praktisch alles von ihren Eltern erlernten. Auch in der Jungsteinzeit und später im Königtum blieb es üblich, daß der Sohn eines Schusters ebenfalls Schuster wurde und das Handwerk von seinem Vater erlernte.

Diese Prägung ist sicherlich nicht wie heute als eine Einengung, sondern als ein Halt empfunden worden – schließlich zeigten die Eltern den Kindern, 'wie Leben geht'. Dies wird u.a. auch in manchen frühen Namen deutlich. So lautete einer der beliebtesten altägyptischen männlichen Vornamen 'Antef': 'Antef' = 'ini-it-ef' = 'der seinen Vater (wieder-)bringt' = 'der wie sein Vater ist'.

Aus vielen Therapieformen ist auch bekannt, wie wichtig ein guter Rückhalt und ein 'fähiger Beschützer' für die Heilung von psychischen Problemen ist. Im Idealfall bieten die Eltern ihren Kindern diesen Rückhalt – es können aber auch Geschwister, Freunde, Beziehungspartner oder Therapeuten sein. Auch die eigene Seele, das eigene Krafttier und Gottheiten können diesen Halt geben.

Vor dem Hintergrund der großen Bedeutung der Eltern wird auch der Ahnenkult verständlicher, denn wenn die Eltern das Vorbild und die Orientierung im Leben sind, ist der Verlust der Eltern bei deren Tod ein schwerer Schlag. Aus diesem Grund wird allgemein das Bedürfnis bestanden haben, den Kontakt zu den Eltern aufrecht zu erhalten.

Die Eltern sind zudem auch allgemein die Verkörperung der 'richtigen Lebensweise', der auch schon deren Eltern und deren Großeltern gefolgt sind: Die Ahnen (und später die Götter) sind die Verkörperung der Richtigkeit.

Dadurch werden die Ahnen insgesamt zu einem Bild für die 'richtige Lebensweise'. Das bedeutet, daß man, wenn man Rat benötigt, sich an die Ahnen wenden wird.

Der 'Mann mit dem Hirschgeweih' stellt also auch die 'richtige Lebensweise' dar, die sehr viel später von den Indern dann 'Dharma' genannt werden wurde.

Diese Funktion hat auch der Schamane, da er aufgrund seiner Fähigkeit zur Astralreise/Jenseitsreise die Verbindung zwischen den Lebenden und den Ahnen herstellen kann. Er ist somit für die Rückverbindung, für die 're-ligio' zuständig. Als dann später die Ahnen zu den Göttern wurden, wurde der Schamane auch zu der Kontaktperson der Menschen zu den Göttern.

Das Berichten der Gespräche mit den Ahnen durch den Schamanen wurde dann nach und nach zu dem Verkünden des Willens der Götter durch den Seher bzw. die Seherin. Selbst Merlin war in den frühen Texten noch immer vor allem ein Seher.

Der Schamane war somit die Vertrauensperson der damaligen Menschen, an die man sich wenden konnte, wenn man ratlos war und Hilfe brauchte. Der Schamane gab den Menschen idealerweise durch seine Gespräche mit den Ahnen und den Göttern wieder den Halt, den sie suchten.

'Vater Hirsch' ist der, der weiß, 'wie Leben geht', und dessen Rat man daher voll Vertrauen folgen kann.

I 19. Zusammenfassung

Der Hirsch ist in allen Gebieten, wo er vorkam, auch mit dem Jenseitsweg assoziiert worden. Diese Symbolik hat sich allerdings nur an einzelnen Stellen deutlich erkennbar erhalten.

Im Vergleich zu den Hirschgöttern und den Hindingöttinnen sind die Hirschmänner und die Hindinfrauen eher selten. Sie sind vor allem aus früher Zeit bekannt. Der Hirsch und die Hindin als Symbol für die Zeugungskraft bei der Wiederzeugung und für die Fruchtbarkeit bei der Wiedergeburt sind nach der Einführung der christlichen Bestattungsbräuche und dem Ende der Einweihungsrituale nur noch als Erinnerung in Mythen und Sagen zu finden.

Der Hirsch am Weltenbaum scheint als Sonderform des Hirsches am Jenseitsweg ein auf die Indogermanen beschränktes Motiv zu sein.

Die Verbindung von Hirsch und Schlange ist zwar selten, aber sie ist vorhanden. Auch andere Herdentiere wie der Widder sind mit der Schlange verbunden worden wie z.B. bei der Schlange des keltischen Cernunnos oder des babylonischen Marduk, die beide die Hörner eines Widders tragen.

Da der Hirsch mit der Jenseitsreise verbunden ist, sollte man erwarten können, daß der Hirsch auch mit dem Tod, insbesondere dem rituellen Tod aus den Einweihungsritualen bzw. Mysterien, verbunden ist. Solch ein ursprünglich ritueller Tod könnte u.a. in der Beschreibung einer merkwürdigen Todesart wiederzuerkennen sein.

Der Hirschtanz ist ein Ritual, durch das sich der Tänzer mit dem Hirsch identifiziert, Später wurde daraus dann eine Mythe, in dem von diesem Hirschtanz oder einer Identifikation mit dem Hirsch erzählt wird. Solche Tänze und Mythen finden sich nur bei Völkern, bei denen solche Tänze noch ein Teil der Kultur sind.

Vermutlich wird der Hirschtanz sehr viel weiter verbreitet gewesen sein als es die Überlieferung zeigt, da der Tanz weltweit als Mittel bekannt ist, sich auf eine Gottheit, einen Tiergeist o.ä. zu konzentrieren und dieses Wesen bzw. seine Kraft herbeizurufen. Dabei läßt sich aus den Hirschtänzen selber meist nicht mehr erkennen, welche Funktion diese Identifikation ursprünglich einmal gehabt hat. Um dies herauszufinden, muß man die Hirschmythen des betreffenden Volkes heranziehen.

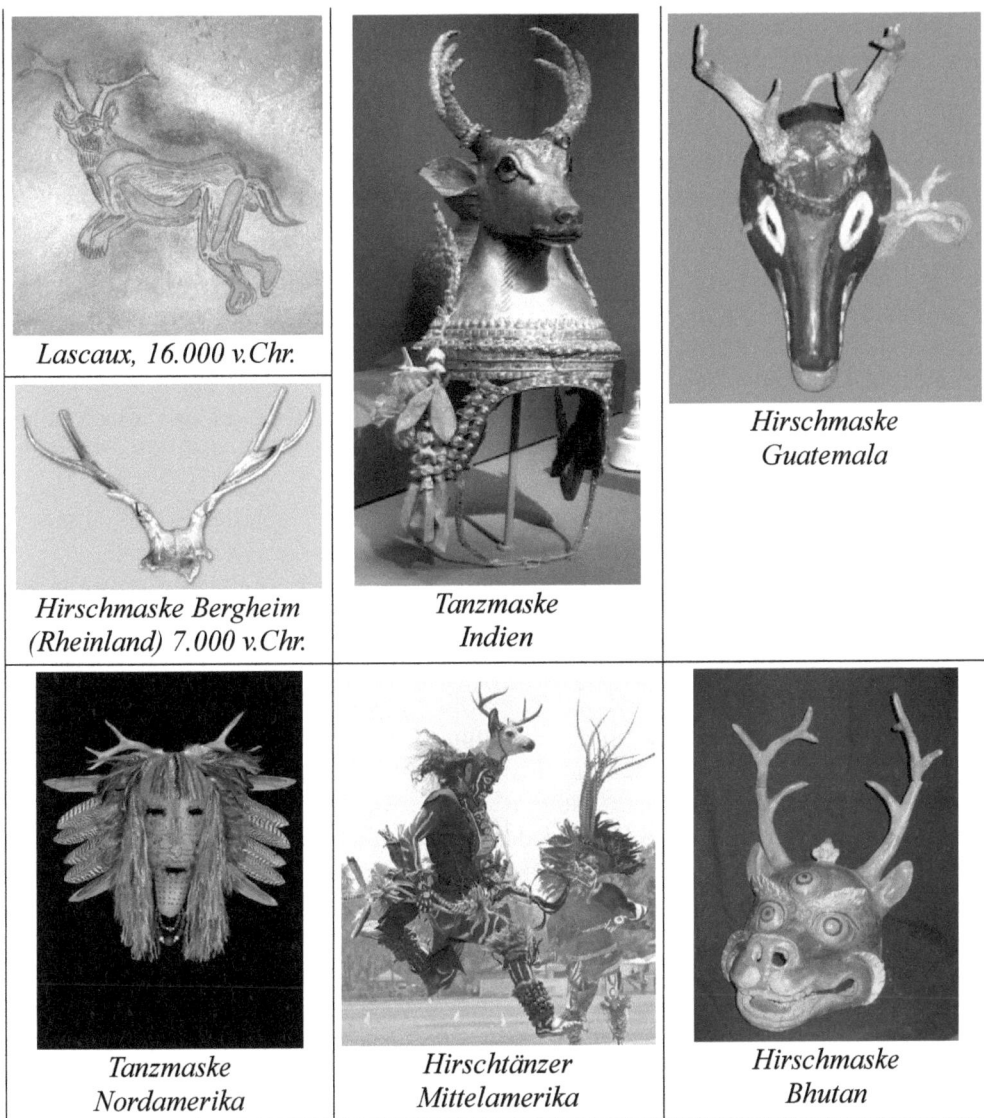

Lascaux, 16.000 v.Chr.

*Hirschmaske Bergheim
(Rheinland) 7.000 v.Chr.*

*Tanzmaske
Indien*

*Hirschmaske
Guatemala*

*Tanzmaske
Nordamerika*

*Hirschtänzer
Mittelamerika*

*Hirschmaske
Bhutan*

Der Hirsch als Zugtier ist eine weitere naheliegende Ausweitung des Hirsches als Reittier – wobei möglicherweise der Hirsch als Zugtier die ältere Vorstellung ist, da das Reiten erst nach dem Ziehen von Wagen durch Zugtiere erfunden worden ist.

Darstellungen von Hirschpaaren in den Mythen könnten auf die Hirsche als die beiden Zugtiere vor dem Wagen zurückgehen.

Das Pferd ist, nachdem es von den Indogermanen vor ihre Streitwägen gespannt und später auch als Reittier benutzt wurde, oft an die Stelle des Hirsches als Symboltier für die Wiederzeugung getreten, da das Pferd durch diese Verwendung die Stütze der indogermanischen Nomadenkultur geworden war. Am Über-gang von der Hirsch- zur Pferdesymbolik hat man dann offenbar dem Pferd Hirsch- oder Ziegen-bockmasken aufgesetzt, um das Pferd gewissermaßen in die früheren Symboltiere zu verwandeln.

Als Tier der Jenseitsreise ist der Hirsch eng mit den Schamanen verbunden. Deren Kenntnis über die Jenseitsreise hat sich des öfteren in das Motiv der Weisheit und eines allgemeinen Wissens ausgeweitet. Dieses Wissen wird in den Mythen daher oft als eine Frucht ihrer Sehergabe dargestellt. Der Hirsch als Tier des Schamanen erhielt schließlich auch den Wissens-Aspekt von dem Schamanen, wodurch der Hirsch selber der zu dem 'Wissende' wurde. Dieses Wissen des Hirsches bezog sich allerdings fast immer auf das Jenseits.

Der Hirsch als Schamanenreittier ist selten, aber die Funktionen des Hirsches konnten aufgrund seiner Mythen auch in diese Richtung ausgeweitet werden.

Die Übertragung der Jenseitsführer-Funktion des Hirsches auf die Rückkehr der Pflanzen aus der Unterwelt im Frühling war so naheliegend, daß sie an mehreren Orten entstanden ist.

Der Hirschgott scheint eine Spezialität der Indogermanen gewesen zu sein.

Die Hirschgeister, die einige Indianerstämme durch Tänze herbeirufen, sind aller-dings eine sehr ähnliche Vorstellung. Insbesondere bei den Tieren ist der Übergang vom 'Geist des Tieres' zu einem 'Tiergott' nur schwer zu erkennen. Lediglich dann, wenn es einen Namen für den Hirsch oder Mythen über ihn gibt, die deutlich seinen göttlichen Status zeigen, oder wenn aus Hirsch und Mensch eine Mischgestalt ent-standen ist, die durch Kultsteine, Opfergaben u.ä. verehrt wird, kann man sich über die erhöhte Stellung des Hirsches sicher sein.

Der Hirsch ist anscheinend ausschließlich das Tier von Schamanengöttern.

Die Hindingöttin ist nur von den Indogermanen bekannt. Sie scheint stets die Muttergöttin im Jenseits zu sein. Dies paßt zu der bisherigen Auffassung der mythologischen Bedeutung von Hirsch und Hindin.

Die Hinweise der frühen spanischen Bischöfe und die Mythe von Artemis und Aktaion zeigen deutlich den Zusammenhang zwischen Hirsch, Sexualität und Tod, also der Wiederzeugung in Hirschgestalt.

Es gibt bei den übrigen Indogermanen zwar nur diese eine sichere Wiederzeugungs-mythe im Zusammenhang mit Hirsch und Hindin, aber sie ist recht vollständig und nur in der üblichen Weise umgedeutet worden, d.h. daß die Wiedergeburtsgöttin im Jenseits zu der Todesverursacherin wird.

Daraus wird man schließen können, daß die Wiederzeugung des Jenseitsreisenden als Hirsch mit der Göttin als Hindin zu den ehemaligen religiösen Vorstellungen der Indogermanen gehört haben wird, zumal diese Vereinigung in Tiergestalt aus der Symbolik der Rinder und der Pferde gut bekannt ist.

Aus der Hindin-Milch als Trank im Jenseits ergibt sich das Trinkhorn in Hirschgestalt als das dazu passende Trinkgefäß. Bereits die Hethiter haben in ihrem Kult genau darauf geachtet, daß die Trinkgefäße den Tieren entsprachen, in deren Ritual sie verwendet wurden.

Es ist ungewiß, ob es einen richtigen Hirschkult gegeben hat. Am nächsten kommen dem wohl die von Hethitern gehaltenen Hirsche.

Es war nur ein kleiner Schritt notwendig, um die durch den Hirsch ermöglichte Wiedergeburt und das sich daraus ergebende ewige Leben im Jenseits dahingehend auszuweiten, daß der Hirsch auch im Diesseits ein langes Leben gibt.

Da die Krönung des Königs im Wesentlichen aus einer Jenseitsreise bestand, durch die er den Kontakt zu den Ahnen und den Göttern erhielt, lag es nahe, daß sich der Hirsch, der dem König in dem Krönungsritual die für seine Wiedergeburt notwendige Zeugungskraft verlieh, auch zu einem Tier des Königs wurde. Entsprechende Rituale mit anderen Herdentieren haben z.B. zu dem Pferdeopfer im indischen Krönungsritual, zu der Vorstellung des Poseidon als Pferdegott oder zu dem Minotaurus auf Kreta geführt.

Der Weiße Hirsch bzw. die weiße Hindin erscheinen als Tier der Göttin und als Jenseitsbote, woraus dann später ein Todesomen wurde. Als Verbindung zum Jenseits kannte der Hirsch auch die richtigen Orte für die Gründung von Klöstern, die ja auch mit dem Jenseits, d.h. mit Gott verbunden sein sollten. Als Verbindung zum Jenseits konnte er auch gute Ernte bringen, da diese Ernte aus der Erde (Unterwelt) kam.

In allen diesen Funktionen ist der weiße Hirsch zumindest zur Hälfte ein Wesen des Jenseits, weshalb er bei den Indianern als Hirschgeist, d.h. als die Seele aller Hirsche, aufgefaßt wird. In dieser Hinsicht ist ist der Weiße Hirsch zumindest etwas recht ähnliches wie eine Gottheit.

Die weiße Farbe findet sich bei vielen Völkern als Kennzeichen der Muttergöttin einer Tierart: Weißer Hirsch, Weiße Wölfin, Weißer Tiger …

Die Besonderheit der weißen Tiere wird noch immer halbbewußt empfunden, was man sich u.a. in einem Filmtitel zunutze machte: „Der weiße Hai".

Die Vorstellung eines Sonnenhirsches scheint weit verbreitet gewesen zu sein. Dabei wird der Hirsch als die Zeugungskraft, der der Sonne in der Unterwelt dadurch ihre Hirschgestalt gab, erst später zum Zugtier vor dem Wagen der Sonne umgedeutet worden sein.

Aus der naheliegenden Abbildung der Sonne zwischen den den beiden Geweihästen des Hirsches könnte dann der Hirsch mit dem goldenen Geweih und schließlich der Hirsch mit dem Kruzifix in seinem Geweih geworden sein – auch Christus wurde in der frühen Zeit des öfteren als Sonnengott angesehen.

Die Verbindung des Hirsches mit dem Regen ist selten. Sie kann über die Symbolik der Pflanzen, die den Regen für ihrem Wachstum benötigen, entstanden sein, oder aber auch über die allgemeinere Symbolik des Hirsches als Himmelsboten, da auch der Regen „vom Himmel fällt".

Diese Betrachtungen von verschiedenen Aspekten des Hirsches in der weltweiten Mythologie des Hirsches lassen sich zu einem einfachen Bild zusammenfassen, daß mit den Vorstellungen der Indogermanen übereinstimmt.

Hindin und Hirsch waren ab der Altsteinzeit die Symbole für Fruchtbarkeit und Zeugungskraft und somit auch für die Wiedergeburt und die ihr vorausgehende Wiederzeugung. Aus der Wiedergeburt wurde später manchmal auch ein langes Leben im Diesseits als Geschenk des Hirsches.

Aufgrund der Identifikation des Toten mit dem Hirsch bei der Bestattung erhielten die Toten im Jenseits u.a. auch das Geweih des Hirsches. Die Hindinfrau ist in den Mythen deutlich seltener als der Hirschmann.

Aufgrund der Bedeutung des Hirsches bei der Bestattung wurde er auch mit dem Jenseitsweg assoziiert. Dabei verband er sich mit dem Weltenbaum, der Quelle und der Schlange als Symbolen des Jenseitsweges. Eine Verbindung mit dem Feuer als Jenseitstor wäre zwar eigentlich auch zu erwarten, ist aber nicht bekannt.

Die Bedeutung des Hirsches erweiterte und verallgemeinerte sich mit der Zeit zu dem Jenseitsweg und allen Vorgängen auf ihm. So wurde er zum Bote der Ahnen und Götter, wobei er meist als weißer Hirsch erscheint. Vom Jenseitsboten war es dann nur ein kleiner Schritt zum Todesboten.

Auch der Schamane als derjenige, der auf dem Jenseitsweg zwischen dem Diesseits und dem Jenseits hin- und herreist, erhielt das Geweih des Hirsches als sein Zeichen. Der Hirsch wurde auch sein Jenseitsreittier. In Ritualen identifizierte sich der Schamane mit Hilfe einer Hirschmaske und durch Hirschtänze mit dem Hirsch, der ihm half, die Verbindung zum Jenseits herzustellen. Diese Identifizierung findet sich in den Mythen als Verwandlung eines Menschen in einen Hirsch bzw. in eine Hindin. Der Hirsch taucht als Begleiter eines Mannes ausschließlich bei Schamanen auf.

Aufgrund der Sehergabe der Schamanen wurde diese Fähigkeit auch den Hirschen zugeschrieben, was sich dann manchmal zu einem allgemeinen großen Wissen der Hirsche ausweitete.

Der Jenseitsweg war auch mit den Königen verbunden, die die Berechtigung für ihre Stellung dadurch erhielten, daß sie bei ihrer Krönung ins Jenseits reisten und dadurch die Verbindung zu den Ahnen und Göttern erhielten. Durch diese Symbolik wurde der König zu einem Hirschmann.

Auch die Sonne war des Nachts und im Winter ein Wanderer auf dem Jenseitsweg und wurde daher mit dem Hirsch assoziiert. Dadurch entstanden nacheinander die Motive der Sonne als Hirsch, die Sonne auf dem Rücken des Hirsches, vermutlich auch die Sonne zwischen den Geweihstangen des Hirsches (nicht nachgewiesen), der Hirsch mit dem goldenen Geweih, der Hirsch mit dem leuchtenden Geweih und schließlich Christus als Kruzifix zwischen den Geweihstangen.

Die Sonne übernahm von den Schamanen die Symbolik des Hirsches als magisches Fortbewegungsmittel, d.h. die Sonne/Sonnengott auf dem Rücken des Hirsches, die Sonne/Sonnengott in einem von Hirschen gezogenen Wagen und schließlich der Hirsch in der Sonne. Der Hirsch wurde auch mit dem Tod der Sonne assoziiert, was vermuten läßt, daß diesem Motiv die Wiederzeugung und Wiedergeburt der Sonne bzw. des Sonnengottes in Hirschgestalt vorangegangen sein muß.

Der Hirschmann wurde manchmal auch zu einem Hirschgott. Eine Vorstufe dazu ist der Weiße Hirsch, der als Hirschgeist oder 'Muttergöttin der Hirsche' ein Jenseitswesen ist. Der Hirschgott wurde über das Gleichnis zwischen den Menschen und dem Getreide auch zu einem Gott der Pflanzen, der guten Ernte und schließlich auch des Regens, den die Pflanzen für ihr Wachstum benötigten.

Die Jenseitsgöttin, die die Fruchtbarkeit der Hindin hatte, wurde auch selber als Hindin aufgefaßt und dargestellt. Manchmal ist die Hindin auch nur das sie begleitende Tier. Die Hindin übernahm oft auch die Symbolik des Wiederstillens von der Jenseitsgöttin, wodurch das Motiv der Hindinmilch, die den Eremiten oder Helden auf seiner Jenseitsreise, die in der Darstellung oft zu einem Aufenthalt in der Einsamkeit verflacht ist, ernährt. In diese Symbolik der Hindinmilch gehören auch die goldenen Trinkhörner, deren Spitzen wie ein Hirschvorderleib gestaltet sind.

Die Göttin, die Wiederzeugung und die Hindin der Göttin wurden später oft als Todesverursacher umgedeutet.

Die Symbolik der Göttin als Hindin, die die Sonne wiedergebiert, hat sich lange gehalten wie der Name 'Goldene Hindin' des Schiffes von Sir Francis Drake zeigt.

Ob es einen Kult von lebenden Hirschen gegeben hat, ist ungewiß. Am nächsten kommen dem die in Gehegen gehaltenen Hirsche des hethitischen Königs, der in dieser Hinsicht auch ein 'Hirschmann' gewesen ist.

II   Schwein

II 1.   Der Eber in der germanischen Überlieferung

Der Keiler (männliches Wildschwein) oder Eber (männliches Hausschwein) spielt in der germanischen Religion eine größere Rolle.

Zur Zeit der Germanen war der Eber dem Keiler noch sehr ähnlich, da die Zuchtformen des Hausschweins noch nicht so weit entwickelt waren wie heute.

II 2.   Wortschatz

II 2. a)   Die altnordischen Bezeichnungen für den 'Eber/Keiler'

Ein Teil dieser Benennungen bezieht sich auf das Aussehen und das Verhaltens der Eber:

hrimnir - 'Ruß-farbender' (heute: 'Schwarzkittel')
griss   - 'Kauender' oder 'Grauer' = Ferkel, Sau, Eber
svintarr - 'Schwein-Reißer' = Eber (Schwein mit Reiß-Eckzahn)
vigrir - 'Kämpfer' = Eber
galtr   - 'Quiekender' = Eber
galti   - 'Quiekender' = Eber

Einige der Eber-Namen hebt seine Zeugungskraft hervor:

farri - 'Erzeuger' = Eber
radi   - 'Stange (Penis), Brunst' = Eber
rödr   - 'Stange (Penis), Brunst' = Eber
rai   - 'Stange (Penis), Brunst' = Eber
thror - 'Wachsender, Gedeihender' = Zwerg, Eber, Schwert (Beiname des Odin)
runi   - 'Fließender, Nicht-Kastrierter' = wilder Eber = Keiler

Man kastrierte schon damals die Haus-Eber, damit sie schneller an Gewicht zunahmen:

börgr - 'Verschnittener, Kastrierter' = Eber
sonar-göltr - 'kastrierter Eber'

Schweine, d.h. Eber, waren wichtige Opfertiere:

sonar - 'klingen, tönen' = 'Schreier' = Schwein, Opfer
sonar-blot - 'Schweine-Opfer' = Eber-Opfer

Die letzten drei Namen haben einen mythologischen Hintergrund:

jöfur - 'Eber' = Fürst, Häuptling, Eber (Eber-Helme der Krieger/Fürsten)
vaningi - 'Verwandter der Wanen' = Eber (Reittier/Gestalt des Freyr und der Freya)
throndr - 'Mann aus Thrond' = Mann aus Throndheim, Eber (tapferer Krieger?)

II 2. b) Zusammenfassung

Die Eber bzw. Keiler wurden oft nach ihrer Zeugungskraft benannt. Sie wurden als kämpferisch angesehen.

Sie waren zudem wichtige Opfertiere und wurden sowohl mit den Wanen als auch mit den Fürsten assoziiert – mit letzteren vermutlich deshalb, weil die Fürsten und Könige z.T. als die Nachkommen des Wanen-Gottes Freyr angesehen wurden.

II 3.   Eber-Helm

Die Eber-Statuette war eine häufige Helm-Zier der Germanen.

II 3. a)   Bronzeplatte von Thorslunda

Auf der Insel Öland, die 6 km von dem südostschwedischen Festland entfernt liegt, wurde eine bronzene Platte gefunden, die als Matrize zur Herstellung von kleinen, geprägten Goldblechen diente. Auf ihr sind zwei Krieger mit Eber-Helm zu sehen.

Bronzeplatte von Thorslunda (Schweden)

II 3. b) Eber-Helm der Angelsachsen

Manche Helme der Germanen und insbesondere der Angelsachsen waren mit einem Eber verziert. Es ist denkbar, daß sie die Anzeichen der Anführer waren und daß es eine Assoziation zu Freyr als dem Anführer des Volkes bestand, als der er bei Baldurs Begräbnis beschrieben wird.

Vermutlich bezieht sich die Heiti 'Eber' für 'Anführer der Krieger' auch auf derartige Helme.

In Benty Grange bei Monyash in Derbyshire in Mittelengland wurde ein angel-sächsischer Helm gefunden, auf dem sich solch ein Eber befindet und der in etwa in der Zeit von 500-700 n.Chr. hergestellt worden ist.

Eber-Helm der Angelsachsen

angelsächsischer Helm
zwischen 400 n.Chr. und 1000 n.Chr.

Detail desselben Helmes: der Eber
(stilisierte Borsten und Beinmuskeln)

II 3. c) Beowulf-Epos

Der von einer Eber-Statuetten gekrönte Helm erscheint des öfteren in den Liedern und Sagas. Wie seine Erwähnung in dem um ca. 700 n.Chr. verfaßten Beowulf-Epos zeigt, ist dieses Motiv schon recht alt.

Es wird sicherlich in einem Zusammenhang mit den Eber-Reittieren des Freyr und der Freya stehen. Wie u.a. das Hyndla-Lied zeigt, verwandelten sich die männlichen Toten auf ihrer Jenseitsreise in das für sie geopferte Herdentier, das oft ein Eber gewesen ist.

133

Sie kam noch Heort,   /   wo die Helden der Dänen
Der Nachtruhe pflagen.   /   Erneuten Angriffs
Gewärtig ward man,   /   als wütend eindrang
Grendels Mutter.   /   Der Graus jedoch war
Kleiner um so viel,   /   als Kraft der Frauen,
Des Weibes Kampfmut   /   bewaffneter Männer
Stärke nachsteht,   /   die streitsgeübt
Mit gehämmertem Stahl   /   des Helmes Eber,
Mit scharfem Schwerte,   /   zerschmettern können.

II 3. d)   Beowulf-Epos

Auch der weiße Helm,   /   der das Haupt umwölbte,
Sollte mit hinab   /   zu des Moores Grund,
Ins Wogengewühl: /   gewundene Reifen
Umgaben ihn rings,   /   den in grauer Vorzeit
Ein Waffenschmied schuf,   /   der mit Wildschweinköpfen
Ihn kunstvoll besetzte,   /   daß künftig niemals
Geschwungene Schwerter   /   ihm schaden konnten.

II 3. e)   Beowulf-Epos

Auf dem Bestattungs-Feuer   /   war die blutige Rüstung
gut zu sehen   /   und auch der vergoldete Schwein-Helmaufsatz,
der Eber aus hartem Eisen.   /

II 3. f)   Beowulf-Epos

/   Tot ist Aeschere,
der ältere Bruder   /   des Yrmenlaf,
mein weiser Ratgeber   /   und meine Stütze in der Ratsversammlung,
Schulter-Gefährte   /   in der Not des Kampfes,
wenn Krieger stritten   /   und wir unsere Häupter schützten
und auf die Helm-Eber schlugen.   /

II 3. g) Beowulf-Epos

Eber wurden nicht nur als Statuette oben auf den Helm gesetzt, sondern auch als Reliefs an den Wangenbergen, also an den herabhängenden Teilen des Helmes, die die Wangen schützen sollten, angebracht.

Und der weiße Helm, / der sein Haupt beschützte,
war für die Tiefen / der Flut bestimmt,
durch Wogen-Wirbel hinab: / Er war mit Drähten umwunden,
mit Gold bedeckt, / so wie in den alten Tagen
die Waffenschmiede / ihn wundersam werkten
mit eingelegten Eber-Gestalten, / in keiner Weise konnten Schwerter,
die in der Schlacht geschwungen wurden, / diesen Helm beißen.

weiß = glänzend

II 3. h) Eber-Helm der Angelsachsen

Auf einem zweiten angelsächsischen Helm ist auf den Ohrenklappen des Helmes ein Mann abgebildet, dessen beide Beine in jeweils einen Eber übergehen oder dessen Körper von zwei miteinander verschmolzenen Eberleibern gebildet wird. Diese Haltung mit angewinkelten Beinen findet sich auch bei einigen Männerdarstellungen auf den Goldhörnern von Gallehus. Die betreffenden Männer befinden sich auf einer Jenseitsreise und meditieren in der 'Virasana'-Haltung, die im Yoga für die Erweckung der Kundalini benutzt wird (siehe 'Kundalini' in Band 64a).

Es ist zumindestens gut denkbar, daß der 'Mann mit den beiden Ebern' auf dem Helm von Sutton Hoo Freyr ist, da dessen Streitwagen damals wohl noch von zwei Ebern statt von einem gezogen worden ist. Der eine der beiden Eber ist vermutlich fortgefallen, als die germanischen Götter ihre Streitwägen z.T. aufgaben und zum Reiten übergingen.

135

Eberkopf
Detail einer Ohrenklappen des Helmes

Mann mit zwei Bern auf den
Ohrenklappen eines Helmes

II 3. i) Beowulf-Epos

Derartige Helme waren auch dem Dichter des Beowulf-Epos bekannt:

> / *Die Eber aus Gold,*
> *Die feuergehärteten, / funkelten hell*
> *An den Wangenbergen.*

II 3. j) Beowulf-Epos

Einige Eber finden sich auch als Statuette oben auf Standarten. Ihre Bedeutung wird mit den Ebern oben auf den Helmen übereinstimmen.

Da gebot er ihnen, / die Eberkopf-Standarte zu tragen,
den hohen Schlachten-Helm, / die graue Brustplatte,
das prächtige Schwert.

II 3. k)   Skaldskaparmal

Offensichtlich gab es neben den Eber-Helmen und den Eber-Standarten auch noch Eber-Ringe:

Da verlangten die Berserker des Hrolf Kraki für ihre Dienste drei Pfund Gold für jeden von ihnen und zusätzlich wollten sie Hrolf Kraki die Geschenke bringen, die sie selber ausgewählt hatten und die der Helm 'Schlachten-Keiler' und die Brünne 'Finn-Erbe' waren, die beide kein Eisen beißen konnte, sowie den Goldring, der 'Schwein der Schweden' genannt wurde und den Adils Vorvater besessen hatte.

II 3. l)   Sutton Hoo

Gürtelschnalle mit rechteckigem Schlangen-Ornament;
an den Ösen ist der Gürtel befestigt gewesen
Sutton Hoo, ca. 620 n.Chr.

dieselbe Gürtelschnalle in geschlossenem Zustand

Auf dieser Gürtelschnalle sind rings um das rechteckige Feld oben zwei sowie links, rechts und unten jeweils drei stilisierte Schlangen/Drachen zu sehen.

Darüber ist in der Mitte eine Biene zu sehen, die von einem Eber-Doppelkopf umgeben wird, deren beiden Köpfe durch einen halbkreisförmigen Hals verbunden sind. Sie blicken zur Schnallen-Mitte; ihre großen 'Hauer' (Zähne) sind mit schwarzer Emaille eingelegt.

Ganz außen sind zwei Pferde-Köpfe zu sehen, deren Hälse ebenfalls einen Halbkreis bilden und die die beiden Alcis darstellen könnten.

Vermutlich sind hier einfach wichtige mythologische Symbole ohne den Bezug auf eine konkrete Mythe dargestellt worden.

II 3. m) Tacitus

Tacitus berichtet in seiner 'Germania" das folgende über den Stamm der Aestier:

Weiter wohnen nun am rechten Ufer des suebischen (baltischen) *Meeres die Stämme der Aestier, die die Bräuche und Tracht der Sueben haben, ihre Sprache steht der britannischen näher. Sie verehren die Göttermutter; als Abzeichen ihres Glaubens*

tragen sie Amulette von Ebern. Dies macht statt Waffen und jeder Art von Schutzwehr
den Verehrer der Göttin selbst inmitten der Feinde sorglos.

II 3. n) Zusammenfassung

Auf den Helmen und Standarten der Germanen befanden sich des öfteren kleine Eber-Statuetten. Auf den Wangenbergen der Helme sind zudem manchmal Eber-Reliefs zu sehen.

Es hat zumindestens einen berühmten schwedischen Königs-Ring mit dem Namen 'Schwein der Schweden' gegeben.

II 4.   Eber-Krieger

Da die Eber auf den Helmen offenbar wichtig gewesen sind und in hohem Ansehen gestanden haben, sollte man erwarten, daß auch die Träger dieser Helme mit Ebern assoziiert worden sind.

Derartige Stellen sind des öfteren zu finden, aber es wird an ihnen nichts näheres dazu gesagt. Von ihnen werden hier nur zwei Beispiele angeführt.

II 4. a)   Die Saga über Hromund Greip-Sohn

Im folgenden Winter sah Blind viele Dinge in einem Traum und eines Tages erzählte er seinen Traum dem König und sprach: „Ich habe geträumt, daß ein Wolf aus dem Osten gelaufen kam und dich gebissen und verwundet hat, o König!"

Der König sagte, daß er den Traum wie folgt deuten würde: „Ein König wird aus dem Osten aus einem anderen Land kommen und seine Ankunft wird zunächst schrecklich sein, aber danach wird es wieder Frieden geben."

Blind sagte weiterhin, daß er geträumt habe, daß viele Falken auf einem Haus saßen, „und ich habe Euren Falken gesehen, Herr – er war ganz kahl und alle seine Federn waren ihm ausgerupft worden."

Dieses Motiv ist ein sehr bekanntes Todes-Omen.

Der König sagte: „Ein Sturm wird aus den Wolken kommen und unsere Halle schütteln."

Blind erzählte ihm einen dritten Traum mit den folgenden Worten: „Ich sah eine Schweineherde von Süden her auf die Halle des Königs zulaufen und die Erde mit ihren Schnauzen aufwühlen."

Schweine, d.h. Eber oder Keiler sind ein häufiges Bild für „Krieger".

Der König sagte: „Das soll die Flut sein, feuchtes Wetter und das Gras, das aus der Feuchtigkeit emporsprieße, wenn die Sonne auf die Heide scheint."

Blind erzählte einen vierten Traum: „Ich dachte, ich würde einen schrecklichen Riesen von Osten aus hierher kommen sehen; er biß Dir mit seinen Zähnen eine große Wunde."

Der König sagte: „Boten werden von irgendeinem König aus dem Osten in meine Halle kommen. Sie werden Feindschaft verursachen wollen und ich werde mich darüber ärgern."

140

„*Dies ist ein fünfter Traum,*" sagte Blind, „*Ich träumte, daß eine schreckliche Schlange sich rings um Schweden legte.*"

„*Ein prächtiges Drachenschiff wird hier ankommen, das mit Edelsteine gefüllt ist,*" sagte der König.

Drachen sind im Wesentlichen große Schlangen.

„*Ich hatte einen sechsten Traum,*" sagte Blind, „*mir träumte, daß dunkle Wolken über das Land kamen, die Klauen und Flügel hatten und mit Dir, o König fortflogen. Und ich habe weiterhin geträumt, daß eine Schlange in dem Haus des Bauern Hagal war. Sie griff die Leute auf eine schreckliche Weise an. Sie verschlang sowohl dich wie mich und alle Männer, die zu diesem Hof gehören. Was kann das bedeuten?*"

Der König sagte: „*Ich habe gehört, daß sich nicht weit von Hagals Haus ein Bär herumtreibt. Ich werde dorthin gehen und den Bären mit großer Kampfeswut angreifen.*"

„*Danach habe ich geträumt, daß ein Drache rings um die Königs-Halle lag und daß er den Gürtel des Hromund trug.*"

Der König sagte: „*Du weißt doch, daß Hromund sein Schwert und seinen Gürtel in dem See verloren hat – und trotzdem fürchtest Du Hromund noch immer?*"

Blind träumte noch mehr Träume, die er dem König erzählte, aber der König deutete sie, wie es ihm gefiel und nie so, wie es ihrer wahren Bedeutung entsprach.

Aber dann erzählte Blind einen Traum, der ihn diesmal selber betraf: „*Ich habe geträumt, daß ein eiserner Ring um meinen Hals gelegt worden ist.*"

Der König sagte: „*Die Bedeutung dieses Traumes ist, daß Du gehängt werden wirst – und daß das das Ende von uns beiden sein wird.*"

II 4. b) Völsungen-Saga

Sigurd: „*Wenn ich gewarnt worden wäre, hätten sie eine härtere Arbeit gehabt, mich zu töten, als den mächtigsten Stier oder den mächtigsten Eber des wilden Waldes zu erlegen.*"

II 4. c) Zusammenfassung

Der Vergleich von Kriegern mit Ebern kommt vor, ist aber nicht sehr häufig.

Da sich derartige Vergleiche häufiger in Wortspielen und ähnlichem findet, also in Wendungen, die sich auf ältere, gut bekannte Vorstellungen beziehen (denn sonst wären sie nicht allgemein verständlich), kann man davon ausgehen, daß die Eber-Krieger oder Eber-Fürsten vermutlich aus einer älteren Epoche der germanischen Mythologie stammen als der Großteil der schriftlichen Überlieferung.

Vermutlich wird dieses Motiv bis ca. zum Ende der Völkerwanderungszeit gut bekannt gewesen sein, da es in dem um ca. 700 n.Chr. verfaßten Beowulf-Epos noch als selbstverständliches Element erscheint und auch auf Helmen dieser Epoche noch zu sehen ist.

II 5.   Gullinborsti

II 5. a)   Skaldskaparmal

Freyrs Eber wurde zusammen mit den anderen magischen Gegenständen der Götter hergestellt, die nach der Völkerwanderungszeit in Uppsala verehrt worden sind: Odins Ring und Speer, Freyrs Goldeber und Zauberschiff, Thors Hammer und Sifs Haar. Die folgende Mythe stammt aus der Zeit um ca. 500 n.Chr., zu der bei den Nordgermanen Tyr durch Thor und Odin als Göttervater abgesetzt worden ist.

Loki, Laufeyjas Sohn, hatte der Sif in hinterlistiger Weise alles Haar abgeschoren. Als Thor das gewahrte, ergriff er Loki und würde ihm alle Knochen zerschlagen haben, wenn er nicht geschworen hätte, von den Schwarzelfen zu erlangen, daß sie der Sif Haare von Gold machten, die wie anderes Haar wachsen sollten.

Darauf fuhr Loki zu den Zwergen, die Iwaldis Söhne heißen. Diese machten das Haar und zugleich Skidbladnir und den Spieß Odins, der Gungnir heißt.

Da verwettete Loki sein Haupt mit dem Zwerge, der Brock heißt, daß dessen Bruder Sindri nicht drei ebenso gute Kleinode machen könnte, wie diese wären. Und als sie zu der Schmiede kamen, legte Sindri eine Schweinshaut in die Esse und gebot dem Brock zu blasen und nicht eher aufzuhören, bis er aus der Esse nähme, was er hineingelegt. Aber sobald Sindri aus der Schmiede gegangen war und Brock blies, setzte sich eine Fliege auf seine Hand und stach ihn. Dennoch hörte er nicht auf mit Blasen bis der Schmied das Werk aus der Esse nahm. Da war es ein Eber mit goldenen Borsten.

Darauf legte er Gold ins Feuer und gebot ihm, zu blasen und nicht eher mit Blasen abzulassen, bis er zurückkäme. Er ging hinaus; aber die Fliege kam wieder, setzte sich jenem auf den Hals und stach nun noch einmal so stark; doch fuhr er fort zu blasen bis der Schmied aus der Esse einen Goldring zog, der Draupnir heißt.

Darauf legte er Eisen in die Esse und hieß ihn blasen und sagte, alles sei vergebens, wenn er mit Blasen innehielte. Da setzte sich ihm eine Fliege zwischen die Augen und stach ihm in die Augenlider, und als das Blut ihm in die Augen troff, daß er nichts mehr sah, griff er schnell mit der Hand zu, während der Blasebalg ruhte, und jagte die Fliege fort. Da kam der Schmied zurück und sagte, beinahe wäre das nun völlig verdorben, was in der Esse läge. Darauf zog er einen Hammer aus der Esse.

Alle diese Kleinode legte er darauf seinem Bruder Brock in die Hände und hieß ihn damit gen Asgard fahren, die Wette zu lösen.

Als nun er und Loki ihre Kleinode brachten, setzten sich die Götter auf ihre Richter-

143

stühle, und es sollte das Urteil gelten, das Odin, Thor und Freyr sprächen.

Da gab Loki dem Odin den Spieß Gungnir, dem Thor das Haar für die Sif und dem Freyr den Skidbladnir und nannte die Eigenschaften dieser Kleinode, daß der Spieß nie sein Ziel verfehle, das Haar wachse, sobald es auf Sifs Haupt komme, und Skidbladnir immer Fahrwind habe, sobald die Segel aufgezogen würden, wohin man auch fahren wollte; und zugleich könne man das Schiff nach Belieben zusammenfalten wie ein Tuch und in der Tasche tragen.

Darauf brachte Brock seine Kleinode hervor und gab dem Odin den Ring und sagte, in jeder neunten Nacht würden acht ebenso kostbare Ringe von ihm niederträufeln. Dem Freyr gab er den Eber und sagte, er renne durch Luft und Wasser Tag und Nacht, schneller als irgendein Pferd, und nie wäre es so finster in der Nacht oder im Dunkelwald, daß es nicht hell genug würde, wohin er auch führe, so leuchteten seine Borsten. Dem Thor gab er den Hammer und sagte, er möge so stark damit schlagen, als er wolle, was ihm auch vorkäme, ohne daß der Hammer Schaden nähme; und wohin er ihn auch werfe, so solle er ihn doch nicht verlieren, und nie solle er so weit fliegen, daß er nicht in seine Hand zurückkehre, und wenn es ihm beliebe, solle er so klein werden, daß er ihn im Busen verbergen könne. Er habe nur den Fehler, daß sein Stiel zu kurz geraten sei.

Da urteilten die Götter, der Hammer sei das Beste von allen Kleinoden und die beste Wehr wider die Hrimthursen, und sie entschieden die Wette dahin, daß der Zwerg gewonnen habe.

Da erbot sich Loki, sein Haupt zu lösen; aber der Zwerg antwortete, darauf dürfe er nicht hoffen. So nimm mich denn, sagte Loki; aber als jener ihn fassen wollte, war er schon weit fort, denn Loki hatte Schuhe, die ihn durch Luft und Wasser trugen. Da bat der Zwerg den Thor, ihn zu ergreifen, und dieser tat es. Da wollte der Zwerg Lokis Haupt abhauen, aber Loki sagte, nur das Haupt sei sein, nicht der Hals. Da nahm der Zwerg einen Riemen und ein Messer und wollte Löcher in Lokis Lippen schneiden und ihm den Mund zusammennähen; aber das Messer schnitt nicht. Da sagte er, besser wäre es, wenn er seines Bruders Ahle hätte, und in dem Augenblick, als er sie nannte, war sie bei ihm und durchbohrte jenem die Lippen. Da nähte er ihm den Mund zusammen und riß den Riemen am Ende der Naht ab. Der Riemen, womit er dem Loki den Mund zusammennähte, hieß Wartari.

Loki ist der Gott der Unterwelt und des Winters und der Listen.

'Laufeyja' bedeutet 'Laubinsel'. Sie ist eine Riesin, die auf einer Insel wohnt. Vermutlich ist diese Insel ein Symbol des Jenseits. Auf solch einer Jenseitsinsel wurde auch der Fenriswolf gefangengehalten. Auch im Wieland-Lied werden zwei solche Inseln beschrieben. Die bekannteste aller Jenseitsinseln ist zweifellos 'Atlantis'. Lokis Mutter wird wohl identisch mit der Unterweltsgöttin Hel sein, die auch als seine Tochter aufgefaßt wurde.

'*Schwarzelfen*' sind weitgehend dasselbe wie 'Zwerge'. Das germanische 'Dwergaz' bedeutet wörtlich 'Totengeist'. 'Elfe' oder 'Alb' stammt von dem indogermanischen Adjektiv 'albh' ab, das 'weiß glänzen, leuchten' bedeutet (lateinisch: 'albus'). Der Name 'Alb' für die Totengeister stammt offenbar von der hellsichtigen Wahrnehmung solcher Geister, bei der sie als milchigweiß leuchtende Schemen mit einem leichten Blaustich erscheinen. Von dieser Form der Wahrnehmung leitet sich u.a. die bekannte Vorstellung der 'Bettlaken-Gespenster' ab.

'*Iwaldi*' bedeutet 'Allmächtiger', 'All-Herrscher' oder 'All-König'. Das germanische 'walda' für 'Macht' findet sich z.B. im deutschen 'Gewalt' und in dem Personennamen 'Walter'. 'Iwaldi' scheint somit den Zwergenkönig, also den König der Toten zu bezeichnen. Ein solcher Name wie 'Iwaldi' ('All-Herrscher') steht eigentlich nur dem Göttervater Tyr/Odin selber zu. Iwaldis Söhne waren die beiden kunstfertigen Zwerge Brock und Sindri. Sie waren ursprünglich die beiden Pferde-Zwillinge, die den Streitwagen des Göttervaters Tyr zogen. Während ihres Aufenthaltes in der Unterwelt zusammen mit Tyr waren auch diese Zwillinge Totengeister, also Zwerge. Daher wird 'Iwaldi' einst ein Beiname des Göttervaters Tyr gewesen sein, während 'Brock' und 'Sindri' seine beiden Pferde-Söhne waren. Aus ihnen wurde dann später Odins 'Doppelpferd' Sleipnir.

'*Brock*' bedeutet 'Grobschmied'. '*Sindri*' bedeutet 'Funke'.

'*Skidbladnir*' ist das magische Schiff des Freyr. Sein Name bedeutet 'aus dünnen Holzstücken zusammengesetzt', was sich möglicherweise auf die damalige Schiffs-bauweise bezieht.

'*Gungnir*' bedeutet 'Schwankender'. Odins Speer scheint demnach recht elastisch gewesen zu sein.

Der Name '*Draupnir*' ist mit dem deutschen 'Tropfen' verwand und bedeutet 'Tröpfler', weil von ihm jede neunte Nacht acht gleiche Ringe 'abtropfen'.

'*Hrimthursen*' bedeutet 'Reifriesen'. Dieser Stamm der Riesen wohnt offenbar im hohen Norden und wird evtl. als Verursacher der Kälte aufgefaßt. Das Polargebiet wurde von den Germanen als jenseitsnah angesehen, da der Weltenbaum, der die Verbindung zwischen den Diesseits und Jenseits war, am Nordpol stand.

'*Wartari*' bedeutet 'Lippenreißer'.

Der in Bezug auf Gullinborsti interessanteste Satz in dieser Mythe ist:

Dem Freyr gab er den Eber und sagte, er renne durch Luft und Wasser Tag und Nacht, schneller als irgendein Pferd, und nie wäre es so finster in der Nacht oder im Dunkelwald, daß es nicht hell genug würde, wohin er auch führe, so leuchteten seine Borsten.

Hier werden mehrere Dinge über den Eber gesagt:

145

- Der Eber leuchtet. Da er 'Goldborste' heißt, wird er wohl golden leuchten. Dieser Eber ist folglich ein 'Sonnen-Eber'. Freyr ist das Urbild der Wiederzeugung (er wird mit großem erigierten Penis dargestellt), während der ehemalige Sonnengott-Göttervater Tyr das Urbild der Wiedergeburt ist (Sonnenaufgang). Da die Wiederzeugung der Wiedergeburt vorausgeht, ist Tyr auch ein 'Freyr'. Als Tyr um 500 n.Chr, von Thor und Odin abgesetzt worden ist, ist die Farbe Golden (Sonne) zusammen mit dem Schwert des Tyr und der Jenseitsgöttin Gerdr (Tyrs Wiederzeugungs-Geliebte und Wiedergeburts-Mutter) aus den Mythen des Tyr in die Mythen des Freyr übertragen worden. Auf diese Weise ist Freyrs Eber zu einem Sonnen-Eber geworden.

- Der Eber kann über Land, über Wasser und durch die Luft laufen. Er ist also ein magischer Eber. Dies bestätigt auch die Deutung als 'Sonnen-Eber', da auch die Sonne durch die Wasser der Unterwelt und durch die Lüfte des Diesseits-Himmels zieht.

- Der Eber rennt Tag und Nacht – auch dies trifft auf die Sonne zu.

- Der Dunkelwald oder Düsterwald ('myrkvid') ist der Jenseitswald. Durch ihn rennt Gullinborsti.

II 5. b) Husdrapa

Freyrs goldener Eber 'Gullinborsti' ('Goldborste') erscheint auch in einem Lied des Skalden Ulfr Uggason, das dieser um ca. 985 n.Chr. verfaßt hat.

Der kampfweise Freyr reitet
zuerst auf Gullinborsti
zu dem Scheiterhaufen des Baldur
und führt das Volk an.
Schnell reitet der weitberühmte Weisheits-Tyr,
er eilt zu dem Feuer
zu dem hohen Scheiterhaufen seines Sohnes Baldur;
aus meinen Wangen strömen Lob-Lieder.

II 5. c) Gylfis Vision

Und diesem Leichenbrand wohnten vielerlei Gäste bei: zuerst ist Odin zu nennen, und mit ihm fuhr Frigg und die Walküren und Odins Raben, und Freyr fuhr im Wagen und hatte den Eber vorgespannt, der Gullinbursti hieß oder Slidrugtanni.

II 5. d)   Bildstein von Gotland

Die Bildsteine der Germanen stammen aus der Spätphase der Tyr-zentrierten Religion, d.h. aus der Zeit zwischen ca. 400-600 n.Chr. Auf ihnen wird sehr oft das Sonnenrad (Tyr) und daneben eine oder mehrere Schlangen dargestellt.

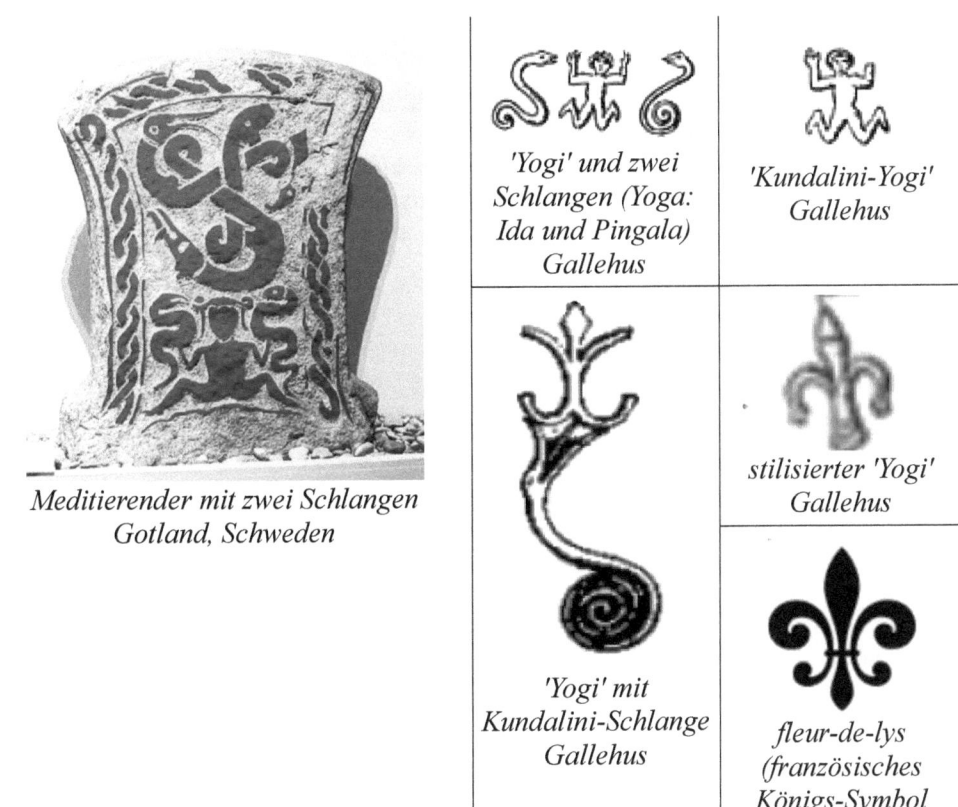

Meditierender mit zwei Schlangen
Gotland, Schweden

'Yogi' und zwei Schlangen (Yoga: Ida und Pingala) Gallehus

'Kundalini-Yogi' Gallehus

'Yogi' mit Kundalini-Schlange Gallehus

stilisierter 'Yogi' Gallehus

fleur-de-lys (französisches Königs-Symbol

Auf dem Bildstein ist ein Meditierender zu sehen. Seine Haltung, die der des 'Kundalini-Mannes' auf den Goldhörnern von Gallehus gleicht und die beiden Schlangen in seiner Hand lassen vermuten, daß es sich auch hier um einen 'Kundalini-Yogi' handelt. Er könnte auch als Tyr und seine beiden Alcis-Söhne aufgefaßt worden sein.

Der Triskelis über dem Meditierenden ist eine differenzierte Form des Hrungnir-Herzens, die aus einer Schlange (rechts oben), einem Vogel (links oben) und einem Wolf oder Eber (unten) besteht – also aus Tieren, die mit der Jenseitsreise verbunden waren: der Seelenvogel, der Schlangen-Totengeist und der Wolf als Jenseitsführer bzw. der Eber als das Opfertier für den Toten, das seine Zeugungskraft für seine Wiederzeugung sichern soll.

Der Trikelis ist deutlich als Sonnensymbol erkennbar, da er sich genau dort befindet, wo sich auf den anderen Bildsteinen aus dieser Zeit das Sonnensymbol befindet.

II 5. e) Jakob Grimm: Deutsche Mythologie

Auf jenen göttlichen eber glaube ich noch das alte lied beziehen zu dürfen, aus dem uns Notker (der so selten vor fremder gelehrsamkeit dazu kommt was er vaterländisches wuste aufzuzeichnen) eine stelle behalten hat:

imo sint fuoze fuodermâze,
imo sint burste ebenhô forste,
unde zene sîne zuelifelnîge,

...
seine borsten ragen hoch wie der wald,
seine hauer sind zwölf ellen lang.

Einen grund der heilighaltung des ebers findet man darin, daß er die erde aufwühlt, und die menschen von ihm das pflügen gelernt haben. Auch die Slaven scheinen solche eber verehrt zu haben: ›testatur idem antiquitas, errore delusa vario, si quando his saeva, longae rebellionis asperitas immineat, ut e mari praedicto (nahe bei Riedergost) aper magnus et candido dente e spumis lucescente exeat, seque in volutabro delectatum terribili quassatione multis ostendat‹.

II 5. f) Zusammenfassung

Der wichtigste mythologische Eber gehörte dem Freyr. Er hieß 'Gullinborsti', d.h. 'Goldborste', leuchtete golden ('Sonnen-Eber'), lief durch das Diesseits und das Jenseits und konnte sich nicht nur auf dem Land, sondern auch im Wasser und in der Luft fortbewegen.

Sein goldenes Leuchten hat er von dem ehemaligen Sonnengott-Göttervater Tyr übernommen, der bei seiner nächtlichen Wiederzeugung zusammen mit der Jenseitsgöttin in der Unterwelt offenbar die Gestalt eines Ebers angenommen hat.

II 6.   Hildisvin

II 6. a)   Hyndla-Lied

Freya:
„Mir scheint, Du hast wilde Träume, da Du sagst,
daß mein Geliebter bei mir auf dem Weg der Gefallenen sei:
da strahlt der Eber mit Borsten aus Gold,
Hildiswini, der von den geschickten Zwergen
Dain und Nabbi gefertigt worden ist."

Dain und Nabbi haben offenbar Hildiswini in derselben Weise angefertigt wie die Zwerge Sindri und Brock den Eber Gullinborsti von Freyas Bruder Freyr.

Der 'Weg der Gefallenen' ist der Weg ins Jenseits.

Vielleicht reitet Freya auch den Eber Gullinborsti ihres Bruders und gibt ihn nur für ihr eigenes Tier aus – die Schilderung des Ebers ist auf jeden Fall sehr ähnlich.

Beide Zwergenpaare sind ursprünglich die beiden Pferde-Söhne ('Alcis') des ehemaligen Göttervaters Tyr gewesen.

II 6. b)   Zusammenfassung

Freyas Reittier ist ebenfalls ein Schwein gewesen. Sein Name ist 'Hildiswin', d.h. 'Kampfschwein'. Auch dieses Schwein ist von den beiden Alcis-Söhnen des Tyr in deren Gestalt als Zwergen-Paar angefertigt worden und auch dieses Schwein leuchtet golden – Gullinborsti und Hildiswin scheinen folglich identisch zu sein.

Hildiswin soll der Geliebte der Freya sein. Da auch ihr Bruder Freyr ihr Geliebter ist, könnte es eine enge Verbindung zwischen Freyr, Freya, dem Eber und der Vereinigung gegeben haben. Der Eber wird daher eine Rolle in der Wiederzeugungs-Symbolik gespielt haben.

Hildisvin könnte eine Variante des Freya-Beinamens 'Syr' ('Schwein') sein – dann wäre Hildisvin Freya selber bei der Wiederzeugung der Toten und deren Wiedergeburt im Jenseits. Hildisvin wäre dann eine Sau/Bache und kein Eber/Keiler.

II 7. Eber-Opfer

II 7. a) Das Opfermoor von Vimose

Im südlichen Teil dieses ehemaligen Sees auf der dänischen Insel Fünen sind von den Germanen seit ca. 500 v.Chr. rund 5000 Gegenstände sowie viele Pferde, Schweine, Rinder, Schafe und Ziegen sowie einige Menschen geopfert worden.

II 7. b) Das Opfermoor Skedemosse

Dieses Moor liegt auf der schwedischen Ostseeinsel Öland. Im Norden des damaligen Sees befand sich eine normale Opferstelle, an dem die Knochen von Rindern, Pferden, Schafen und einem Hund gefunden wurden. Im Süden sind mehrere Gruppen-Opferungen von Waffen sowie einigen Goldringen, also von Kriegsbeute-Opferungen, entdeckt worden.

Die ersten Tieropfer stammen von ca. 500 v.Chr.; die Goldringe, die insgesamt 1,3Kg schwer sind, wurden zwischen 100 v.Chr. und 100 n.Chr. in dem See versenkt.

II 7. c) Gylfis Vision

In dieser Mythe ist der Opfer-Eber schon zur Speise der Toten in Walhalla geworden.

Da sprach Gangleri: „Du sagtest, daß alle die Männer, die im Kampf gefallen sind von Anbeginn der Welt, zu Odin nach Walhall gekommen seien. Was hat er ihnen zum Unterhalt zu geben? Denn mich dünkt, das muß eine gewaltige Menge sein.“

Da antwortete Har: „Es ist wahr, was du sagst: eine gewaltige Menge ist da, und noch viel mehr müssen ihrer werden; aber doch wird es scheinen, ihrer seien viel zu wenig, wenn der Wolf kommt. Und niemals ist die Volksmenge in Walhall so groß, daß ihr das Fleisch des Ebers nicht genügen möchte, der Sährimnir hieß. Jeglichen Tag wird er gesotten und ist am Abend wieder heil. Doch dünkt mich wahrscheinlich, daß dir wenige auf die Frage, die du jetzt gefragt hast, richtig Bescheid sagen werden. Andhrimnir heißt der Koch und der Kessel Eldhrimnir.“

Es ist beachtenswert, daß dieser Eber nach seinem Tod immer wieder aufs Neue entsteht – seine ursprüngliche Identität mit den ebenfalls wiedergeborenen Kriegern ist also sehr wahrscheinlich.

II 7. d) Grimnir-Lied

In diesem Lied gibt es eine Strophe, in der *'hrimnir'* gleich dreimal in verschiedenen zusammengesetzten Substantiven vorkommt:

Andhrimnir läßt in Eldhrimnir
Sährimnir sieden,
Das beste Fleisch; doch erfahren wenige,
Was die Einherjer essen.

Diese drei mit *'hrimnir'* gebildeten Worte haben folgende Bedeutungen:

Andhrimnir, Eldhrimnir und Sährimnir				
Name	*Zusammen -setzung*	*Übersetzung*	*Bezeich- netes*	*Kommentar*
Andhrimnir	and-hrimnir	Atem-Schwarz	Koch	der Koch ist schwarz vom Ruß des Feuers; er gibt den Menschen Leben ('and' be- deutet 'Atem, Leben, Geist')
Eldhrimnir	eld-hrimnir	Feuer-Schwarz	Kessel	der Kessel ist ruß-schwarz vom Feuer
Sährimnir	sä-hrimnir	Meer-Schwarz	Eber	Wildschwein = 'Schwarzer' (heute: 'Schwarzkittel'); der Opfer-Eber wurde in die Wasserunterwelt gesandt, d.h. in einem See o.ä. versenkt

Es ist gut denkbar, daß das Wort *'hrimnir'* in diesen Versen nicht nur als Bezeichnung der Farbe 'schwarz' gewählt worden ist, denn dann hätte man auch 'svart' oder 'surt' als Wort wählen können, die eindeutiger als 'hrimnir' die Farbe 'schwarz' bezeichnen.

Wenn der Skalde eine Assoziation zu dem Tyr-Riesen Hrimnir beabsichtigt haben sollte, hätte er durch die Verwendung dieser drei Kenningar sechs Assoziationen zu dem Tyr-Riesen Hrimnir hergestellt:

1. zu dem Leben ('and'): Der Gott Tyr war als ehemaliger Göttervater der Lebensspender und als Jenseitsgott auch der Herr der Toten, also der Geister ('Alberich' = 'König der Alfen').

2. zu dem Feuer ('eld'): Der Tyr-Riese Surtur wurde als Feuer-Riese angesehen. Der Ursprung dieser Symbolik werden die Bestattungsfeuer und das ihm entsprechende Abendrot-'Feuer' des Sonnengott-Göttervaters sein.

3. zu dem Meer ('sä'): Die Sonne und auch der Göttervater versanken am Abend im Westen in der Wasserunterwelt. Tyr wurde in der Unterwelt zu dem Meeresriesen Ägir-Gymir-Hler.

4. zu dem Koch ('and-hrimnir'): Es wäre denkbar, daß der 'Koch' eigentlich der Opferpriester ist oder evtl. auch Tyr als der, dem das Opfer untersteht.

5. zu dem Kessel ('eld-hrimnir'): Da das Fleisch der Schweine in den keltischen Mythen den Toten im Jenseits ihr ewiges Leben gibt, wäre es gut denkbar, daß der Eber, der nach seiner Opferung und Verspeisung wie Thors Ziegenböcke wieder neu entsteht, in früher Zeit auch bei den Germanen der Wirkung des Mets und der Äpfel der Idun gleichgesetzt gewesen ist. Wenn dies zutreffen sollte, wären die Krüge, in denen der Met aufbewahrt wurde, der Kessel, in dem der Eber gekocht wurde, und der Korb, in dem Idun ihre Äpfel aufbewahrte, letztlich dasselbe Symbol. Da der Metkrug zu Tyr-Odin gehört, müßte auch der Kessel 'Eldhrimnir', der in Odins Walhalla benutzt wird, einst Tyr gehört haben.

6. zu dem Eber ('sä-hrimnir'): Der Eber war ein wichtiges Opfertier bei Bestattungen und ist aus dieser Symbolik heraus u.a. auch zu dem Reittier des Freyr und der Freya geworden. Das Fleisch des Opfertieres wurde von den Opfernden gegessen und der Schädel und das Fell in einem See ('sä' = 'die See, das Meer') o.ä. versenkt.

Es wäre somit gut möglich, daß diese Strophe aus dem Grimnir-Lied eine sehr kurz gefaßte Schilderung des Tyr-Riesen Hrimnir ist:

Tyr-Hrimnir wird, nachdem er im Abendrot-Feuer in der Wasserunterwelt versunken ist, an jedem Morgen zu neuem Leben wiedergeboren. Um die seiner Wiedergeburt vorausgehende Wiederzeugung zu sichern, wurde ihm ein Eber geopfert, dessen Zeugungskraft auf den Gott übertragen wurde.

II 7. e)   Wafthrudnir-Lied

Auch in diesem Lied ist 'Sährimnir' das Tier, dessen Fleisch die Toten in Walhalla essen.

Gangrad (Odin):
„Sag mir zum elften, wenn der Asen Geschicke
Du weißt, Wafthrudnir,
In Heervaters Halle was die Helden schaffen
Bis die Götter vergehen?"

Wafthrudnir (Tyr):
„Die Einherjer alle in Odins Saal
Streiten Tag für Tag;
Sie kiesen den Wal und reiten vom Kampf heim
Mit Asen Ael zu trinken,
Und Sährimnirs satt
Sitzen sie friedlich beisammen."

II 7. f)   Gylfis Vision

In diesem Text wird zusätzlich gesagt, daß 'Sährimnir' ein Eber ist:

Da sprach Gangleri: „Du sagtest, daß alle die Männer, die im Kampf gefallen sind von Anbeginn der Welt, zu Odin nach Walhall gekommen seien. Was hat er ihnen zum Unterhalt zu geben? Denn mich dünkt, das muß eine gewaltige Menge sein."

Da antwortete Har: „Es ist wahr, was Du sagst: eine gewaltige Menge ist da, und noch viel mehr müssen ihrer werden; aber doch wird es scheinen, ihrer seien viel zu wenig, wenn der Wolf kommt. Und niemals ist die Volksmenge in Walhall so groß, daß ihr das Fleisch des Ebers nicht genügen möchte, der Sährimnir hieß. Jeglichen Tag wird er gesotten und ist am Abend wieder heil. Doch dünkt mich wahrscheinlich, daß dir wenige auf die Frage, die Du jetzt gefragt hast, richtig Bescheid sagen werden."

Es hat den Anschein, als ob in dieser Mythe das Opfertier für den Toten, dessen Fleisch die Bestattungsgemeinschaft verspeist und in dessen Fell der Tote gehüllt wird, um ihm für seine Wiederzeugung die Zeugungskraft des Eber zu übertragen, hier umgedeutet worden ist:

153

- Die Toten essen das Fleisch des Ebers im Jenseits. Dies könnte auf die weitverbreiteten Brauch des gemeinsamen rituellen Mahles der Lebenden mit den Toten zurückgehen.

- Der Eber befindet sich im Jenseits statt im Diesseits. Er gelangt jedoch durch die Opferung des Ebers in das Jenseits.

- Die Wiedergeburt der Toten ist zu einer Wiedergeburt des Ebers nach dessen Verspeisen geworden. Dieselbe Szene findet sich auch bei Thors Ziegenböcken, die durch Thors Segen ebenfalls aus ihrem Fell und ihren Knochen neu entstehen, d.h. wiedergeboren werden.

II 7. g) Eule und Nachtigall

In diesem Lied des Master Nicholas of Guildford findet sich eine Anspielung auf das Opfern von Ebern bei Bestattungen in Hügelgräbern:

„sich von einem Keiler in ein Hügelgrab-Schwein verwandeln "

Diese Anspielung bedeutet, daß ein mutiger Mann ('Keiler') zu einem toten Mann ('Hügelgrab-Schwein') wird.

II 7. h) Das kleinere der beiden Goldhörner von Gallehus

Auf einem der beiden Goldhörner, die um 400 n.Chr. in Dänemark hergestellt worden sind, sind 15 Eber zu sehen. Sie bilden zusammen mit den Wasserwellen, den Fischen und den Sternen den Hintergrund der auf ihnen dargestellten Jenseitsreise-Szenen. Der Eber muß demnach wie das Wasser und die Fische (Wasser-Unterwelt) und die Sterne (Seelen) fest mit dem Jenseits assoziiert gewesen sein – sonst hätten sie nicht als 'Determinativ' für den Ort der dargestellten Szenen benutzt werden können.

II 7. i) Hyndla-Lied

Hyndla (Hel):
„Einer wurde in vergangenen Tagen
von der Sippe der Götter geboren und groß war seine Macht,
neun Riesenfrauen am Rand der Welt
trugen in sich den Waffen-mächtigen Mann.

Dieser Eine ist Heimdall, der von den neun Töchtern des Ägir geboren wurde.

155

Gjalp gebar ihn, Greip gebar ihn
Eistla gebar und Eyrgjafa,
Uldrun gebar ihn und Angeyja,
Imth und Atla und Jarnsaxa.

Die Namen der neun Heimdall-Mütter bedeuten in der angeführten Reihenfolge: 'Bellerin', 'Greiferin', 'Schäumerin', 'Sand-Streuerin', 'Wölfin', 'Sorgen-Überschütterin', 'Morgendämmerung', 'Raserei' und 'Eisenschwert'.

Er wurde stark durch die Stärke der Erde,
der eiskalten See und des Blutes der Schweine."

Dies klingt wie die Assoziationen zu einem Ritual. Das Blut der Schweine könnte das Blut der Opfertiere sein, mit denen die Jenseitsreisenden identifiziert wurden – auf diese Weise wird auch Ottar symbolisch-rituell bzw. in diesem Lied in mythologischer Hinsicht zu einem Eber geworden sein. Die Kraft der Erde könnte sich darauf beziehen, das die Jenseitsreise in die Tiefe der Erde zu Hel führt. Die eiskalte See könnte die Wasserunterwelt der Ran sein.

II 7. j) Das andere Gudrun-Lied

Die 'Schweinsleber' in dem folgenden Zaubertrank-Rezept wird dem Schweine-Blut in der vorigen Mythe entsprechen.

Gudrun:
„Grimhild brachte den Becher mir dar,
Den kalten, herben, daß ich Harms vergäße.
Der Kelch war gekräftigt aus der Quelle Urds,
Mit urkalter See und sühnendem Blut.

In das Horn hatten sie allerhand Stäbe
Rötlich geritzt; ich erriet sie nicht.
Den langen Lindwurm des Lands der Haddinge,
Ungeschnittne Ähre und Eingang von Tieren.

Im Gebrauten beisammen war Bosheit viel,
Allerlei Wurzeln und Waldeckern,
Tau des Herdes und Tiergeweide,
Gesottne Schweinsleber, die den Schmerz betäubt."

II 7. k) Eber-Kultgefäße

Zwischen den beiden Thüringer Gebirgen Hainleite und Thüringer Wald wurden sechs Kultgefäße gefunden, von denen eines ein Wildschwein darstellt.

Ein zweites dieser Gefäße, die zwischen 200 n.Chr. und 300 n.Chr. hergestellt worden sind, hat an dem Gefäßbauch vier Wildschweinköpfe. Das deutlich dargestellte gesträubte Nackenhaar bei allen fünf Wildschweinen soll sie vermutlich als Eber kennzeichnen.

Die Vierzahl der stilisierten Eberköpfe könnte einfach nur symmetrische Gründe haben, aber sie könnten auch die vier Himmelsrichtungen darstellen und würden dann den Einfluß der Ebers 'auf der ganzen Erde' ausdrücken.

Diese beiden Gefäße werden vermutlich bereits dem Freyr oder der Freya gewidmet gewesen sein.

Es ist anzunehmen, daß man in ihnen das Opferblut der Schweine sammelte.

Die Wildschwein-Gefäße von Greußen

Eber-Gefäß

Gefäß mit vier 'Eber-Masken'

II 7. l) Schwein-förmiges Gefäß aus Dänemark

Derartige Kultgefäße gab es auch in Dänemark:

II 7. m)   Eber-Amulett

In Dänemark wurde auch ein aus einem Eber und einem Pferd kombiniertes Amulett (?) gefunden:

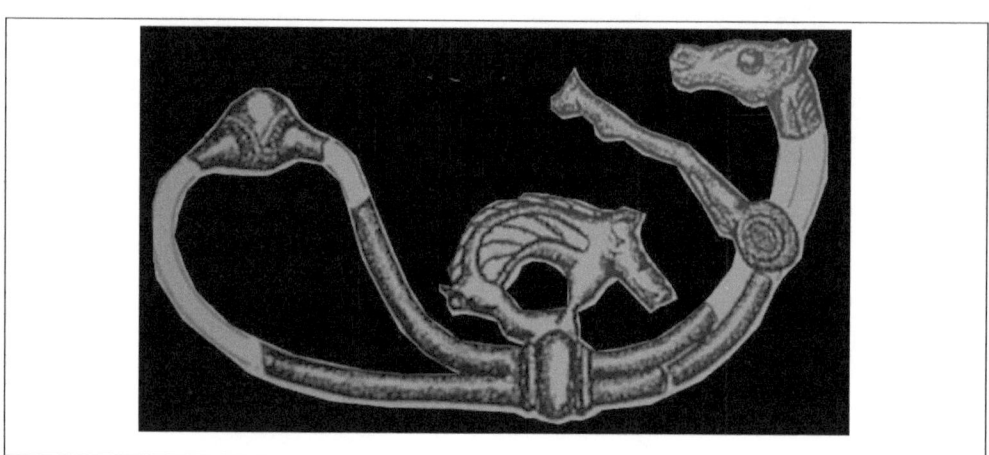

II 7. n)   Das Lied über Helgi Hiörward-Sohn

Der Eber scheint insbesondere in der Julnacht das Opfertier gewesen zu sein – zumindestens legte man solche Eide wie den, der im Folgenden beschrieben wird, üblicherweise in der Julnacht ab.

Die Julnacht, also die längste Nacht an Mittwinter, war der Zeitpunkt, an dem die sonne wiedergeboren wurde, was die Assoziation des Ebers mit der Sonne bestätigt.

König Helgi war ein allgewaltiger Kriegsmann. Er kam zu König Rilimi und bat um Swawa, dessen Tochter. Helgi und Swawa verlobten sich und liebten sich wundersehr. Swawa war daheim bei ihrem Vater, aber Helgi im Heerzug. Swawa war Walküre nach wie vor. Hedin war daheim bei seinem Vater Hiörward, König in Noreg.

Da fuhr Hedin auf Julabend einsam heim aus dem Wald und fand ein Zauberweib. Sie ritt einen Wolf und hatte Schlangen zu Zäumen und bot dem Hedin ihre Folge.

„Nein", sprach er.

Da sprach sie: „Das sollst Du mir entgelten bei Bragis Becher."

Abends wurden Gelübde verheißen und der Sühne-Eber vorgeführt, auf den die Männer die Hände legten und bei Bragis Becher Gelübde taten. Hedin vermaß sich eines Gelübdes auf Swawa, Eilimis Tochter, seines Bruders Geliebte. Danach gereute es ihn so sehr, daß er fortging auf wilden Stegen südlich ins Land, wo er seinen Bruder Helgi traf.

Das an dieser Stelle meistens benutzte Wort 'Sühne-Eber' ist eine recht christliche Übersetzung – das betreffende Wort *'sonar-blot'* bedeutet 'Opfer-Eber'.

Das Zauberweib ist Hel – sie reitet wie Hel-Hyrrokkin auf dem Fenris-Wolf, den sie mit der Jörmungandr-Schlange gezäumt hat (diese drei sind Geschwister).

II 7. o)   Die Saga über Hervor und König Heidrek den Weisen

Offenbar gab es einen Eid, bei dem man eine seiner Hände auf einen Eber legte:

König Heidrek ließ sich nieder und wurde ein großer Anführer und ein weiser Mann.

König Heidrek hatte einen großen Keiler aufziehen lassen. Er war so groß wie der größte aller ausgewachsenen Stiere und er war so schön, daß ein jedes seiner Borsten aus Gold zu sein schien.

Der König legte eine seiner Hände auf den Kopf des Keilers und seine andere Hand auf dessen Borsten und schwur, daß jeder, wieviel Übles er auch getan haben mochte,

159

eine faire Gerichtsverhandlung von seinen zwölf Weisen erhalten soll, und daß seine
zwölf Weisen für den Keiler sorgen sollen. Oder daß der Angeklagte sich dadurch
befreien konnte, daß er dem König ein Rätsel vortrug, daß dieser nicht lösen konnte.
König Heidrek wurde nun sehr beliebt.

II 7. p) König Hrolf Kraki und seine Berserker

Aus den mythischen Ebern wurden schließlich Ungeheuer:

Vogg erzählte ihnen, daß König Adils sehr viele heidnische Opfer darbrachte, „und
so jemanden wie findet man nicht noch einmal. Er verehrt einen Eber und ich bin mir
sicher, ob es noch so ein Ungeheuer gibt, deshalb paßt auf euch auf, denn wird all
seine Kraft dareinstecken, euch auf die eine oder andere Weise zu besiegen.
„Mir scheint es wahrscheinlicher,“ sagte Bodvar, „daß er sich heute Abend daran
erinnern wird, wie er am besten vor uns aus seiner Halle fliehen kann.“
Vogg sagte: „Ihr solltet damit rechnen, daß er listig und heimtückisch ist.“
Sie gingen schlafen, aber wurden von einem Lärm draußen wieder geweckt, der so
groß war, daß alles davon widerhallte und das Haus, in dem sie lagen, so geschüttelt
wurde, als ob es sich gerade bestens amüsieren würde (erotische Anspielung).
Vogg sprach zu ihnen: „Nun wird der Eber herausgekommen sein und er wird von
König Adils gesandt worden sein, um es euch heimzuzahlen – und er ist solch ein
großer Troll, daß ihm nichts standhalten kann!“
König Hrolf hatte einen Hund, der Gram genannt wurde. Er war bei ihm. Er war
überragend an Mut und Stärke.
Da erschien der Troll in der Gestalt eines Ebers und er grunzte so fürchterlich wie
Trolle eben grunzen.
Bodvar hetzte den Hund auf den Eber und der Hund schreckte nicht zurück,
sondern stürzte geradewegs auf den Eber los. Da kam es zu einem harten Kampf.
Bodvar half dem Hund und hieb nach dem Eber, aber sein Schwert wollte dessen
Rücken nicht beißen. Der Hund Gram war so zäh, daß er dem Eber die Ohren abriß
und mit ihnen zusammen auch die ganze Haut auf seinen Wangen. Da floh der Eber
dorthin zurück, von wo er gekommen war.

II 7. q) König Hrolf Kraki und seine Berserker

Nun sahen König Hrolfs Männer aus König Hjorvards Reihen einen ungeheuer-

lichen Eber kommen. Er sah nicht kleiner als ein dreijähriger Stier aus und war von Wolfs-grauer Farbe. Ein Pfeil flog von jeder seiner Borsten und diese durchdrangen des Königs Gefolge wie nichts anders auf der Erde und fällten sie Dutzend-weise.

II 7. r) Die Saga über Yngvar den Weit-Fahrenden

Es ist ungewiß, ob der folgenden Saga-Szene ein mythologischer Hintergrund, d.h. die Erinnerung an Opfertiere, zugrundeliegt.

Sie gingen eine Weile weiter, bis sie auf einer Landzunge eine große Schweineherde sahen und einige Schweine töteten.

Der Rest von ihnen begann jedoch laut zu quieken und floh und rannte landeinwärts.

Als nächstes sahen sie ein großes Heer, das vom Land zu den Schiffen herabstürmte, und einen Mann, der ein Stückchen vor dem Heer lief.

Dieser Mann hatte drei Äpfel und warf einen so in die Luft empor, daß er vor Sveins Füßen niederfiel. Dann warf er den nächsten, der an genaudemselben Platz herunterkam.

Da sagte Svein, daß er nicht auf den dritten Apfel warten werde: „Da steckt eine teuflische Macht dahinter und ein starker Glaube."

Svein legte einen Pfeil auf seine Sehne und schoß. Der Pfeil traf den Mann auf der Nase und sie hörten die Nase wie Horn zerbrechen. Er warf seinen Kopf zurück und sie sahen, daß er den Schnabel eines Vogels hatte.

Da schrie er sehr laut und rannte zu seinem Heer zurück und alle rannten so schnell sie konnten landeinwärts zurück solange wie man sie sehen konnte.

Dieser Vogelmann war offensichtlich ein Zauberer, der Iduns 'Äpfel des ewigen Lebens' in 'Äpfel des Todes' verwandeln konnte. Sein Vogelkopf bzw. sein Vogelschnabel wird ein Hinweis auf seine Verbindung zum Jenseits sein – er ist sowohl ein Schamane als auch ein 'Todbringer'.

II 7. s) Jakob Grimm: Deutsche Mythologie

Im salischen gesetz wird auf den majalis sacrivus oder votivus höhere composition als auf jeden andern gelegt, das scheint überbleibsel von alten opfern der heidnischen Franken; warum hieße es sonst sacrivus? zwar 700 von 600 stehen nicht

161

bedeutend ab, allein solcher zu heiligem gebrauch ersehnen thiere muß es im heidenthum eine menge gegeben haben, so daß das einzelne in keinem hohen werth zu sein brauchte. vermuthlich wurden sie gleich nach der geburt ausgesucht, gezeichnet und bis zur opferzeit mit den übrigen auferzogen.

In fränkischen und alamannischen urkunden erscheint oft der ausdruck friscing, meist für porcellus, doch auch für agnus, einigemal mit der näheren bestimmung porcinus und agninus; das wort selbst mag ursprünglich aussagen recens natus (frisch geboren), heute lebt es nur im sinn von porcellus fort (frischling).

Wie wäre nun erklärbar, daß dieses althochdeutsche friscing geradezu bei einigen schriftstellern das lateinische hostia, victima, holocaustum übersetzt (ôsterfrising; lamp unkawemmit kakepan erdu friscing) als aus der erinnerung des heidenthums? das jüdische pascha kann es nicht verursacht haben, schon weil der begrif von porcellus vorherrschte.

... ...

Dieser güldenborstige eber läßt sich auch im innern Deutschland aufspüren. Wer am Christabend bis zum abendessen sich der speise ganz enthält, bekommt nach dem thüringischen volksglauben ein goldnes junges ferkel zu gesicht (d. h. es wurde vor alters zuletzt beim abendschmaus aufgetragen).

Ein Lauterbacher weisthum von 1589 verordnete, daß zu einem auf dreikönigstag, also in der julzeit, gehaltnen gericht die hübner ein reines, schon bei der milch vergelztes (noch säugend verschnittnes) goldferch liefern sollten: es wurde rund durch die bänke geführt, und ohne zweifel hernach geschlachtet. so wurde aus dem opferschwein bei den Welschen ein zum königsschmaus bestimmtes.

Es ist das svîn ealgylden, eofor îrenheard der Angelsachsen und von seinen genauen bezügen auf den Frôhocultus wird im verfolg näher zu handeln sein. Die Griechen pflegten schweine der Demeter zu opfern, welche als Nerthus dem Niörðr, Freyr und der Freyja sehr nahe steht.

Theophanes meldet ausdrücklich, die Merovinge werden κριστάται und τριχοραχάται genannt, weil allen königen dieses geschlechts borsten, wie schweinen, auf dem rückgrat (ράχις) wachsen. da weiß noch Roland, wo freilich unter den Heiden aufgeführt werden.

Diese 'Königs-Borsten' sind eine Variante der Gleichsetzung der Fürsten mit dem Eber des Freyr.

di helde von Meres;
vil gewis sît ir des,
daz niht kuoners mac sîn:
an dem rucke tragent si borsten sam swîn.

162

(Die Helden der Merowinger:
Ihr könnt euch sicher sein,
daß niemand unter ihnen ein König ist,
der nicht an seinem Rücken Borsten wie ein Schwein trägt.)

Die herleitung des namens ist völlig unbekannt. ich weiß nicht, ob man in ihm einen bezug finden könnte auf den ebercultus des Frô, der unter Franken vorzüglich verbreitet gewesen wäre? auch: sin hût was ime bevangen al mit swînes bursten.

Eber und bock waren heilige opferthiere, der eber dem Freyr, böcke und ziegen dem Thôrr gewidmet, wie noch jetzt bock und ziege für teufelsgethier gelten.

... ...

Nächst dem bock ist der eber, der unter den alten göttern dem Fro heilig war, und in Walhalla der helden speise hergibt, auch noch im sturmzug des wilden heers beziehungsvoll erscheint, ein teufelsthier; daher beim tosen der windsbraut sûstert gerufen und mit diesem namen der teufel gescholten wird.

Eeine andere, fast entscheidendere rolle spielt die sau bei den teufelsbauten. der böse erscheint als grunzende sau.

Die hauptsache ist aber, daß wir hier wieder auf den namen Phol stoßen, denn fol, fal, ful bezeichnet mittelhochdeutsch in der zusammensetzung urful einen eber, was erhellt, wo die lesarten erfaul, urfaul, urfol, urval, wurffel alle gegen ursûl streiten, mit dem so wenig etwas anzufangen ist als mit halpswuol, die varianten halbfwol, halpfuol, helfolen nöthigen zu halpful, hulpfol, d. i. halbschwein gegenüber dem hauptschwein oder urfol, dem fünfjährigen, alten keuler. nicht des gottes name wird aus dem thier zu erklären, sondern in beiden zusammensetzungen auf das thier angewandt und so erhalten worden sein; da Phol aber Paltar ist, mag es jetzt weniger gewagt scheinen, den namen des ebers Baltero aus Reinardus hierher zu ziehen.

Der teufel heißt Säureußel und findet glocken. Dieffenbachs wanderung: duivels zwîntje. der zuchteber heißt fuhl. Urswîn ist ein heldenname. vergleiche urber, urkämpe, ursau, urschwein. der teufel heißt ein luhs.

II 7. t) Nials-Saga

Er nahm den Mantel an sich und warf dafür ein Paar blaue Beinkleider Flose vor die Füße; die könne er besser gebrauchen, sagte er, da er in jeder neunten Nacht ein Weib würde und mit dem Teufel Zusammenkünfte hätte auf Svinefjeld.

Dieses 'Schweinefeld' wird wohl das Jenseits, evtl. ein Bezirk, in dem Hügelgräber stehen, sein.

163

II 7. u) Goldgubber

Die Goldgubber sind wahrscheinlich 'Briefe an die Götter' gewesen. Sie wurden in der Nähe der Tempelwände und in den Löchern, in denen die Tempelpfosten standen, gefunden.

Man hat sie also bei der Gründung eines Tempels in die Löcher gelegt, in die man anschließend die Eck- und Turmpfosten gestellt hat. Der Tempel war somit nicht nur golden, sondern er stand auch noch auf Gold. Diese Goldplättchen sollten vermutlich den Segen der Götter für den Tempel herbeirufen.

Die Goldgubber, die man bei Ausgrabungen in der Nähe der Tempelwände gefunden hat, werden wahrscheinlich innen an den Tempelwänden befestigt worden sein – sie waren gewissermaßen 'Mini-Wandbehänge'. Auch mit ihnen werden wohl Wünsche an die Götter verbunden gewesen sein. Man kann sie auch als kleine Opfergabe ansehen.

Insgesamt wurden bisher 3000 Goldgubber an 30 Orten in Schweden (12), Dänemark (11), Norwegen (7) und auf Bornholm (4) gefunden. Sie stammen aus der Völkerwanderungszeit (ab 375 n.Chr.), der Vendelzeit (550-800 n.Chr.) und der Wikingerzeit (bis 1200 n.Chr.) mit dem Schwerpunkt in der Vendelzeit.

Goldgubber-Schwein

Goldgubber-Schwein

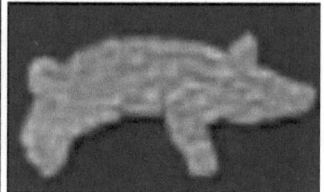
Goldgubber-Schwein

II 7. v) Die Saga über Hervor und König Heidrek den Weisen

Die drei folgenden 'Schweine-Rätsel' haben vermutlich keinen mythologischen Hintergrund.

Gestumblindi sprach:

„Welches Wunder ist das, / das ich draußen sah
vor Dellings Toren: / Einen schwarzer Keiler
sah ich im Schlamm waten / und sein Rücken war ohne Borsten.
König Heidrek, / kannst Du's erraten? "

„Gut ist Dein Rätsel, / Gestumblindi,
doch gleich ist es erraten: / Es ist ein Mistkäfer.

  Aber das will was heißen, wenn Mistkäfer zu dem geworden sind, worüber sich
große Männer unterhalten!"

- - -

  Gestumblindi sprach:

„Welches Wunder ist das, / das ich draußen sah
vor Dellings Toren: / Es hat zehn Zungen,
zwanzig Augen, vierzig Füße, / vorwärts stapft das Monster.
König Heidrek, / kannst Du's erraten?"

„Gut ist Dein Rätsel, Gestumblindi, / doch gleich ist es erraten:
Das ist eine Sau / und sie trägt neun Ferkel in sich."

  Da ließ der König die Sau schlachten und es waren wirklich neun Ferkel in ihr, wie
Gestumblindi es gesagt hatte.

- - -

  Gestumblindi sprach:

„Ich sah im Sommer, / als die Sonne sich senkte,
die viel-frohe / Gefolgschaft erwachen:
Jarle tranken / schweigend Ale,
doch brüllend stand / das Bierfaß da.
König Heidrek, / kannst Du es erraten?"

„Gut ist Dein Rätsel, Gestumblindi, / doch gleich ist es erraten:
Das sind die Ferkel einer Sau; / sie quiekte dabei.
Die Sau ist das Faß, / die Ferkel die Edlen."

165

II 7. w) Zusammenfassung

Schweine und insbesondere Eber waren bei den Germanen ein wichtiges Opfertier, dessen Blut vermutlich in den Schwein-gestalteten Gefäßen aufgefangen wurde und deren Knochen sich in einigen Opfermooren finden.

Bis mindestens 400 n.Chr. ist der Eber fest mit der Jenseitsreise assoziiert worden – möglicherweise insbesondere mit der Reise der Könige bei ihrer Krönung zu dem damaligen Göttervater Tyr. Für ein solches Motiv spricht auch die Vorstellung, daß alle Merowingerkönige (400-750 n.Chr.) an ihrem Rücken Borsten wie Wildschweine gehabt haben.

Der Eber als Opfertier war vor allem mit der Wiedergeburt der Sonne in der Julnacht verbunden. In dieser Nacht legte man auch Eide ab, wobei man eine Hand auf den Eber legte. Ein solcher Eid ist am ausführlichsten von König Heidrek überliefert worden – und 'Heidrek' ('Licht-König') ist ein ehemaliger Beiname des Sonnengott-Göttervaters Tyr gewesen.

Der Ausdruck 'Hügelgrab-Schwein' für einen toten Krieger läßt vermuten, daß die Krieger bei ihrer Bestattung zu Ebern wurden – was ein Hinweis auf die Wiederzeugung wäre, bei der sich der Tote in einen Eber/Keiler und die Jenseitsgöttin in eine Sau/Bache verwandeln.

In der Spätzeit wurde ein jeden Tag wiedergeborener Eber zu der Speise der Toten in Walhalla. Der Name 'Sährimnir' ('Meeres-Schwarzer') dieses Ebers ist ein Hinweis auf seinen Bezug zur Wasser-Unterwelt. Der Name 'Hrimnir' des Tyr-Riesen könnte durchaus einen Bezug zu dem Eber 'Sährimnir' haben, da dieser Eber ein Sonnen-Eber war und Tyr der ehemalige Sonnengott-Göttervater gewesen ist.

Die Julnacht-Eber-Eide könnten somit 'bei Tyr' geschworen worden sein – was ja durchaus plausibel wäre, da Tyr bis 500 n.Chr. bei den Nordgermanen der Göttervater gewesen ist.

Ein anderes spätes Motiv ist die Erwähnung von Schweine-Blut und Schweine-Leber als Zaubertrank-Zutat.

Ein drittes spätes, aus den früheren Mythen abgeleitetes Motiv ist der riesige Eber in den Sagas, der ab und zu die Helden bedroht.

Im Christentum wurde dieser Eber schließlich zu einer Gestalt des Teufels.

II 8.   Eber-Verwandlung

II 8. a)   Hyndla-Lied

Freya:
„Führe aus Deinem Stall einen Deiner Wölfe hervor,
und laß ihn neben meinem Eber laufen;
denn langsam geht mein Eber auf den Wegen der Gefallenen
und ich möchte mein gutes Roß nicht erschöpfen."

Der 'Weg der Gefallenen' ist der Weg der toten Krieger nach Walhalla.

Das 'gute Roß' ist hier eine Heiti für Freyas Eber Hildiswini (Kampfschwein). Es ist auffällig, daß sowohl Freyr als auch Freya einen Eber reiten – und nicht Freyr einen Eber und Freya eine Bache. Der Eber muß somit in den dieser Mythe zugrundeliegenden Vorstellungen eine zentrale Rolle haben.

II 8. b)   Hyndla-Lied

Hyndla (Hel):
„Du bittest mich mit Falschheit, Freya, zu kommen,
das sehe ich in dem Glanz deiner Augen;
auf dem Weg der Gefallenen geht Dein Geliebter mit Dir:
Ottar der Junge, Innsteins Sohn."

Anscheinend hat Freya ihren Geliebten in einen Eber verwandelt und gibt diesen nun als ihr Reittier Hildiswini aus. Dies erklärt, warum Freyas Reittier hier 'Eber' genannt wird. Hyndla hat offenbar bemerkt, daß Freya auf einem männlichen Tier reitet und hält ihr nun diesen Täuschungsversuch vor.

Es ist denkbar, daß das Reiten auf dem Eber auch eine erotische Anspielung gewesen ist. Der Eber und die Bache waren Symbole der Zeugungskraft und der Fruchtbarkeit, die die Toten und anderen Jenseitsreisenden in der Unterwelt bei ihrer Wiederzeugung zusammen mit Freya brauchten. Aus dieser Funktion der Jenseitsgöttin-Geliebten bei der Wiederzeugung heraus ist Freya zur Liebesgöttin geworden.

Eine sexuelle Assoziation der damaligen germanischen Zuhörer dürfte bei dieser Kombination der Göttin Freya und der Verwandlung ihres Geliebten Ottar in einen

Eber recht sicher gewesen sein – zumal im Bestattungsritual für den Jenseitsreisenden ein männliches Herdentier geopfert wurde und der betreffende dann mit diesem Tier identifiziert wurde, indem man ihn in das Fell des Tieres einhüllte. Ottar als Eber befindet sich somit auch dieser Jenseitsreise-Symbolik zufolge gerade auf dem Weg zu den Göttern – auf dem 'Weg der Gefallenen'.

II 8. c) Hyndla-Lied

Freya:
„Bring nun meinem Eber das Erinnerungs-Bier
damit alle Worte, die Du gesprochen hast,
noch am dritten Morgen von jetzt an noch in Ottars Geist haften,
wenn ihre Sippen Ottar und Angantyr berichten. "

Hier wird ganz deutlich, daß 'mein Eber' der Geliebte der Freya ist, der offenbar sowohl die Gestalt eines Ebers als auch eines Mannes ('Ottar') hat.

II 8. d) Freyas Beiname 'Syr'

Dieser Beiname der Freya bedeutet 'Sau' und wird lediglich an vier Stellen genannt: in den Thulur-Listen, der Skaldskaparmal und dem Gylfaginning des Snorri Sturluson und in den Fragmenten des Arnorr Jarl-Skalde Thordar-Sohn.

Bei der Vereinigung der Freya mit dem Toten in der Gestalt eines Ebers/Keilers wird Freya zur Sau/Bache.

II 8. e) Gesta danorum

Die Erzählung über Syrita und Ottar in der 'Geschichte der Dänen' könnte dieselben Wurzeln wie die Mythe über Freya und Odr sowie das Hyndla-Lied haben, in dem Freya auf dem in einen Eber verwandelten Helden Otar reitet – offenbar eine späte Version der Wiederzeugungs-Vereinigung im Jenseits des Toten und der Göttin, die dabei die Gestalt eines Keilers und einer Bache annehmen.

Der Frauenname 'Syrita' wird in den Übersetzungen der Gesta danorum oft fälschlicherweise mit 'Sigrid' eingedeutscht – er lautet im lateinischen Original jedoch

'Syrita'. 'Syr', d.h. 'Sau' ist einer der Beinamen der Freya, die auf einem Wildschwein reitet, was eine verharmlosende Variante für ihre Verwandlung in eine Wildsau ist.

Es wird auch berichtet, daß Odr der Mann der Freya ist und sie diesen in vielen Ländern sucht – dies ist eine Umdeutung der Jenseitsreise des Odr, der mit Odin identisch sein wird.

Ottar könnte auch mit dem Otr aus der Völsungen-Saga identisch sein, den Loki mit einem Steinwurf tötet, wodurch die gesamte Dramatik dieser Saga bis hin zu dem Tod des Sigurd und schließlich des Hamdir und des Sörli in Gang gesetzt wird.

In dem folgenden Text ist die Moral-Auffassung des christlichen Mönches Saxo des Schriftkundigen, der ihn verfaßt hat, des öfteren sehr deutlich zu spüren. Auch der Stil in der folgenden Passage ist sehr weit von der knappen und sachlichen Darstellungsweise der Germanen entfernt – er ist ganz von der damals im gelehrten Christentum üblichen bilderreichen und langatmigen Schreibweise in sehr langen, verschachtelten Sätzen geprägt.

Siwalds Tochter Syrita war von solch erlesener Sittsamkeit, daß es, obwohl viele Werber sie wegen ihrer Schönheit heiraten wollten, schien, daß sie nicht dazu bewegt werden konnte, auch nur einen von ihnen anzublicken. Im Vertrauen in diese Kraft der Selbstbeherrschung bat sie ihren Vater um einen Ehemann, der durch die Süße seiner Schmeicheleien von ihr einen Blick zu ihm erlangen konnte. Denn in den alten Zeiten war bei uns die Selbstbeherrschung der Mädchen eine starke Verteidigung gegen lüsterne Blicke, da durch sie die Gesundheit der Seele nicht durch die Unzüchtigkeit der Augen beschmutzt werden konnte – und die Frauen hatten das Verlangen, die Reinheit ihrer Herzen durch die Selbstbeherrschung in ihren Gesichtern zu beweisen.

Dann verlangte es einen gewissen Ottar Ebb-Sohn, der von seinem Vertrauen in die Größe entweder seiner Großtaten oder der höflichen und beredten Weise, mit der er sie ansprach, entflammt war, beharrlich und inbrünstig danach, sie zu ehelichen. Doch obwohl er mit der ganzen Kraft seines Verstandes versuchte, ihren Blick zu erweichen, konnte er mit keinem Hilfsmittel – was auch immer er versuchte – ihre niedergeschlagenen Augen bewegen, sodaß er schließlich fortging und voller Verwunderung über die Standhaftigkeit ihrer unbezwingbaren Standfestigkeit war.

Der Name 'Ebb' von Ottars Vater bedeutet 'Eber' (männliches Hausschwein), was die Identität dieses Ottar mit dem Ottar aus dem Hyndla-Lied bestätigt, der dort die Gestalt eines Ebers hat.

Der Name von Ottars Vater bedeutet 'männliches Schwein' und der Name der von ihm geliebten Frau Syrita bedeutet 'weibliches Schwein'. Der Ursprung dieser Namen in der Schweine-Verwandlung bei der Wiederzeugung im Jenseits ist nicht zu übersehen ...

169

Einen Riesen verlangte nach demselben, aber als er sah, daß er in gleicher Weise gescheitert war, verleitete er eine Frau dazu, der Maid Freundschaft vorzutäuschen und sie schließlich in geschickter Weise weit von ihres Vaters Haus fortzulocken, woraufhin der Riese herbeisprang und sie zu seiner abgelegenen Festung auf einem Bergrücken im Gebirge trug.

Andere glauben, daß er sich als Frau verkleidet hatte und die Maid in verräterischer Weise durch seine fortwährenden Listen dazu verleitete, sich von ihrem eigenen Haus zu entfernen und sie schließlich davontrug.

Diese Variante klingt sehr nach der Geschichte über Odin und Rindr, in der sich Odin schließlich als Heilerin verkleidet, um Rindr verführen zu können, mit der er dann den Wali zeugt, der im Alter von einer Nacht seinen Halbbruder Baldur an Hödur rächt. Dieses Alter von einer Nacht zeigt, daß es sich bei ihm um den am Morgen wiedergeborenen Sonnengott-Göttervater Tyr handelt – auch wenn man die neun Monate der Schwangerschaft hinzurechnet, kommt man genau auf die Länge des Winters bei den Nordgermanen, nach dem Tyr wiedergeboren wurde.

Das Fortlocken einer Frau von ihrem Heim findet sich auch bei Idun in der Thiazi-Mythe sowie in der Saga über Bosi und Herraud.

Als Ottar davon hörte, durchsuchte er alle Winkel in den Bergen auf der Suche nach der Maid, fand sie, erschlug den Riesen und trug sie fort.

Das Erschlagen des Riesen gehört zu der Mythe der Wiedergeburt des Sonnengott-Göttervaters Tyr, da diese Geburt schon früh bei den Indogermanen zu einem Töten des alten Göttervaters durch den jungen, wiedergeborenen Göttervater geworden ist.

Nach der Völkerwanderungszeit, in der Tyr durch Odin und Thor als Göttervater abgesetzt worden ist, ist daraus dann das Töten der Tyr-Riesen (alter Göttervater) durch Thor, der an die Stelle des jungen Göttervaters getreten ist, geworden.

Doch der eifrige Riese hatte die Locken der Maid zurückgebunden und ihr Haar in solch einer Weise fest verdreht, daß die verfilzte Masse von Strähnen in einer Art von gebogenem Bündel lag, sodaß es für niemanden einfach war, dieses geflochtene Gestrüpp zu entwirren ohne den Stahl zu benutzen.

Wieder versuchte er mit den verschiedensten Verführungskünsten die Maid dazu zu verleiten, ihn anzublicken, doch als er eine lange Zeit vergeblich ihre bewegungslosen Augen belagert hatte, gab er sein Vorhaben auf, da sich seine Absichten sich so wenig nach seinen Wünschen entwickelten. Doch er konnte sich selber nicht dazu bewegen, sich die Maid mit Gewalt zu nehmen, da er es verabscheute, sie wegen ihrer vornehmen Geburt mit einer verabscheuenswürdigen Vereinigung zu beschmutzen.

Dann wanderte sie lange Zeit und lief durch verschiedene Einöden und auf gewunden Pfaden bis sie schließlich zu der Hütte einer gewissen riesigen Waldfrau kam, die ihr die Aufgabe gab, ihre Ziegen zu hüten.

Der Wald und die Berge, also die Wildnis, sind in den Sagas, die mythologische Wurzeln haben, oft ein Bild für das Jenseits: der Wald Myrkvid ('Düsterwald') und das Randgebirge außen um das Weltmeer, in dem die Riesen wohnen ('Utgard'). Die Riesin dort ist die Jenseitsgöttin Hel. Die Ziegen, die dort bisweilen anzutreffen sind, können manchmal die Totengeister sein, die durch die für sie bei ihrer Bestattung geopferten Ziegenböcke selber die Gestalt von Ziegenböcken angenommen haben. Die junge Frau oder Königstochter bei der alten Frau ist der Aspekt der Wiederzeugungs-Geliebten der Jenseitsgöttin, also Freya.

Hel und Freya sind letztlich identisch: Hel hat sich von Freya abgespalten und bezeichnete ursprünglich die 'Frau in der Grabkammer des Hügelgrabes' ('Hel' = 'Höhle'), womit eben die Jenseitsgöttin gemeint war, die als die Wiederzeugungs-Geliebte in diese Grabkammer zu dem dort bestatteten Toten kam.

Wieder bot Ottar ihr seine Hilfe bei ihrer Befreiung an und wieder bemühte er sich, sie zu erweichen, und sprach sie in folgender Weise an:

„Würdest Du nicht lieber auf meinen Rat hören und mich in der Weise umarmen, nach der es mich verlangt, als hier zu bleiben und die Ziegenherden zu hüten?

Weise die Hand Deiner üblen Herrin zurück und fliehe von Deiner grausamen Zuchtmeisterin und komme mit mir zu den Schiffen Deiner Freunde zurück und lebe in Freiheit!

Verlasse die Sorge um die Schafe, die Dir anvertraut worden sind; verschmähe es, den Schritten der Ziegen zu folgen; teile mein Bett mit mir und erfülle mir schnell meine Bitten!

O Du, die ich mit so vielen Mühen gesucht habe, bewege Deine reglosen Blicke – erhebe nur einen Augenblick – es ist doch nur eine leichte Geste – Dein Antlitz!

Ich werde Dich von hier fort und zu dem Haus Deines Vaters bringen und Dich wieder in Freude mit Deiner Dich liebenden Mutter vereinen, wenn Du mir nur ein einziges Mal Deine Augen, die von sanftem Verlangen erfüllt sind, zuwendest!

Du, die ich so oft aus den Verliesen der Riesen befreit habe, gibt mir die mir zustehende Belohnung für meine Bemühungen in alter Zeit; habe Mitleid mit meinen steten Bemühungen und sei nicht mehr hart gegen mich!

Wodurch bist Du so verstört und geisteskrank geworden, daß Du lieber die Herden eines anderen hütest und zu den Mägden eines Ungeheuer gezählt wirst, als daß Du unserer Heirat zustimmst – einer Verbindung in gegenseitiger und standesgemäßer Übereinkunft?"

Doch sie hielt ihre Lider unbeweglich niedergeschlagen und beherrschte ihren Blick, damit ihr keuscher Geist nicht dadurch, daß sie auf die Welt draußen blickte, in

Versuchung gebracht werden würde.

Seht nur, wie selbstbeherrscht die Frauen jenes Zeitalters gewesen sein müssen, daß sie selbst durch die stärksten Verführungskünste ihrer Liebhaber nicht zu der geringsten Bewegung ihrer Augenlider bewegt werden konnten!

Als Ottar erkannte, daß er selbst durch die Verdienste seiner doppelten Hilfe nicht den Blick der Maid zu ihm lenken konnte, ging er zu seiner Flotte zurück und war müde vor Scham und Verdruß.

Syrita lief in ihrer gewohnter Weise über die Felsen fort und geriet auf ihren ziellosen Wanderungen schließlich zu dem Heim des Ebb, wo sie vor Scham wegen ihrer Nacktheit und ihrer Verzweiflung vorgab, die Tochter von armen Leuten zu sein.

Ebb ist der Vater von Ottar.

Die Mutter des Ottar sah jedoch, daß diese Frau, obwohl sie schmutzig und abgemagert und nur mit einem dünnen Umhang bekleidet war, aus einer edlen Familie stammen mußte, und ließ sie in aller ehrerbietigen Höflichkeit auf einem Ehrenplatz neben sich sitzen, denn die Schönheit der Maid war ein Hinweis auf ihre Geburt und in ihrem Antlitz war der verräterische Widerhall ihrer Herkunft zu erkennen.

Als Ottar sie sah, frug er, warum sie ihr Antlitz in ihrem Gewand verberge. Zudem täuschte er, um ihren Geist noch sicherer zu prüfen, vor, daß eine Frau seine Gattin werden würde und bat Syrita, als er zu seinem Brautlager hinaufging, die Fackel zu halten.

Das Licht war schon fast herabgebrannt und sie wurde von der näherkommenden Flamme hart bedrängt, aber sie war ein solches Vorbild an Ertragen, daß man sehen konnte, daß sie ihre Hand unbewegt hielt, und daß man meinen konnte, daß sie keinen Schmerz durch die Hitze empfinden würde, denn das Feuer in ihr herrschte über das Feuer außen und die Glut ihrer sehnsuchtsvollen Seele tötete die Verbrennungen auf ihrer versengten Haut ab.

Schließlich bat Ottar sie, auf ihre Hand zu achten. Da erhob sie sittsam ihre Augen und wandte ihren ruhigen Blick zu ihm und ging geradewegs, nachdem die vorgetäuschte Heirat offensichtlich geworden war, zu dem Brautlager, um seine Frau zu werden.

Auch Odin benötigte drei Versuche, um sich mit Rindr vereinen zu können.

Später ergriff Siwald Ottar und fand, daß er dafür gehängt werden solle, daß er seine Tochter beschmutzt hatte, doch Syrita erklärte sofort, wie sie geraubt worden war und brachte Ottar nicht nur die Gunst des Königs zurück, sondern regte ihren Vater sogar dazu an, Ottars Schwester zu heiraten.

Danach gab es eine Schlacht zwischen Siwald und Ragnald auf Seeland, für die auf beiden Seiten Krieger von herausragender Stärke ausgewählt worden waren. Drei Tage lang töteten sie einander, aber der Mut war auf beiden Seiten so groß, daß es unklar war, wer den Sieg erringen würde.

Dann brach Ottar plötzlich, entweder von Ungeduld über die sich hinziehende Schlacht oder von einem Verlangen nach Ruhm, durch das dichteste Gedränge der Feinde, hieb Ragnald inmitten der kühnsten seiner Krieger nieder und errang so den Dänen einen plötzlichen Sieg.

Ottar ist also auch ein Kriegsheld – was gut zu seiner Deutung als eine der vielen Sagen-Varianten des Tyr paßt.

II 8. f)   Havamal

Das rat ich, Loddfafnir, vernimm die Lehre,
Wohl Dir, wenn Du sie merkst.
Nicht aufschaun sollst Du im Schlachtgetöse:
Ebern ähnlich wurden oft Erdenkinder;
So aber zwingt Dich kein Zauber.

Odins Rat an Loddfafnir ist nicht ganz so einfach zu verstehen. Vermutlich ist mit diesem Rat gemeint, daß ein Krieger während des Kampfes nicht ängstlich nach Walküren-Schutzgeistern in Schwanengestalt (siehe z.B. 'Kara' in Band 31) oder nach Seelenvögeln in Krähengestalt, die ein schlechtes Omen sind, Ausschau halten sollen.

Der Eber ist ein vor den Jägern fliehendes Tier – und diese Gefahr der Panik besteht auch für den Krieger, wenn er sich nicht vertrauensvoll und vollständig auf den Kampf konzentriert, sondern nach Omen schaut.

Es ist jedoch auch denkbar, daß 'Eber-ähnlich' bedeutet, daß die betreffenden Männer sich auf der Jenseitsreise befinden.

II 8. g)   Die Saga der Siedler von Eyre

In dieser Saga ist die Eber-Verwandlung schon zu einem Zauberei-Motiv geworden.

Nun sandte Geirrid, die Hausherrin in Mewlithe, eine Nachricht nach Lairstead, daß sie wußte, daß Odd Katla-Sohn Aud die Hand abgeschlagen hatte. Sie sagte, daß

173

Auds sein Wort gegeben hatte, daß es so geschehen sei, und daß Odd vor seinen Freunden damit angegeben hatte.

Als jedoch Arnkel und Thorarin dies hörten, ritten von sie von ihrem heim nach Mewlithe, insgesamt zwölf Männer, und kamen am Ende der naht dort an und ritten am Morgen hinaus nach Holt, von aus ihr Kommen gesehen wurde.

Zu der Zeit war in Holt kein einziger Mann außer Odd daheim. Katla saß auf der Empore und spann Garn. Sie gebot Odd, sich neben sie zu setzen, „und bleib so nah bei mir wie Du kannst." Sie befahl ihren Frauen, in ihren Sitzen zu bleiben, „und seid still," sagte sie, „nur ich werde mit ihnen sprechen."

Als Arnkel und seine Leute ankamen, traten sie ein und als sie zu der Kammer kamen, grüßte Katla Arnkel und frug ihn nach Neuigkeiten. Arnkel sagte, daß er nichts zu sagen habe und frug, wo Odd sei. Katla sagte, daß er nach Süden nach Breitbucht gegangen sei, „und er würde es sicher nicht verpassen wollen, Dich zu treffen, wenn er zuhause wäre, denn wir vertrauen auf seine Mannhaftigkeit."

„Das mag zwar so sein," sagte Arnkel, „aber wir werden jetzt das Haus durchsuchen!"

„Tut, wie ihr wollt," sagte Katla und gebot ihrer Küchen-Maid, ihnen ein Licht voranzutragen und die Fleischkammer aufzuriegeln, „die die einzige verschlossene Tür in dem Haus ist."

Da sahen sie, daß Katla von ihrem Rocken Wolle spann. Sie durchsuchten das ganze Haus und fanden Odd nirgendwo. Danach gingen sie wieder fort.

Sie sahen, daß Katla Garn von ihrem Rocken spann, und durchsuchten das ganze Haus und fanden Odd nirgendwo. Danach gingen sie fort.

Als sie jedoch bis auf ein kleines Stückchen vor das Tor gekommen waren, bleib Arnkel stehen und sprach: „Ob Katla vielleicht eine Haube über unsere Köpfe gestülpt hat und ob ihr Sohn Odd vielleicht dort gewesen ist, wo wir nur einen Spinnrocken gesehen haben?"

„Es ist nicht unwahrscheinlich, daß sie das getan hat," sagte Thorarin, „also laßt uns zurückgehen."

Und das taten sie.

Als es von Holt aus zu sehen war, daß sie umkehrten, sagte Katla zu ihren Frauen: „Bleibt auf euren Plätzen sitzen; ich gehe mit Odd in den Vorraum."

Dann ging sie durch die Hallentür in den Vorraum und begann gegenüber der Außentür ihren Sohn Odd zu kämmen und ihm die Haare zu schneiden.

Dann kamen Arnkell und seine Leute zur Türe herein und sahen, wo Katla war und daß sie einem ihrer Ziegenböcke spielte, seinen Kopf und seinen Bart streichelte und sein Fell kämmte.

Arnkel und seine Männer gingen zu dem Herd und sahen Odd nirgendwo. Katlas Spindel lag auf der Bank. Da glaubten sie, daß Odd dort nirgendwo gewesen sein könne.

174

Da gingen sie hinaus und fort. Als sie jedoch an den Ort kamen, an dem sie schon zuvor wieder umgekehrt waren, sprach Arnkel: „Fragt ihr euch nicht auch, ob Odd in der Gestalt des Ziegenbocks dort gewesen ist?"

„Ich weiß nicht," sagte Thorkel, „aber wenn wird nun zurückkehren, werden wir uns Katla vornehmen."

„Wir werden es noch einmal versuchen," sagte Arnkel, „und sehen, was geschieht."

Mit diesen Worten kehrten sie wieder zurück.

Aber als ihre Rückkehr zu sehen war, gebot Katla Odd, mit ihr zu kommen, und als sie hinausgekommen waren, ging sie zu dem Aschenhaufen und befahl Odd, sich darunter zu legen, „und bleib dort, was immer auch geschehen mag."

Als nun Arnkel und die anderen zu dem Haus kamen, rannten sie hinein und weiter in die Kammer, in der Katla saß und spann. Sie grüßte sie und sagte, daß ihre Besuche schnell und häufig geworden seien.

Arnkel sagte, daß dies so sei. Dann nahmen seine Begleiter den Spinnrocken und schlugen ihn entzwei.

Da sagte Katla: „Ihr werdet diesen Abend daheim nicht sagen müssen, daß ihr nichts erreicht habt, da ihr nun meinen Spinnrocken niedergekämpft habt."

Da gingen Arnkel und seine Leute und suchten Odd drinnen und draußen und sahen nichts sich Bewegendes außen außer einem Hausschwein, das Katla gehörte und unter dem Aschenhaufen lag.

Danach gingen sie fort.

Doch als sie den halben Weg nach Mewlithe zurückgelegt hatten, kam Geirrid und einer ihrer Knechte, um sie zu treffen, und frug sie, wie es ihnen ergangen war.

Thorarin berichtete ihr alles.

Sie sagte, daß sie nicht auf die richtige Weise nach Odd gesucht hätten, „und nun will ich, daß ihr noch einmal zurückkehrt und ich werde mit euch kommen – denn es wird nichts bringen, nur mit Blättern als Segeln zu fahren, wenn es um Katla geht."

II 8. h) Die Saga über Thorstein Viking-Sohn

Schließlich wurde der 'Mann-Eber' zu einem Ungeheuer, das von dem Helden getötet wird:

Inzwischen war Njorfe gelandet und kurz nach ihm an einem anderen Ort auch Halfdan.

Sie griffen Ingjald mit aller Macht an und kämpften so eine lange Zeit miteinander. Da hörten sie ein großes Krachen und schauten sich um, woher das Krachen kam,

175

aber als sie ihre Gesichter wieder zurückwandten, war Ingjald nicht mehr zu sehen und an seiner Stelle stand dort ein großer grimmig aussehender Keiler, der nichts unversucht ließ, um sie anzugreifen, sodaß sie nichts anders tun konnten als sich zu verteidigen.

Als dies eine Weile gedauert hatte, wandte sich der Keiler Halfdan zu und riß dessen halben Oberschenkel heraus. Da kam Viking herbei und schlug auf die Borsten des Keilers, sodaß sein Rücken in zwei Teile geschlagen wurde.

Als sie sahen, daß Ingjald nun tot an dem Ort dalag, entzündeten sie ein Feuer und verbrannten ihn zu Asche.

II 8. i) Die Saga über Bosi und Herraud

König Harek kam hinzu und verwandelte sich in einen Eber. Er packte Herraud mit seinen Zähnen und riß seine ganze Rüstung ab, grub seine Zähne in seine Brust und riß beide Brustnippel bis hinab zu den Knochen ab.

Herraud schlug auf die Schnauze des Ebers und hieb sie unterhalb seiner Augen ab. Da war Herraud so erschöpft, daß er auf seinen Rücken fiel und der Eber ihn niedertrampelte, auch wenn er unfähig war, ihn zu beißen, da seine Schnauze abgerissen war.

Da kam ein großer Bluthund mit riesigen Zähnen auf das Schiff. Er riß ein Loch in die Lenden des Ebers und riß seine Eingeweide heraus und sprang über Bord.

Da nahm Harek wieder seine menschliche Gestalt an und sprang ihm hinterher über Bord und sie sanken beide zu Boden und keiner von ihnen kam wieder empor.

Die Leute glauben, daß der Hund Busla gewesen sein muß, da sie danach nie wieder gesehen wurde.

II 8. j) Zusammenfassung

Freyas Reittier ist ein Eber und keine Sau, wie man erwarten sollte. Freya ist somit nicht mit ihrem Reittier identisch.

Ihr Reittier ist stattdessen ihr Geliebter. Wenn sich die beiden vereinen, nimmt Freya die Gestalt einer Sau an – woher ihr Beiname 'Syr' ('Sau/Bache') stammt.

Später wurde die Eber-Verwandlung, die ursprünglich ein Element des Jenseitsreise-Szenarios war, zu einem Zauber Magie-kundiger Frauen und zu einem Ungeheuer in den Sagas, das von dem Helden getötet wird.

II 9. Jul-Eber

II 9. a) Das Lied über Helgi Hjörvard-Sohn

Die Jul-Eide sprach man aus, während man seine Hand auf den Jul-Eber legte und dann den Met aus 'Bragis Becher' trank. Dieser 'Becher'' wird vermutlich ein Trinkhorn gewesen sein – die Übersetzung 'Bragis Becher' ist jedoch wegen des so gut passenden Stabreimes allgemein üblich geworden.

Da fuhr Hedin auf Julabend einsam heim aus dem Wald und fand ein Zauberweib. Sie ritt einen Wolf und hatte Schlangen zu Zäumen und bot dem Hedin ihre Begleitung an.
„Nein", sprach er.
Da sprach sie: „Das sollst du mir entgelten bei Bragis Becher."
Abends wurden Gelübde getan und der Ritual-Eber vorgeführt, auf den die Männer die Hände legten und bei Bragis Becher Gelübde taten.
Hedin vermaß sich eines Gelübdes auf Swawa, Eilimis Tochter, seines Bruders Geliebte. Danach gereute es ihn so sehr, daß er fortging auf wilden Stegen südlich ins Land, wo er seinen Bruder Helgi traf.

Das 'Zauberweib', das auf einem Wolf ritt und eine Schlange als Zaumzeug benutzte, ist Hel-Hyrrokkin mit ihren beiden Geschwistern, dem Fenriswolf und der Midgardschlange (die hier sehr klein ist).

Der Schwur, den Hedin ablegte, war die Rache der Hel dafür, daß Hedin ihre Begleitung nicht annahm – was bedeutet hätte, daß Hedin gestorben und er Hel in ihre Höhle (Grabkammer des Hügelgrabes) gefolgt wäre. Das in diesem Text wie Hel dargestellte 'Zauberweib' Hel hat hier eher die Funktion einer Walküre.

Das altnordische Wort, das hier mit 'Ritual-Eber' übersetzt wurde, lautet 'sonar-galtr'.

Das Substantiv 'sonar' bedeutet 'Gesang, Klang, Ton' und bezeichnet insbesondere die rituellen Worten oder Gesänge. Das zweite Substantiv 'galtr' oder 'göltr' ist nicht mit 'galdr' ('Zaubergesang, Magie') verwandt, sondern bedeutet 'Schwein, Eber, Sau'. Somit ist der 'sonar-galtr' der 'Ritual-Eber', der 'Opfer-Eber' oder auch der 'rituelle Gesang beim Opfer des Ebers' bzw. die 'auf den Eber abgelegten Eide'.

Mit dem Wort 'sonar' wurden auch noch zwei weitere rituelle Fachbegriffe gebildet, die die Bedeutung von 'sonar' verdeutlichen: Ein 'sonar-blot' ist eine Opferung ('blot'), bei der Worte gesprochen oder Lieder gesungen ('sonar') wurden. Das 'sonar-dreyri' ist das Opferblut, das im Ritual auf vielfältige Weise verwendet wurde.

Der 'sonar-galtr' ist somit ein Eber, der im Ritual verwendet wurde, bei dem gesungen wurde und bei dem die im Blut des Ebers enthaltene Lebenskraft eine Rolle spielte. Dieser Jul-Eber wurde jedoch nicht unbedingt geopfert. In den beiden Quellen, die über den 'Eber-Eid' berichten (in dieser und der folgenden) bleibt der Eber am Leben und wird sogar besonders gepflegt.

Der Jul-Eber könnte somit als eine Verkörperung des Freyr angesehen worden sein. Dies ergibt sich zum einen auch aus der Identifizierung der Jenseitsreisenden und somit auch der Götter mit den für sie geopferten Tieren. Zum anderen wird diese Deutung auch dadurch bestätigt, daß u.a. schon in den Berichten der Hethiter, die die ältesten indogermanischen Überlieferungen sind, ausführlich die vorgeschriebenen Rituale für die in Gehegen gehaltenen Tiere, die den Göttern heilig waren und durch die man zu den Göttern Kontakt erhielt, beschreiben werden.

Das altnordische Wort 'sonar' ist mit dem lateinischen 'sonare' für 'klingen, reden' verwandt. Damit könnte der rituelle Gesang bzw. das rituelle Sprechen gemeint sein, bei dem die Worte 'intoniert', d.h. halb gesungen werden – in etwa so wie die meisten der lateinischen Textpassagen in der Eucharistie in der katholischen Kirche. Diese Art des magischen Sprechens bzw. Singens findet sich weltweit – selbst die Verfasser einiger der Sprüche aus dem ägyptischen Totenbuch preisen ihre Verse als 'gut singbare Zaubersprüche' an.

II 9. b)   Die Saga über Hervor und König Heidrek den Weisen

König Heidrek ließ sich nieder und wurde ein großer Anführer und ein weiser Mann.

König Heidrek hatte einen großen Keiler aufziehen lassen. Er war so groß wie der größte aller ausgewachsenen Stiere und er war so schön, daß ein jedes seiner Borsten aus Gold zu sein schien.

Der König legte eine seiner Hände auf den Kopf des Keilers und seine andere Hand auf dessen Borsten und schwur, daß jeder, wieviel Übles er auch getan haben mochte, eine faire Gerichtsverhandlung von seinen zwölf Weisen erhalten soll, und daß seine zwölf Weisen für den Keiler sorgen sollen. Oder daß der Angeklagte sich dadurch befreien konnte, daß er dem König ein Rätsel vortrug, daß dieser nicht lösen konnte.

König Heidrek wurde nun sehr beliebt.

II 9. c)   Jakob Grimm: Deutsche Mythologie

Im Norden war der dem Freyr gebrachte sühneber, sônargöltr, ein feierliches opfer, und bis auf jüngere zeiten hat Schweden den gebrauch forterhalten, alle julabende brot oder kuchen in ebergestalt zu verbacken.

II 9. d)   Zusammenfassung

Der Jul-Eber muß ein wichtiges Element des Kults gewesen, da er sich sonst nicht bis heute hätte halten können.

Er wird ursprünglich eine Gestalt der Sonne bzw. des damaligen Sonnengott-Göttervaters Tyr gewesen sein, der sich bei seiner Wiederzeugung in einen Eber verwandelt hat und in der Julnacht als ein Ferkel wiedergeboren wurde.

II 10.   Sprichworte

II 10. a)   Schweine-Sprichworte

Bei diesen Sprichworten fällt auf, daß sie sich alle auf das für Schweine typische Verhalten beziehen.

„Sich streitende Schweine bilden oft eine feste Wand, wenn sie von Wölfen bedroht werden."
Saxo der Schriftkundige: Geschichte der Dänen

„Die Wölfe haben oft bewirkt, daß die miteinander streitenden Schweine miteinander Frieden geschlossen haben."
Saxo der Schriftkundige: Geschichte der Dänen

Dieselbe Erkenntnis wird von Saxo auch als Weisheit ohne das Bild der Schweine formuliert:

„Auch wenn die Dänen jetzt in ihren Absichten zerstritten zu sein scheinen, werden sich sich jedoch angesichts eines Eindringlings schnell vereinen."
Saxo der Schriftkundige: Geschichte der Dänen

Schweine sind intelligent und merken sich, wo etwas zu holen ist; sie sind daher ein Bild für 'Wiederholungstäter':

„Oft ist dasselbe Schwein im Acker."
anonym: Saga über König Sverri

II 10. b)   Zusammenfassung

In den Sprichworten werden lediglich die natürlichen Eigenschaften, aber keine mythologischen Eigenheiten der Schweine als Bild benutzt.

II 11.   Kenningar

II 11. a)   Schweine-Kenningar

Keiler	*kastrierter Eber*		Snorri Sturluson	Thulur
Keiler	*Toten-Glänzender*	goldener Eber 'Gullinborsti', mit dem sich die Toten bei der Wiederzeugung identifizierten	Snorri Sturluson	Thulur
Keiler	*Ferkel*		Snorri Sturluson	Thulur
Keiler	*Rußiger*	'Schwarzkittel'	Snorri Sturluson	Thulur
Keiler	*Schweine-Vermehrer*		Snorri Sturluson	Thulur
Keiler	*Läufer*	= Begattender	Snorri Sturluson	Thulur
Keiler	*Meer-Ruß/Schwarzer*		Snorri Sturluson	Thulur
Keiler	*verschnittener Eber*		Snorri Sturluson	Thulur
Keiler	*Keiler*		Snorri Sturluson	Thulur
Keiler	*Toten-Bär*	Tier der Toten, mit dem sich die Toten bei der Wiederzeugung identifizierten?	Snorri Sturluson	Thulur
Keiler	*Zeugender*		Snorri Sturluson	Thulur
Keiler	*Kot-Treter*		Snorri Sturluson	Thulur
Keiler	*Rohr*	Penis?, auch Name für Zwerg und Odin; evtl. auch 'Gedeihender'	Snorri Sturluson	Thulur
Keiler	*Kämpfer*		Snorri Sturluson	Thulur
Keiler	*Schneller*	Übersetzung unsicher	Snorri Sturluson	Thulur
Keiler	*'der aus Trondheim'*		Snorri Sturluson	Thulur
Keiler	*Wanen-Verwandter*	Freyr auf/als Eber	Snorri Sturluson	Thulur
Schiff	*Keiler der Mastspitze*		Markus	(Skaldskapar-mal)
Schiff	*Brandungs-Keiler*		Thorarinn der Lange	Tögdrapa
Schiff	*Wogen-Schwein*		Eyvindr Skalden-Verderber	Lausavisur

181

Wolf	*Gebüsch-Eber*	Gebüsch-Eber = Wolf	Eyvindr Skalden-Verderber	Haleygjatal
Wolfsfell	*graues Hemd des* Gebüsch-Ebers		Eyvindr Skalden-Verderber	Haleygjatal
Helm	*Schlachten-Keiler*	auf den Helmen waren manchmal Keiler-Statuetten	Glumr Geirason	Grafeldardrapa
Helm	*Schlacht-Eber*	auf den Helmen waren manchmal Eber-Statuetten	Snorri Sturluson	Hattatal
Helm	*Toten-Eber*	Eber auf dem Helm	Snorri Sturluson	Thulur
Helm	*Hallen-Eber*		Snorri Sturluson	Thulur
Helm	*Heer-Helmzeichen*	Helmzeichen: Aufsatz, das den Träger kennzeichnet oder ihn schützt (z.B. Eber)	Snorri Sturluson	Thulur
Helm, Krieger	*Keiler des Ali*	Ali = Sagenkönig; auf den Helmen waren manchmal Keiler-Statuetten	Eyvindr Skalden-Verderber	Lausavisur
Krieger	*goldborstiger Kampf-Eber*	Anspielung auf Freyrs goldenen Eber	Thormod Trefil-Sohn	die Leute von Eyre
König	*Eber*		anonym	Ragnar Lodenhose
Toter	*Hügelgrab-bewohner des Keilers des Ali*	Ali = Sagen-König; Keiler des Ali = Krieger; Hügelgrabbewohner = Totengeist => (Geist eines Kriegers des Königs Ali)	Eyvindr Skalden-Verderber Finnson	Lausavisur

II 11. b)   Zusammenfassung

Bei den Kenningar sind lediglich die beiden Eber-Kenningar 'Toten-Glänzender' und 'Toten-Bär' interessant, da sie zeigen, daß der Eber eng mit den Toten und daher vermutlich auch mit der Bestattung verbunden gewesen ist.

Das 'Glänzen' bezieht sich vermutlich auf den Sonnen-Eber.

II 12.   Personennamen

II 12. a)   Schweine-Personennamen

mit 'Schwein' gebildete Personennamen – Kampf		
Namen		**Bedeutung**
Männer	*Frauen*	
Eberatt, Eberhardt, Ebratt, Eburhart, Everart, Everhard, Everart, Everhard, Ewert	Ebrikke	Starker Eber
Griss		Jung-Eber
Hilditönn		Kampfzahn
	Jorhild	Keiler-Kampf
Iofurr		Keiler/König
Iofurfast	Iofurfost	Keiler/König-Standfeste(r)
Iofurbiorn		König-Bär/Keiler
Jorulf		Keiler-Wolf
Jofurbjorn		Keiler-Bär
	Iofurfridr, Jorfrid, Joridr	Keiler/König-Frieden

mit 'Schwein' gebildete Personennamen – Kult		
Namen		**Bedeutung**
Männer	*Frauen*	
Jorstein		Keiler-Stein
Iofurstäinn		Keiler/König-Stein
Joralf		Keiler-Alf
	Jorheidr, Joreid	Keiler-Licht

183

mit 'Schwein' gebildete Personennamen – sonstige		
Namen		Bedeutung
Männer	Frauen	
	Jorun, Jorund, Jorunn	Keiler-Woge
	Bysia	Schweine-Acker

II 12. b) Landnamabok

In diesem Bericht über die Besiedlung Islands wird ein Mann genannt, der den Beinamen 'Schwein' trug.

Bodvar der Weiße war der Sohn von Thorleif dem Mittleren, einem Sohn des Bodvar Schneedonner, dem Sohn des Thorleif Wal-Wender, dem Sohn des An, dem Sohn des Königs Orn Hornhaut, dem Sohn des Königs Thorir, dem Sohn von Schweine-Bodvar, dem Sohn des Königs Kaun, dem Sohn des Königs Solgi, dem Sohn des Hrolf vom Berg.

II 12. c) Zusammenfassung

Die Männernamen 'Keiler-Alf' und 'Keiler-König' zeigen, daß Krieger und Könige mit Keilern gleichgesetzt worden sind.

Der Männername 'Keiler-Licht' könnte sich auf Tyr als Sonnen-Eber beziehen. Der 'Keiler-König' wird Tyr im Jenseits sein.

Der Männername 'Keiler-Stein' ist schließlich ein sehr allgemeiner Hinweis auf einen Kult-Eber – vermutlich auf einen Eber, der auf einem Stein geopfert worden ist.

II 13.   Ortsnamen

II 13. a)   Die Nials-Saga

Er nahm den Mantel an sich und warf dafür ein Paar blaue Beinkleider Flose vor die Füße; die könne er besser gebrauchen, sagte er, da er in jeder neunten Nacht ein Weib würde und mit dem Teufel Zusammenkünfte hätte auf Svinefjeld ('Schweine-Feld'). Da stieß Flose mit dem Fuße nach dem Gelde und wollte keinen Pfennig annehmen.

Das 'Schweinefeld' ist das Jenseits, in dem sich die Toten bei ihrer Wiederzeugung in einen Eber und Freya entsprechend in eine Sau verwandelten.

II 13. b)   Fridthjof der Kühne

Der Anfang dieser Saga ist, daß König Bele über die Gegend von Sogn herrschte. Er hatte drei Kinder: einen Sohn, der Helge hieß, einen zweiten mit dem Namen Halfdan und eine Tochter, die Ingeborg genannt wurde, eine schöne junge Frau mit großer Weisheit und die erste der Kinder des Königs.
An der Küste, die im Westen an den Fjord grenzte, war ein großer umhegter Bereich, der Baldurs-Hag genannt wurde. Innerhalb der Umzäunung lag ein Friedens-Platz und ein großer Tempel, der von einer hohen Palisade umgeben war.
Dort waren viele Götter, doch keiner war so beliebt wie Baldur. Und den Heiden waren dieser Ort so heilig, daß darin keine Verletzung geschehen durfte – weder an einem Tier noch an einem Menschen. Und dort durfte Männern und Frauen auch nicht miteinander verkehren.
Der Ort, an dem der König wohnte, hieß Syrstrand ('Schweinestrand'), aber auf der anderen Seite des Fjordes war ein umhegter Bereich, der Framness ('Vorder-Landzunge') hieß.

II 13. c)   Ortsnamen

Es gibt noch einige weitere Ortsnamen, die mit 'Schwein' gebildet worden sind, aber sich vermutlich lediglich auf reale Schweine beziehen:

Svinadalr	- Schweine-Tal
Svinanes	- Schweine-Landzunge
Svinavatn	- Schweine-Wasser (gab es 2x)
Sviney	- Schweine-Insel
Svinahgi	- Schweine-Weide

II 13. d) Zusammenfassung

Die mit 'Schwein' gebildeten Ortsnamen enthalten abgesehen von der Umschreibung 'Schweine-Feld' für 'Jenseits' keine weiteren mythologischen Hinweise.

II 14. Jakob Grimm: Deutsche Mythologie

Tacitus Germania bezieht sie auf die verehrung der mater deûm, auf einen weibli-chen Frô, d.h. auf Freyja, entscheidend wird hier, daß die edda den Gullinbursti der Freyja zulegt, wie er sonst dem Freyr gehört. Dieser eberzeichen, dieser gold-schweine gedenkt vorzugsweise die angelsächsiche poesie.

Als Constantin im schlafe ein traumgesicht hat, heißt er eoforcumble beþeaht (apri signo tectus), es muß als ein heilbringendes zeichen zu seinen häupten über dem bette angebracht gewesen sein. hernach bei der schilderung von Elenes prachtvollem zuge gen osten wiederum: þær väs on eorle êðgesŷne grîmhelm manig, ænlîc eoforcumbul (tunc in duce apparuit horrida cassis, excellens apri forma). der dichter beschreibt altheidnische zierat, cumbul ist das helmzeichen, und der königshelm scheint mit dem eberbilde geschmückt zu werden. mehrere stellen in Beovulf lassen darüber keinen zweifel: eoforlîc scionon ofer hleor beran gehroden golde, fâh and fŷrheard ferh-vearde heold; hêt þa inberan eofor heáfodsegn, heaðosteápne helm; svîn ofer helme; svîn ealgylden, eofor irenheard dur, d.h. ein helm der als köstliches geschmeide auf den scheiterhaufen gelegt wird; helm befongen Freávrâsnum (= althochdeutsch Frô-reisanum), svâ hine fyrndagum vorhte væpna smið, besette svînlîcum, þät hine sidþan no brond ne beadomêcas bîtan ne meahton, als heiliges, göttliches symbol sollte es im kampfe schirmen und den feind schrecken; der althochdeutsche eigenname Epurhelm, Eparhelm, verglichen mit Frôhelm empfängt auf diese weise eigenthümliche bedeu-tung. Solche eberzeichen konnten auch noch christlichen helden zur zierde gereichen, nachdem die erinnerung an Frô erloschen war, und lange zeit als kleinode ge-schmiedet werden. Noch andere spuren der eberheiligung haben späterhin vorzugs-weise in England fortgedauert, die sitte des ebergelübdes ist schon erläutert worden; wie noch heutzutage auf festlichen tafeln das haupt eines wilden schweins zugleich als schaugericht erscheint, pflegte man es im mittelalter bei gastmälern mit lorbeer und rosmarin aufzustellen, umherzutragen und mancherlei damit vorzunehmen: ›where stood a boars head garnished with bayes and rosemarye‹ heißt es in einer ballade von Arthurs tafel, dreimal wird mit einer rute darüber geschlagen und dann können es nur die messer tugendhafter männer anschneiden; ja anderemal zeigt sich ein lebendiger eber im saal und ein kühner held schneidet ihm das haupt ab. Zu Ox-ford stellen sie auf weihnachten ein eberhaupt aus, tragen es feierlich um und singen: caput apri defero reddens laudes domino. In jenen Aestyern kann sich eine gemein-schaft germanischer völker an finnische und asiatische knüpfen, es ist sehr zu beach-ten, daß die Tscherkessen einen gott der wälder und jagd namens Mesitch ver-ehren, der auf wildem eber mit goldborsten reitet. Den meisten andern göttern sind zahme thiere heilig, dem Frô der kühne mutige eber, wie es sich für einen gott der jagd geziemt. Vielleicht war auch ein ungeheurer eber, den die slavische sage mit weißem hauer schäumend aus einem see hervorgehen ließ, der einer verwandten gottheit.

187

II 15. Zusammenfassung

Die Eber waren die Gestalt, die die (männlichen) Toten bei ihrer Wiederzeugung mit der Jenseitsgöttin angenommen haben, die sich dabei selber in eine Sau verwandelt hat. Diese Herdentier-Gestalt der beiden sollte die Zeugungskraft des Toten und die Fruchtbarkeit der Göttin auf magische Weise absichern.

Diese Gestalt-Verwandlung der Toten wurde dadurch erreicht, daß für sie bei ihrer Bestattung ein Eber geopfert wurde sie mit ihm identifiziert wurden. Daraus sind dann später die allgemeinen Eber-Opfer entstanden.

Da auch die Sonne jeden Abend bzw. Herbst starb und jeden Morgen bzw. jedes Frühjahr wiedergeboren wurde, nahm auch der ehemalige Sonnengott-Göttervater Tyr in der Julnacht, in der er wiedergeboren wurde, die Gestalt eines Ebers an – er ist der Jul-Eber.

An diese Mythe schloß sich der Brauch an, große Vorhaben in der Jul-Nacht zu beginnen und einen Eid auf dieses Vorhaben abzulegen, wobei man eine Hand auf den Jul-Sonnen-Eber legt. Dadurch koppelte man in magischer Hinsicht das Gedeihen des eigenen Vorhabens an das Wachstum der Sonne. Der Jul-Eid hatte also in etwa den folgenden Grundgedanken: „So wie der Sonnengott-Göttervater Tyr heute geboren wird und ab heute wieder stärker wird, so wird auch mein heute beschlossenes Vorhaben ab heute immer stärker und erfolgreicher werden!"

Freyr und Freya haben einen Eber als Reittier und können auch selber Gestalt eines Ebers bzw. einer Sau annehmen. Da Freyrs Eber 'Goldborste' heißt, durch Wasser und Luft laufen kann und zudem golden leuchtet, scheint Freyr hier die Symbolik des Tyr als Sonnen-Eber übernommen zu haben. Freya ist als Jenseitsgöttin eine Sau/Bache.

Die Eber auf den Helmen und Standarten der Krieger und Könige sollten diese sicherlich nicht als 'Todgeweihte' kennzeichnen, sondern sie unter den Schutz des Sonnen-Ebers des Tyr/Freyr stellen. Die angeblichen Wildschwein-Borsten auf den Rücken der Merowinger-Könige sind eine Spätform des Motivs der Eber-Könige, d.h. der von Tyr gesegneten Könige der Germanen.

Die Assoziation der Eber mit großer Kampfkraft ist angesichts des cholerischen Temperaments der Wildschweine naheliegend, aber sie wird eine neuere Entwicklung sein, da die Mythologie der Schweine nicht durch den Kampf, sondern durch die Wiederzeugung geprägt ist. Diese Wiederzeugungs-Symbolik ist nach der Absetzung des Tyr durch Thor, Odin und Freyr allmählich zerfallen und verblaßt.

In der Spätzeit wurde ein jeden Tag wiedergeborener Eber zu der Speise der Toten in Walhalla. Der Name 'Sährimnir' ('Meeres-Schwarzer') dieses Ebers ist ein Hinweis auf seinen Bezug zur Wasser-Unterwelt. Der Name 'Hrimnir' des Tyr-

Riesen könnte durchaus einen Bezug zu dem Eber 'Sährimnir' haben, da dieser Eber ein Sonnen-Eber war und Tyr der ehemalige Sonnengott-Göttervater gewesen ist.

Ein anderes spätes Motiv ist die Erwähnung von Schweine-Blut und Schweine-Leber als Zaubertrank-Zutat.

Ein drittes spätes, aus den früheren Mythen abgeleitetes Motiv ist der riesige Eber in den Sagas, der ab und zu die Helden bedroht.

Im Christentum wurde dieser Eber schließlich zu einer Gestalt des Teufels.

II 16. Das Schwein in der indogermanischen Überlieferung

II 16. a) Kelten

In der keltischen Mythologie finden sich wie bei Griechen viele Eberjagden. Aber der König der Eber ist auch das Tier der Göttin Brigid.

Aus dem magischen Kessel der Göttin, aus dem sonst die wiedergeborenen Toten entspringen, steigen auch Eber heraus. Das Fleisch dieser Wildschweinen wurde von den Göttern bei ihren Festen gegessen. Wie auch in anderen Mythologien das, was aus dem Kessel herauskam (in der Regel der Göttertrank) den Göttern ihre Unsterblichkeit gab, so gab auch das Fleisch dieser Wildschweine den keltischen Göttern ihre Unsterblichkeit.

Der Zusammenhang des Wildschweines mit der Muttergöttin Brigid und auch mit Demeter (Schweineopfer bei den Mysterien von Eleusis) macht es zumindest denkbar, daß es doch auch eine indogermanische Wildschweinsymbolik gegeben hat, die sich aber nur an wenigen Stellen hat erhalten können.

Der Sonnengott Lugh wurde auch Moccus, d.h. 'Wildschwein' genannt.

Wildschweine finden sich auch auf keltischen Standarten, auf denen vermutlich der Stammesgott dargestellt wurde. Es gab auch Münzen, die auf einer Seite den Sonnengott Bel/Belenus und auf der anderen einen Eber zeigten, was den Zusammenhang zwischen beiden bestätigt. Es wurden auch einige kleine keltische Wildschweinstatuetten gefunden.

Darstellungen von Wildschweinen

Reiter mit Eberhelm, Gundestrup, 400 v.Chr.

Krieger mit Eberhelm, Gundestrup, 400 v.Chr.

Eber, Gracarca. 350 v.Chr.

Eber, London. 100 v.Chr.

190

Als Abzeichen eines Reiters und des Mannes hinter den sechs Kriegern auf dem Kessel von Gundestrup hat das Wildschwein nur eine untergeordnete Stellung in diesen Bildern. Es wird unter anderem auch ein Stammeszeichen gewesen sein.

Da in den keltischen Gräberfeldern auch Bestattungen von Wildschweinen gefunden worden sind und Wildschweine häufige Grabbeigaben gewesen sind, könnte auch das Wildschwein die Bedeutung des Hirsches und des Stieres als Opfertier für die toten (siehe 'Wiederzeugung' in Band 51) teilen. Die Herdentiere hätten dann eine gemeinsame Grundsymbolik.

Gedicht des Apfelbaumgartens (ca. 800 n.Chr.)

In diesem Gedicht erscheint Myrrdin als Seher und Barde. Er hat einen Wolf als seinen einzigen Begleiter, der vermutlich auch sein Begleiter auf seinen Reisen ins Jenseits ist, von wo er sein Wissen über die Zukunft holt. Die Wolf als Jenseitsbegleiter fand sich auch schon 1.200 Jahre vorher auf dem Gundestrup-Kessel.

Der Apfelbaum, der Merlin beschützt und in dem eine Nymphe (Göttin) wohnt, wird der Weltenbaum sein, der seinen Weg ins Jenseits zu den Göttern ist.

Das Schwein, mit dem er in den Versen redet, ist ein Tier der Unterwelt, was die Jenseitssymbolik des Apfelbaumgartens bestätigt. Das Schwein ist sicherlich identisch mit den Schweinen des Meeres- und Unterweltgottes Manannan Mac Lir und mit den Ebern des Teutates. Sowohl das Schwein als auch der Hund wurden auch von den den Druiden verehrt und in ihren Ritualen verwendet.

Merlin verbringt viel Zeit mit den Hirschen und nimmt vermutlich auch deren Gestalt an.

In dem Gedicht erhält Merlin Botschaften von Seemöwen und anderen Vögeln, deren Sprache er versteht. Dies Motiv wird eine Übertragung auf das Diesseits der Fähigkeit der Schamanen sein, mit den (Seelen-)Vögeln zu sprechen.

Merlins Sehergabe, der Wolf als sein Begleiter, der Apfel-Weltenbaum und die Nymphe in ihm, das Schwein (Eber), die Verbindung mit dem Hirsch und der Wasserunterwelt sowie das Sprechen mit den Vögeln zeigen deutlich, daß Merlin in der Nachfolge des auf dem Gundestrup-Kessel dargestellten Cernunnos-Schamanen steht.

Das Schwarze Buch von Carmarthen (1250 n.Chr.)

In diesem Buch finden sich zwei Gedichte mit insgesamt 48 Strophen, in dem Merlin in einem Hain von Apfelbäumen unter einem dieser Apfelbäume sitzt und dort von einer Nymphe die Zukunft geweissagt bekommt und diese Offenbarungen dann einem kleinen Schwein, das bei ihm ist, erzählt.

Der Apfelbaum ist der Weltenbaum, der bei den Kelten oft ein Apfelbaum ist. Die Nymphe wird die Mutter- und Himmelsgöttin Dana sein, die auch die „Herrin vom See" genannt wird und die hier dem Merlin, der den Apfel-Weltenbaum entlang zu ihr in den Himmel gereist ist, die Zukunft eröffnet.

Das Schwein ist wohl kein zufällig gewähltes Tier, sondern das bewußt gewählte Tier des Jenseitsgottes Manannan Mac Lir, in dessen Reich alle das Fleisch von magischen Schweinen zu essen erhalten, um auf diese Weise ewig zu leben.

Die Haupttätigkeit des Merlin in den Sagen ist stets das Verkünden der Zukunft und der Rat, wie man unheilvolle Ereignisse abwenden kann. Die Druiden waren auch bei den Römern als sehr fähige Seher der Zukunft geachtet.

Der vierte Zweig des Mabinogion: 'Math, Sohn des Mathonwy'
(Zusammenfassung)

Mathonwy, der König von Gwynedd (Nordwales) *hatte einen Sohn mit Namen Math* ('Bär'). *Math hat zwei Neffen, Gwydyon* ('Barde mit lauter Stimme') *und Gilfaethwy, sowie eine Nichte, Arianrhod* ('Silberscheibe' = 'Mond'). *König Math konnte nur leben, wenn seine Füße die Scham einer Jungfrau berührten. Lediglich wenn er in den Krieg zog, konnte er mit seinen Füßen wie andere Menschen die Erde berühren ohne daß er starb. Seine 'Fußhalterin' war die Jungfrau Goewin.*

Als sich Maths Neffe Gilfaethwy jedoch in Maths Fußhalterin Goewin verliebte, begann Gwydyon, um seinem Bruder zu helfen, den im 3. Zweig des Mabinogion beschriebenen Krieg mit Pryderi. Um seinen Neffen zu helfen, verließ Math seine Fußhalterin und zog mit ihnen in den Krieg gegen Pryderi, den König von Wales.

Gilfaethwy vergewaltigte Goewin während der Abwesenheit des Königs, als diese sich weigert, ihn zum Liebhaber zu nehmen. Dadurch konnte sie nicht mehr Fußhalterin des Königs Math sein. Zur Entschädigung für die Vergewaltigung bot Math Goewin an, sie zu heiraten, worin sie auch einwilligte.

Seine beiden Neffen verwandelte König Math zur Strafe für ihre Taten für je ein Jahr nacheinander in einen Hirsch und eine Hindin, einen Eber und eine Sau sowie in einen Wolf und eine Wölfin. In jedem dieser Jahre zeugte das Brüder-Tierpaar ein Kind, das Math ihnen jedesmal abnahm und in ein Menschenkind verwandelte. Nach dem Ende der drei Jahre gab Math seinen Neffen ihre menschliche Gestalt wieder zurück, die sie aber nur unter der Bedingung behalten dürfen, daß sie Math eine neue Jungfrau als 'Fußhalterin' suchen.

Die Hirsch- und Wildschwein-Verwandlungen stammen aus den Jenseitsreise-Vorstellungen, während die Wolfs-Verwandlung vermutlich aus der Ekstasekrieger-Symbolik stammt.

Kulhwch und Olwen
(Zusammenfassung)

König Cilydd ('guter Volksführer') war mit Goleuddydd ('Licht des Tages' = 'Sonne') verheiratet. Als Goleuddydd schwanger wurde, geriet sie in geistige Verwirrung und irrte umher und brachte ihren Sohn schließlich in einer Schweinekuhle zur Welt. Daher wurde er Kulhwuch genannt, was 'Schweinekuhle' bedeutet.

Kulhwchs Geburt in einer Schweinekuhle kennzeichnen ihn als einen Bewohner des Jenseits, da die Schweine von den Kelten als Tiere aus dem Jenseits angesehen wurden. Dies geht darauf zurück, daß die Jenseitsreisenden oft mit Ebern statt mit Stieren oder Hengsten identifiziert wurden. Eber und Ziegenböcke waren bei vielen indogermanischen Stämmen und auch anderen Völkern im Mittelmeerraum die 'Jenseitsreise-Opfertiere des Kleinen Mannes'. Aus dieser Symbolik ist vermutlich auch das Tabu des Verzehrs von Schweinefleisch entstanden.

Die Jenseitsreise, die hier schon stark verwandelt als Geburt in einer Schweinekuhle erscheint, ist der Vorgang, durch den ein Mann zum Schamanen, Priester, König oder Held werden kann. Das Vorbild für diesen Vorgang ist die Wiedergeburt der Sonne (die Mutter der Kulhwch ist die Sonne).

Die Geschichte des irischen Königs Cormac mac Art

Cormac Mac Art geht auf eine Reise in das Jenseits, auf der er mancherlei erlebt (die vollständige Geschichte findet sich in dem Kapitel 'Hasel' in Band 45). Schließlich kommt er im Jenseits an.

In der Mitte der Ebene stand eine große Festung, die von einer Mauer aus Bronze umgeben war. In der Festung stand ein Haus aus weißem Silber, das mit den Flügeln von weißen Vögeln bedeckt war. Eine berittene Elfengruppe war in dem Haus. Sie hielten einige armvoll an Flügeln von weißen Vögeln an ihre Brust, um damit das Dach des Hauses zu decken. Ein Windstoß kam und wehte alle Flügel fort, mit denen das Dach schon gedeckt worden war.

Cormac sah einen Mann ein Feuer entfachen und eine Eiche mit dickem Stamm auf das Feuer legen – mitsamt Krone und Wurzel. Als der Mann mit einer weiteren Eiche zurückkehrte, war die erste Eiche fast verbrannt.

Dann sah Cormac eine weitere königliche Festung und eine weitere Mauer aus Bronze um sie herum. In dieser Festung waren vier Paläste. Er betrat die Festung und sah den geräumigen Palast mit seinen Säulen aus Bronze, seinem Flechtwerk aus Silber und seinen Schindeln, die die Flügel von weißen Vögeln waren.

193

Dann sah er innerhalb der Mauern einen strahlenden Brunnen, aus dem heraus sich fünf Ströme ergossen und aus dem die Hausherren nacheinander Wasser tranken.

Neun Buan-Haselsträucher wuchsen rings um die Quelle. Die purpurnen Haselsträucher ließen ihre Nüsse in die Quelle fallen und die fünf Lachse, die in der Quelle waren, knackten sie und ließen die Schalen die Ströme hinabtreiben. Der Klang des fallenden und fließenden Wassers dieser Ströme war melodischer als alle Lieder, die die Menschen singen.

Cormac befindet sich nun auf der Jenseitsreise, die deutlich visionären Charakter hat. Die Quelle mit den Sträuchern und den Lachsen ist aus der keltischen Mythologie gut bekannt – sie ist wohl auch der wassergefüllte Einweihungsschacht. Die Eiche ist der Weltenbaum. Das Feuer, was mit ihr unterhalten wird, ist wohl auch als Jenseitstor aufzufassen – es ist wohl die Glut, über die auch die Druiden bei ihren Feuerläufen gingen, durch die sie symbolisch in das Jenseits gelangten.

'Buan' bedeutet 'das Gute' und entspricht wohl der Fhirinne, die man durch die Sträucher und indirekt auch durch die Quelle und schließlich den Lachs erlangen kann.

Cormac betrat den Palast. Innen fand er ein Paar, daß ihn erwartete. Die Gestalt des Kriegers hob sich durch die Schönheit ihrer Gestalt, die Anmut seiner Form und das Wunder seines Antlitzes hervor. Das Mädchen bei ihm, reif, mit gelbem Haar, mit einem goldenen Kopfschmuck, war die lieblichste aller Frauen der Welt.

Da der Krieger Manannan Mac Lir ist, wird das Mädchen an seiner Seite seine Frau Fand sein, die später eine Zeitlang Cú Chulainns Geliebte gewesen ist.

Cormacs Füße wurden von unsichtbaren Händen gewaschen. Er erlebte, wie er gebadet wurde, ohne daß er irgendjemanden sehen konnte. Die erhitzten Steine legen sich von ganz alleine ins Wasser und kamen auch wieder von ganz alleine aus dem Wasser.

Die letzte Szene ist keineswegs eine Schwitzhütte, sondern ein Bad – das Erhitzen von Wasser mithilfe von Steinen, die man vorher im Feuer zum Glühen gebracht hat, ist früher eine weltweit verbreitete Methode gewesen.

Als sie nach der neunten Stunde zusammen waren, sahen sie einen Mann in das Haus kommen. Er trug eine Holzaxt war in seiner rechten Hand und einen Baumstamm ins einer linken Hand und hinter ihm folgte ihm ein Schwein.

„Es ist Zeit, drinnen alles vorzubereiten," sprach der Krieger, „denn wir haben

einen edlen Gast." Der Mann hieb auf das Schwein und tötete es. Und er zerhackte seinen Baumstamm so, daß er drei Stücke erhielt. „Es ist an der Zeit für Dich, zu rühren", sprach der Krieger zu dem Koch, nachdem der Kessel gefüllt worden war. „Das wäre sinnlos," sprach der Koch, „denn niemals, niemals wird das Schwein gar werden, wenn nicht über jedem Viertel eine Wahrheit gesprochen wird." – „Dann erzähle Du uns die erste Wahrheit," sprach der Krieger.

„Eines Tages," sprach er, „als ich durch das Land ging, fand ich die Kühe eines anderen Mannes auf meinem eigenen Land und nahm sie mit in mein eigenen Rindergehege. Der Besitzer der Kühe folgte mir und sagte mir, daß er mir eine Belohnung geben würde, wenn ich seine Kühe wieder freilassen würde. Ich gab ihm seine Kühe. Er gab mir ein Schwein und eine Axt und einen Baumstamm – die Axt, um mit ihr das Schwein jede Nacht zu töten und mit ihr den Baumstamm zu spalten; und es gibt dann immer genügend Feuerholz, um das Schwein zu kochen und noch es bleibt immer noch genügend übrig, um damit den Palast zu heizen. Und außerdem wird das Schwein an jedem folgenden Morgen wieder lebendig sein und der Baumstamm würde wieder ganz sein. Und seitdem bis heute ist es immer so gewesen."

„Wirklich wahr ist diese Geschichte," sprach der Krieger. Das Schwein wurde in dem Kessel gerührt, aber nur ein Viertel wurde gar.

Das Schwein, die drei Stücke Holz und die neunte Stunde weisen alle auf das Jenseits hin. Der Mann, der hier den Baum spaltet, könnte durchaus Esus sein, der wiederum einen Aspekt des Cernunnos ist. Auch das Töten des Schweines ist eine der Aufgaben des Cernunnos-Schamanen bzw. Druiden. Das Schwein erhielt der Mann im Austausch für die Kühe, d.h. das Schwein ist den Kühen gleichwertig. Das geschlachtete Schwein ist hier demnach die Entsprechung zu dem geopferten Stier auf den Bildplatten von Gundestrup.

Der Koch in dieser Szene ist der Schamanen-Druide.

Das Motiv des Opfertieres, das nur unter bestimmten Bedingungen gar wird, findet sich auch am Anfang der germanischen Thiazi-Mythe.

„Laßt uns noch eine Wahrheits-Geschichte erzählen," sprachen sie zueinander. „Ich werde eine erzählen, sprach der Krieger.

„Die Zeit des Pflügens war gekommen. Als wir den Wunsch hatten, das Feld dort draußen zu pflügen, sahen wir, daß schon gepflügt, geeggt und Weizen ausgesät worden war. Als wir den Wunsch hatten, die Ernte in diesen überdachten Heuschober dort innerhalb der Mauern hereinzuholen, sahen wir, daß sie schon dort war. Seither essen wir davon, aber es wird kein bißchen größer oder kleiner."

Das Schwein in dem Kessel wurde umgerührt und sie sahen, daß ein weiteres Viertel gar geworden war.

Diese Geschichte könnte eine Übertragung der Symbolik des wiedergeborenen Schweines auf die Landwirtschaft sein.

„Nun bin ich an der Reihe," sprach die Frau, „Ich habe sieben Kühe und sieben Schafe. Die Milch der sieben Kühe reicht für alle Menschen, die in dem Land der Glückseligkeit leben. Aus der Wolle der sieben Schafe wird die gesamte Kleidung gemacht, die sie brauchen."
Nach dieser Geschichte war das dritte Viertel des Schweines gar.

Die Frau (die Göttin Fand) erweitert die Symbolik des wiedergeborenen Schweines nun auch auf die Kleidung. Das 'Land der Glückseligkeit' ist Avalon, das Jenseits.

„Nun bin ich an der Reihe," sprach Cormac und er erzählte, wie seine Frau, sein Sohn und seine Tochter von ihm genommen worden waren und wie er ihnen nachging bis er zu diesem Haus gekommen war.
Nach dieser Geschichte war das gesamte Schwein gar.

Die Jenseitsreise, die Cormac berichtet, wird die identische Szenerie der Reise der Sonne am Abend und im Herbst, die Reise des Königs bei seiner Krönung und die Reise der Druiden bei ihrer Einweihung und beim Einholen von Rat und Hilfe von den Ahnen und den Göttern sein.

Die 'Wahrheits-Geschichten' sind Darstellungen der Fhirinne ('Richtigkeit') im Jenseits. Sie sind wohl als eine Form der Magie gedacht, in der durch die Gleichsetzung des Opfertieres mit einem Mythischen Tier im Jenseits auch das Opfertier selber mythische Qualitäten erhält und dadurch magisch wirksam wird.

Dieses Prinzip findet sich z.B. in der Eucharistie, wenn Brot und Wein durch die Worte „hunc est corpus ..." in den Leib und das Blut Christi verwandelt werden. Diese Szene ist offensichtlich immer für die wichtigste gehalten worden, denn aus den Worten „hunc est corpus" („Dies ist der Leib") ist die Verwandlungsformel schlechthin geworden: „Hokuspokus!"

Es ist gut denkbar, daß auch der Cernunnos-Schamane vor dem Opfern der Stiere in dem Kessel-Ritual solche 'Fhirinne-Worte' gesprochen hat, durch die der Stier mit dem Jenseitsreisenden identisch wurde.

Nun zerschnitten sie das Schwein und legten Cormac seinen Teil vor ihn. „Ich nehme niemals ein Mahl zu mir," sprach da Cormac, „ohne fünfzig Männer in meiner Gesellschaft."
Das sang ihm der Krieger ein Lied und ließ ihn in Schlaf versinken. Nachdem er wieder erwacht war, sah er bei sich fünfzig Krieger und zudem auch seinen Sohn, seine Frau und seine Tochter. Der erhellte sich sein Gemüt. Nun wurde Bier und

Speise an sie ausgeteilt und alle wurden froh und glücklich. Ein goldener Kelch wurde in die Hand des Kriegers gegeben. Cormac bewunderte ihn wegen der Vielzahl der Muster auf ihm und wegen der Fremdartigkeit der Handwerkskunst, mit der er gefertigt worden war.

„Es gibt noch etwas an dem Kelch, das noch fremdartiger ist,“ sagte der Krieger, „wenn drei Unwahrheiten unter ihm gesprochen werden, wird er in drei Teile zerbrechen. Wenn dann drei wahre Dinge unter ihm gesprochen werden, werden sich seine Teile wieder miteinander vereinen so daß er wie zuvor sein wird.“

Der Krieger sprach drei Falschheiten unter ihm und der Kelch zerbrach in drei Teile. „Es wäre gut, die Wahrheit auszusprechen,“ sprach der Krieger, „um den Kelch wiederherzustellen. Ich sage, O Cormac,“ sprach er, „daß seit wir Tara verlassen haben bis heute weder Deine Frau noch Deine Tochter das Gesicht eines Mannes gesehen hat, und daß Dein Sohn nicht das Gesicht einer Frau gesehen hat.“ Daraufhin wurde der Kelch wieder ganz.

Das Lied des Kriegers, daß Cormac in Schlaf versetzt, wird identisch mit dem Lied sein, mit dem in der Fionn-Sage auch Aillil durch sein Harfenspiel alle Menschen in der Burg des Königs in einen 'Dornröschen-Schlaf' versetzt. Mit diesem Einschlafen wird der Eintritt in die Jenseitsreise, d.h. der Beginn der Meditation, Astralreise bzw. Traumreise gemeint sein. Das Erreichen dieses Zustandes wurde offensichtlich durch Lieder, Harfenspiel und Rascheln mit Zweigen unterstützt.

Das 'Mitnehmen' der Frau, des Sohnes und der Tochter des Cormac in die Unterwelt könnte auch eine Symbolik aus dem Jenseitsreise- und Krönungsritual sein, da man bei der Reise in die Unterwelt, die ja ein symbolischer Tod ist, jeglichen Besitz und alle Verwandten verliert. Daher war es z.B. in der altindischen Krönungszeremonie Brauch, daß der König vor seiner Krönung (und auch der Jenseitsreisende bei der Einweihung) all seinen Besitz verschenkte und sich von allen seinen Verwand-ten trennte.

II 16. b) Römer

Bei den Römern galt das Schwein als das Tier der Getreidegöttin Ceres, die die Hälfte ihrer Zeit (Winter) in der Unterwelt verbrachte. Ob dem ein mythologischer Hintergrund oder einfach das 'Pflügen der Erde' durch die Wildschweine zugrundeliegt, ist schwer zu entscheiden (siehe Demeter).

II 16. c) Germanen

Der Gott Freyr und die Göttin Freya reiten beide auf einem Eber. Der Eber des Freyr hieß Gullinborsti ('Goldborste') und war golden, während das von Freya gerittene Tier den Namen Hildesvin ('Kampfschwein') trug.

Das goldene Leuchten des Freyr-Eber Gullinborsti stammt von dem ehemaligen Sonnengott-Göttervater Tyr.

Der Eber des Freyr ist ein Symbol der Zeugungskraft im Diesseits und im Jenseits (Wiederzeugung).

II 16. d) Slawen

Der Eber war das Tier des Sonnen- und Feuergottes Svarozic, der auch Dazbog genannt wurde sowie des Korngottes Radegast. Der Eber wurde in späterer Zeit auch als das Tier des Korngottes Radegast angesehen. Dieser Eber wälzte sich im Schlamm, wenn Gefahr drohte und warnte so die Slawen.

II 16. e) Hethiter

Von den Hethitern sind Trinkgefäße in der Form von Ebern, Eber-Statuetten und einer auf einem Stab tragbaren Eber-Statue bekannt. Ihre mythologische Bedeutung ist aber leider nicht direkt aus Texten bekannt. Sie trugen in ihren Prozessionen Eberstandarten mit sich.

II 16. f) Perser

Zend-Avesta, Byahram-Yast 14:

In diesem Text wird der Gott Verethraghna beschrieben, der von Ahura Mazda erschaffen worden ist. Die Aufzählung seiner zehn verschiedenen Gestalten erinnert sehr an die zehn Avatare des Vishnu bei den Indern, die zusammen mit den Mitanni die nächsten Verwandten der Perser sind.

Die zehn Avatare des Verethraghna und des Vishnu

Avatare	Volk	
	Perser	Inder
1. Avatar	starker Wind	der Fisch Matsia, der bei der großen Flut die Arche zieht
2. Avatar	Stier mit gelben Ohren und goldenen Hörnern	die Schildkröte Kurma, die den Berg Mandara während des Quirlen des Milch-Urozeans auf ihrem Rücken trägt
3. Avatar	Schimmel mit goldenen Ohren und goldener Satteldecke	Rieseneber Varaha der die Erde in der Gestalt einer Göttin aus dem Urozean rettet
4. Avatar	schnelles, langhaariges, lasten-tragendes Kamel mit scharfen Zähnen	der Mann Narasimha mit Löwenkopf, der den Dämon Hiranyalashipu tötet
5. Avatar	scharf-zahniger Keiler, der die Feinde angreift	der Zwerg Vamana, der zum Riesen heranwächst und die Welt mit drei Schritten die Welt ausmißt
6. Avatar	fünfzehnjähriger, leuchtender Jüngling mit klaren Augen und schmalen Füßen	der Mann Parashurama ('Rama mit der Axt') rächt einen Brahmanenmord
7. Avatar	Rabe, schnellster aller Vögel, fliegt am mühelosesten, nur er überholt den fliegenden Pfeil	der Held Rama des Epos Ramayana (nicht mit Prashurama identisch)
8. Avatar	wilder schöner Widder mit rundgebogenen Hörnern	Krishna ('Schwarzer'), der Verkünder der Bhagavad Gita
9. Avatar	schöner, kämpferischer Bock mit spitzen Hörnern	Buddha oder der Krishna-Bruder 'Balarama'
10. Avatar	strahlender, schöner Mann mit einem Schwert mit goldener Klinge, mit allen Arten von Ornamenten verziert	der Reiter Kalki, der das Dharma (Ordnung, Richtigkeit) wiederherstellt

Die persische Liste wirkt deutlich archaischer, schon weil sie wesentlich mehr Tiere enthält. Lediglich der Mann und der Eber sind in beiden Listen enthalten, was vermuten läßt, daß es sich dabei um ein altes Motiv handelt, das noch aus der Zeit stammt, als sich Inder und Perser noch nicht in zwei Völker getrennt hatten, aber bereits die Vorstellung der zehn Inkarnationen entwickelt hatten.

Wir opfern dem Verethregna, den Ahura erschaffen hat.
Zarathustra frug Ahura Mazda: „Ahura Mazda, allerwohltätigster Geist, Erschaf-
fer der leiblichen Welt, Du Heiliger! Wer ist der am besten Bewaffnete unter den
himmlischen Göttern?"
Ahura Mazda antwortete: „Das ist Verethregna, der von Ahuhra Erschaffene, o
Spitama Zarathustra."
... ...
Verethragna, der von Ahura Erschaffene, kam ein fünftes mal zu ihm – er kam in
der Gestalt eines Keilers, widerstand den Feinden, er spitz-zahniger Eber, er scharf-
gebissiger Keiler, der mit einem Zupacken tötet, der verfolgt, voller Wut, mit (von
Blut oder Schweiß) *tropfendem Gesicht, stark, schnell rennend, überall hingelan-*
gend.
So erschien Verethragna, erfüllt von dem Ruhm, den Mazda erschaffen hat ...

II 16. g) Inder

In seiner 3. Inkarnation (Avatar) kam Vishnu als riesiger Eber auf die Erde, um sie vor dem Versinken in der Wasserunterwelt zu retten.
Vishnu entspricht in etwa dem persischen Verethragana.

II 16. h) Skythen

Von den Skythen sind aus Grabfunden goldene Eber-Statuen bekannt.

II 16. i) Griechen

In der griechischen Mythologie finden sich drei Wildschweine, die allesamt die Äcker verwüsteten und eine Gefahr für die Menschen waren: die Wildsau Phaia, die von Theseus erlegt wurde, der erymanthische Eber, der von Herakles getötet wurde, und schließlich der kalydonische Eber, den eine ganze Jagdgesellschaft nur mit Mühe zur Strecke brachte. Die beiden letztgenannten Eber waren die Söhne der Wildsau Phaia.

Ob diese Wildschweinjadgen eine mythologische Bedeutung hatten, ist zweifelhaft, da die Szenerien keine 'übernatürlichen' Ereignisse oder sonstige Hinweise darauf enthalten.

Das Schwein galt allerdings als Tier der Göttin Demeter. Ob es dafür eine mythologische Grundlage gab oder ob die Wildschweine einfach deshalb mit ihr assoziiert wurden, weil sie die Erde bei ihrer Nahrungssuche 'pflügten', bleibt fraglich. Immerhin wurde zu Beginn der Mysterien von Eleusis der Demeter ein Schwein geopfert – was vermuten läßt, daß das Schwein doch eine Bedeutung gehabt haben wird, die allerdings unklar bleibt.

Die Griechen opferten bei den Mysterien von Eleusis der Korn- und Muttergöttin Demeter Schweine.

Auf Grabmälern wurden häufig Eber dargestellt – meistens werden sie von einem Löwen getötet. Vermutlich ist dies Motiv ein Hinweis auf Eber-Opferungen bei Bestattungen.

Ephesus wurde an dem Ort errichtet, an dem der Fürst Androklos von Athen einen Eber getötet hatte. Möglicherweise ist auch diese Szene die Umdeutung eines Eber-Opfers.

Die Dioskuren (Germanen: Alcis-Söhne des Tyr) wurden als Helfer der Menschen Beschützer der Seeleute und der Reisenden angesehen und wurden häufig als vorzügliche Reiter (statt als Pferde) dargestellt. Sie halfen denen in Krisen, die sie verehren und ihnen vertrauen.

Sie jagten u.a. den kaledonischen Eber, was auf die Beschaffung des Opfertieres für die Bestattungszeremonie des Zeus bei seiner Jenseitsreise zu Typhon bzw. zu Persephone zurückgehen könnte (siehe 'Wiederzeugung' in Band 51).

In Knossos auf Kreta ist ein Helm gefunden worden, der mit vielen Eber-Zähnen besetzt worden ist. Dieser Helm ist um ca. 1450 v.Chr. hergestellt worden. Derartige Eber-Helme sind zwischen 1650 v.Chr. und 1150 v.Chr. angefertigt worden. Auch auf Fresken und in Homers den Dichtungen werden derartige Helme dargestellt bzw. beschrieben.

Der Eber ist auf den Münzen mit Zeus und Apollon verbunden und teilt vermutlich die allgemeine Herdentiersymbolik. Dies stimmt mit der Bedeutung des Ebers bei den Kelten und bei den Germanen vor 500 n.Chr. (Sonnen-Eber) überein.

Eber (Rückseite: Apollon) Griechen 325	Eber (Rückseite: Zeus) Griechen 300	Eber Römer 250	Eber Römer 78

Meleager und die Eberjagd

(in der Fassung von Gustav Schwab)

Öneus, der König von Kalydon, brachte die Erstlinge eines mit besonderer Fülle gesegneten Jahres den Göttern dar; der Demeter Feldfrüchte, dem Bakchos Wein, Öl der Athene und so jeder Gottheit die ihr willkommene Frucht, nur Artemis wurde von ihm vergessen, und ihr Altar blieb ohne Weihrauch. Dies erzürnte die Göttin, und sie beschloß, Rache an ihrem Verächter zu nehmen. Ein verheerender Eber wurde von ihr auf die Fluren des Königs losgelassen. Glut sprühten seine roten Augen, sein Nacken starrte; aus dem schäumenden Rachen schoß es ihm wie ein Blitzstrahl, und seine Hauer waren gleich riesigen Elefantenzähnen. So stampfte er durch Saaten und Kornfelder hin; Tenne und Scheuer warteten vergeblich auf die versprochene Ernte; die Trauben fraß er mitsamt den Ranken, die Olivenbeeren mitsamt den Zweigen ab; Schäfer und Schäferhunde vermochten ihre Herden, die trotzigsten Stiere ihre Rinder nicht gegen das Ungeheuer zu verteidigen.

Die Göttin Artemis entspricht hier der germanischen Freya – beide sind eine 'Wildschwein-Göttin'.

Endlich erhob sich der Sohn des Königs, der herrliche Held Meleager, und versammelte Jäger und Hunde, den grausamen Eber zu erlegen. Die berühmtesten Helden aus ganz Griechenland kamen, zu der großen Jagd eingeladen, unter ihnen auch die heldenmütige Jungfrau Atalante aus Arkadien, die Tochter des Iason. In einem Walde ausgesetzt, von einer Bärin gesäugt, von Jägern gefunden und erzogen, brachte die schöne Männerfeindin ihr Leben im Walde zu und lebte von der Jagd.

Alle Männer wehrte sie von sich ab, und zwei Zentauren, die ihr in dieser Einsamkeit nachstellten, hatte sie mit ihren Pfeilen erlegt. Jetzt lockte sie die Liebe zur Jagd hervor in die Gemeinschaft der Helden. Sie kam, ihr einfaches Haar in einen Knoten gebunden, über den Schultern hing ihr der elfenbeinerne Köcher, die Linke hielt den Bogen; ihr Antlitz wäre an Knaben ein Jungferngesicht, an Jungfrauen ein Knabengesicht gewesen.

Atalante ist die Tochter des Iason und Iason ist eine Saga-Variante des griechischen Sonnengottes. Man kann also im Zusammenhang mit Atalante eine Sonnen-Symbolik erwarten.

Als Meleager sie in ihrer Schönheit erblickte, sprach er bei sich selbst: „Glücklich der Mann, den diese würdigt, ihr Gatte zu sein!"

Mehr zu denken erlaubte ihm die Zeit nicht, denn die gefährliche Jagd durfte nicht länger aufgeschoben werden.

Die Schar der Jäger ging einem Gehölze mit uralten Stämmen zu, das, in der Ebene anfangend, sich einen Bergabhang hinanzog. Als die Männer hier angekommen waren, stellten die einen Netze, die andern ließen die Hunde von der Fessel los, wieder andere folgten schon der Fährte. Bald gelangte man in ein abschüssiges Tal, das die geschwollenen Waldbäche ausgehöhlt; Binsen, Sumpfgras, Weidengebüsch und Schilfrohr wucherten unten im Abgrund.

Hier hatte das Schwein im Versteck gelegen, und von den Hunden aufgejagt, durchbrach es das Gehölz wie ein Blitzstrahl die Wetterwolke und stürzte sich wütend mitten unter die Feinde. Jünglinge schrien laut auf und hielten ihm die eisernen Spitzen ihrer Speere vor; aber der Eber wich aus und durchbrach eine Koppel von Hunden. Geschoß um Geschoß flog ihm nach, aber die Speere streiften ihn nur und vermehrten seinen Grimm.

Mit funkelndem Auge und dampfender Brust kehrte er um, flog wie ein vom Wurfgeschosse geschleuderter Felsblock auf die rechte Flanke der Jäger und riß ihrer drei, tödlich verwundet, zu Boden. Ein vierter, es war Nestor, der nochmals so berühmte Held, rettete sich auf die Äste eines Eichbaumes, an dessen Stamm der Eber grimmig seine Hauer wetzte. Hier hätten ihn die Zwillingsbrüder Kastor und Pollux, die hoch auf schneeweißen Rossen saßen, mit ihren Speeren erreicht, wenn das borstige Tier sich nicht ins unzugängliche Dickicht geflüchtet hätte.

Jetzt legte Atalante einen Pfeil auf ihren Bogen und sandte ihn dem Tier in das Gebüsch nach. Das Rohr traf den Eber unter dem Ohr, und zum erstenmal rötete Blut seine Borsten.

Meleager sah die Wunde zuerst und zeigte sie jubelnd seinen Gefährten: „Fürwahr, o Jungfrau", rief er, „der Preis der Tapferkeit gebührt Dir!"

Da schämten sich die Männer, daß ein Weib ihnen den Sieg streitig machen sollte, und alle zumal warfen ihre Speere; aber gerade dieser Schwarm von Geschossen verhinderte die Würfe, das Tier zu treffen.

Mit stolzen Worten erhob jetzt der Arkadier Ankaios die doppelte Streitaxt mit seinen beiden Händen und stellte sich, zum Hieb ausholend, auf die Zehen. Aber der Eber stieß ihm die beiden Hauer in die Weichen, ehe er den Streich vollführen konnte, und er stürzte, von Blut gebadet, mit entblößtem Gedärmen auf den Boden.

Dann warf Iason seinen Speer; allein diesen lenkte der Zufall in den Leib des Keladon.

Endlich schoß Meleager zwei Speere hintereinander ab. Der erste fuhr in den Boden, der zweite dem Eber mitten in den Rücken. Das Tier fing an zu toben und sich im Kreise zu drehen. Schaum und Blut quoll aus seinem Munde, Meleager versetzte ihm mit dem Jagdspieß eine neue Wunde in den Hals, und nun fuhren ihm von allen Seiten die Spieße in den Leib.

Der Eber, weit auf der Erde ausgestreckt, wälzte sich sterbend in seinem Blute. Meleager stemmte seinen Fuß auf den Kopf des Getöteten, streifte mit Hilfe seines Schwertes die borstige Hülle seines Rückens vom Leibe des Tieres nieder und reichte sie mitsamt dem abgehauenen Haupte, aus dem die mächtigen Hauer hervorschimmerten, der tapferen Arkadierin Atalante.

„Nimm die Beute hin", sprach er, „die von Rechts wegen mir gehörte; ein Teil des Ruhmes soll auch auf Dich kommen!"

Diese Ehre mißgönnten die Jäger dem Weibe, und rings in der Schar erhob sich ein Gemurmel. Mit geballten Fäusten und lauter Stimme traten vor Atalante die Söhne des Thestios hin, Meleagers Muttersbrüder.

„Auf der Stelle", riefen sie, „lege die Beute nieder, Weib, und erschleiche nicht, was uns zugehört; Deine Schönheit dürfte Dir sonst wenig helfen, und dein verliebter Gabenspender auch nicht!"

Mit diesen Worten nahmen sie ihr das Geschenk weg und sprachen dem Helden das Recht ab, darüber zu verfügen.

Dies ertrug Meleager nicht. Vor Jähzorn knirschend, schrie er: „Ihr Räuber fremden Verdienstes! Lernet von mir, wieweit Drohungen von Taten verschieden sind!"

Und damit stieß er dem einen, und eh der sich besinnen konnte, auch dem andern Oheim den Stahl in die Brust.

Althaia, die Mutter Meleagers, war auf dem Wege nach dem Göttertempel, um Dankopfer für den Sieg ihres Sohnes darzubringen, als sie die Leichen ihrer Brüder herbeibringen sah. Sie zerschlug sich wehklagend die Brust, eilte in ihren Palast zurück, legte statt der goldenen Freudengewänder schwarze Kleidung an und erfüllte die Stadt mit Jammergeschrei.

Aber als sie erfuhr, daß der Urheber des Mordes ihr eigener Sohn Meleager sei, da versiegten ihre Tränen, ihre Trauer ward in Mordlust verwandelt, und sie schien sich plötzlich auf etwas zu besinnen, das ihrem Gedächtnis längst entschwunden war.

Denn als Meleager nur erst wenige Tage zählte, da waren die Parzen bei dem Wochenbett seiner Mutter Althaia erschienen.

„Aus deinem Sohne wird ein tapferer Held", verkündigte ihr die erste; „Dein Sohn wird ein großmütiger Mann sein", sprach die zweite; „Dein Sohn wird so lange leben", schloß die dritte, „als der eben jetzt auf dem Herde glühende Brand vom Feuer nicht verzehrt wird."

Kaum hatten sich die Parzen entfernt, so nahm die Mutter das hell auflodernde Brandscheit aus dem Feuer, löschte es in Wasserflut, und liebevoll für das Leben ihres Sohnes besorgt, verwahrte sie es im geheimsten ihrer Gemächer.

Genau dasselbe Motiv findet sich bei den Germanen in der Saga über Norna-Gest, in der an die Stelle des Holzscheits eine Kerze getreten ist.

Entflammt von Rache, dachte sie jetzt wieder an dieses Holz und eilte in die Kammer, wo es in einem heimlichen Verschlusse sorgsam aufbewahrt lag. Sie hieß Kienholz auf Reisig legen und fachte einen lodernden Brand an. Dann ergriff sie das hervorgesuchte Holzscheit.

Aber in ihrem Herzen bekämpfte sich Mutter und Schwester, blasse Angst und glühender Zorn wechselten auf ihrem Angesicht; viermal wollte sie den Ast auf die Flammen legen, viermal zog sie die Hand zurück. Endlich siegte die Schwesterliebe über das Muttergefühl.

„Wendet eure Blicke hierher", sprach sie, „ihr Strafgöttinnen, zu diesem Furien-opfer! Und ihr, kürzlich geschiedene Geister meiner Brüder, fühlet, was ich für euch tue, siegt und nehmt als teuer erkauftes Totengeschenk die unselige Frucht meines eigenen Leibes an! Mir selbst bricht das Herz von Mutterliebe, und bald werde ich dem Trost, den ich euch sende, selbst nachfolgen."

So sprach sie, und mit abgewendetem Blick und zitternder Hand legte sie das Holz mitten in die Flammen hinein.

Meleager, der inzwischen auch in die Stadt zurückgekehrt war und über seinem Siege, seiner Liebe und seiner Mordtat in wechselnden Empfindungen brütete, fühlte plötzlich, ohne zu wissen, woher, seinen innersten Leib von einer heimlichen Fieber-glut ergriffen, und verzehrende Schmerzen warfen ihn auf das Lager.

Er besiegte sie mit Heldenkraft; aber es jammerte ihn tief, eines unrühmlichen und unblutigen Todes sterben zu müssen. Er beneidete die Genossen, die unter den Streichen des Ebers gefallen waren; er rief den Bruder, die Schwestern, den greisen Vater und mit stöhnendem Munde auch die Mutter herbei, die noch immer am Feuer stand und mit starren Augen dem sich verzehrenden Brande zusah.

Der Schmerz ihres Sohnes wuchs mit dem Feuer, aber als allmählich die Kohle sich in der bleichenden Asche verbarg, erlosch auch seine Qual, und er verhauchte seinen Geist mit dem letzten Funken in die Luft. Über seiner Leiche wehklagten Vater und

Schwestern, und ganz Kalydon trauerte; nur die Mutter war ferne. Den Strick um den Hals gewunden, fand man ihre Leiche vor dem Hause niedergestreckt, auf welchem die verglommene Asche des Feuerbrandes ruhte.

Vermutlich ist in dieser Sage wie so oft bei den Griechen ein mythologisches Motiv zu einem Tragödien-Thema umgewandelt worden.

Illias 10, 260:
Aber Meriones gab dem Odysseus Bogen und Köcher
Samt dem Schwert und bedeckte des Königes Haupt mit dem Helme,
Auch aus Leder geformt; inwendig mit häufigen Riemen
Wölbt' er sich, straff durchspannt; und auswärts schienen die Hauer
Vom weißzahnigen Schwein und starrten hierhin und dorthin,
Schön und künstlich gereiht; und ein Filz war drinnen befestigt.
Einst aus Eleon hatt' Autolykos diesen erbeutet,
Stürmend den festen Palast des Hormeniden Amyntor;
Jener gab dem Kytherer Amphidamas ihn gen Skandeia;
Aber Amphidamas gab zum Gastgeschenk ihn dem Molos;
Dieser gab ihn Meriones drauf, dem Sohne, zu tragen;
Und nun barg er umher Odysseus' Haupt zur Beschützung.

Illias 19, 247:
Aber Odysseus wog die zehn Talente des Goldes,
Ging dann voran; ihm folgten die Jünglinge alle mit Gaben.
Die nun stellten sie dort in den Volkskreis. Doch Agamemnon
Hub sich; Talthybios dann, Unsterblichen ähnlich an Stimme,
Trat zum Hirten des Volks, und hielt in den Händen den Eber.
Doch der Atreid' ausziehend mit hurtigen Händen das Messer,
Das an der großen Scheide des Schwerts ihm immer herabhing,
Schor von des Ebers Haupte das Erstlingshaar, und erhob dann
Betend die Hände zu Zeus; rings saßen indes die Argeier
Still umher, nach der Sitte, des Königes Wort zu vernehmen.
Flehend nunmehr begann er, den Blick gen Himmel gewendet:
,,Höre nun Zeus zuerst, der Seligen Höchster und Bester,
Erd' und Helios auch, und Erinnyen, unter der Erde
Einst die Toten bestrafend, wer hier Meineide geschworen!
Niemals hab' ich die Hand an Brises' Tochter geleget,
Weder des Lagers Genuß abnötigend, weder ein andres;

Sondern sie blieb unberührt in den Wohnungen meines Gezeltes!
Schwör' ich einiges falsch, dann senden mir Elend die Götter,
Ohne Maß, wie sie senden dem frevelnden Schwörer des Meineids!
Sprach's, und des Ebers Kehle zerschnitt er mit grausamem Erze;
Welchen Talthybios drauf in des Meers grauwogende Fluten
Wirbelnd den Fischen zum Fraß hinschleuderte. "

II 16. j) Indogermanen

Abgesehen von der vermutlich schon stark weiterentwickelten Vishnu-Mythe erscheint das Wildschwein vor allem als Tier der Muttergöttin. Dabei ist dieser Zusammenhang in Bezug auf die jungsteinzeitlichen Ackerbauern und die Hethiter von den Trinkgefäßen in Wildschweinform, die sich vermutlich für den Ritualtrank verwendet wurden, hergeleitet und somit nicht ganz sicher.

Die Verbindung des Wildschweins mit dem Sonnengott ist jedoch auch recht deutlich. Wahrscheinlich entsprach das Wildschwein als Herdentier in diesem Zusammenhang ursprünglich dem Stier bzw. dem Stierkalb, als der der sterbende und wiedergeborene Sonnengott oft angesehen wurde.

Vor allem das Schweineopfer an Demeter bei den Eleusinischen Mysterien ist kaum ohne eine indogermanische Wurzel der Wildschweinsymbolik zu erklären.

Der Keiler/Eber ist die Gestalt des Toten einschließlich des Sonnengottes bei der Wiederzeugung – entprechend nimmt die Erd- und Jenseitsgöttin dabei die Gestalt einer Sau/Bache an. Der wiedegeborene Tote sollte daher die Gestalt eines Ferkels/Frischlings haben.

II 17. Das Schwein in der jungsteinzeitlichen Überlieferung

II 17. a) Sumer

Am Ende der Jungsteinzeit um 3.000 v.Chr. wird das Wildschwein in den sumerischen Texten zwar als verborgen und schnell erwähnt, aber es scheint keine Rolle in der Mythologie gespielt zu haben.

II 17. b) Elamo-Drawiden

In Elam hat man das Wildschwein wohl wegen seiner Stärke geachtet, da man eine Axt fand, bei der das obere Blattende (gegenüber der Schneide) als Löwen- und Eberkopf gearbeitet worden war. Eine mythologische Bedeutung ist jedoch auch bei ihnen nicht nachweisbar.

Interessanterweise sind auch auf den Grabmälern der Griechen oft der Löwe und der Eber gemeinsam zu finden.

II 17. c) Ägypten

Die Himmelsgöttin Nut wurde als 'Sau, die ihre Ferkel frißt' umschrieben. Dieser Beiname bezeiht isch darauf, daß sie am Morgen die Sonne gebiert und sie am Abend wieder verschlingt.

II 17. d) Göbekli Tepe

Das Wildschwein ist das in Göbekli Tepe am häufigsten dargestellte Herdentier, denn es kombinierte die Fruchtbarkeit und Zeugungskraft der Herdentiere mit der von den Jägern geschätzten Kampfkraft. Die Wildschweine machen ein Drittel der dargestellten Herdentiere aus; wenn man die Einzelfunde hinzurechnet, stellen sie knapp die Hälfte der Herdentiere dar.

Die Wildschweine scheinen Keiler zu sein, was sich aber nur aus ihrem Körperbau ergibt und nicht durch die Darstellung ihres Penis. Die Bezeichnung der

Wildschweine von Göbekli Tepe als Keiler ist daher etwas unsicher. Da sie jedoch Symbole der Zeugungskraft der Verstorbenen bei der Wiederzeugung zu sein scheinen, wird man sie wohl trotzdem als Keiler und nicht als Bachen bzw. geschlechtsunspezifisch als Wildschweine ansehen dürfen.

Die Wildschweine erscheinen auf den Pfeilern in den Tempeln nur auf den Pfeilern in den Mauern, aber nicht auf den Pfeilern in der Tempel-Mitte, d.h. sie wurden nicht als zentrales Element angesehen. Auf den Mittelpfeilern erscheint hingegen die 'Luxusvariante' der Herdentiere: der Stier. Auf einem der Eingangs-Steine erscheint unten in der Erde ein auf dem Rücken liegendes Wildschwein – vermutlich ein Hinweis auf den bei der Jenseitsreise geopferten Keiler.

Die Keiler wurden auf den Tempel-Pfeilern als Opfertiere für die Jenseitsreise (Sicherung der Zeugungskraft) nur auf der rechten Seite (Jenseits) und auf der Vorderseite (Jenseitsreise) abgebildet, aber nicht auf der linken Seite (Diesseits: Jagdwild).

Mit den Keilern wurde der Kranich, der Panther und der Fuchs assoziiert: Das Opfer des Keilers diente dazu, es dem Jenseitsreisenden zu ermöglichen, zu den Ahnen (Seelenvogel) zu gelangen, wobei er auf diesem Weg von dem Schamanen (Fuchs) unterstützt wurde. Der Panther als die Kraft, die die Ahnen senden, scheint nur eine allgemeine Assoziation zu dem Keiler, der den Weg vom Diesseits ins Jenseits geht, zu sein, da die Pantherkraft vom Jenseits ins Diesseits gesandt wird.

Das nostratische Wort '(tu)shuh' für 'Wildschwein, Keiler' hat sich im Indogermanischen nicht erhalten.

II 17. e) Çatal Höyük

In Catal Hüyük (7.000 v.Chr.) fand man Wildschwein-Darstellungen.

II 17. f) Hacilar

In Hacilar (5.600 v.Chr.) sind Trinkgefäße in Wildschweinform gefunden worden.

III   Ziege

III 1.   Die Ziege in der germanischen Überlieferung

Die Ziege erscheint in den Liedern und Mythen recht oft und hat eine deutliche Symbolik.

III 2.   Thors Ziegenböcke

II 2. a)   Gylfis Vision

Die bekanntesten Ziegen in den Mythen der Germanen sind die beiden Ziegenböcke vor Thors Wagen.

Thor hat zwei Böcke, sie heißen Tanngniost und Tanngrisnir und einen Wagen, worin er fährt. Die Böcke ziehen den Wagen: darum heißt er Ökuthor.

Tanngniost = Zahnknirscher
Tanngrisnir = Zahngrinser
Ökuthor = Wagen-Thor

III 2. b)   Eine Strophe des Skalden Bragi der Alte

Dies ist die älteste Textstelle, in der Thors Ziegenböcke auftreten. Die folgenden Verse wurden um ca. 850 n.Chr. gedichtet.

Gut hat Du, Zerschlager
der neun Köpfe des Thrivaldi,
Deine Ziegen gehütet ...

Thirvaldi = dreifacher Herrscher = Tyr (daraus wurden später die drei Gestalten Hoch, Ebensohoch und Thridi des Odin)

neun = Jenseits => Tyr als Riese im Jenseits
Töter des Tyr-Riesen = Thor

III 2. c)   Husdrapa

Die zweitälteste bekannte Erwähnung der beiden Ziegenböcke des Thor stammt aus dem Lied 'Husdrapa' das der Skalde Ulfr Uggason um 985 n.Chr. verfaßt hat und in dem er die Bilder in einer Halle beschreibt.

Es wird gesagt, daß der stämmige, große Kerl
dachte, daß des Ziegenbock-Besitzers
sehr schwere Beute
über die Maßen gefährlich wäre.

Stämmiger, großer Kerl = der Tyr-Riese Hymir
Ziegenbock-Besitzer (oder 'Herr der Ziegenböcke') = Thor
Thors sehr schwere Beute = Jörmungandr

III 2. d)   Haustlöng

Dieses Lied wurde um ca. 1050 n.Chr. von dem Skalden Thjodolfr von Hvinir verfaßt und schildert den Zweikampf zwischen Thor und Hrungnir, der das Kernstück der Hrungnir-Mythe ist.

Auf dem Kreis kann man auch sehen,
O Mann des Höhlen-Feuers,
wie der Schrecken der Riesen
dem Hügel der Stein-Stadt einen Besuch abstattete.
Der wütende Sohn der Jörd
fuhr zu dem Spiel des Eisens
und der Weg des Mondes donnerte unter ihm.
Wut schwoll an Meilis Bruder.

Kreis = der Schild, auf dem die geschilderte Szene gemalt gewesen ist
Höhlen-Feuer = Feuer im Hügelgrab = Gold; Mann des Goldes = Fürst Thorleif, der dem Thjodolfr den Schild geschenkt hat, den dieser nun besingt;

211

Schrecken der Riesen = Thor

Stein-Stadt ('Griotun') = Wohnort der Riesen = Hügelgrab = Utgard

Sohn der Jörd = Thor

fahren = Thor in seinem Ziegenwagen

Eisen = Waffe; Spiel des Eisens = Kampf

Weg des Mondes = Himmel, über den Thor als Donnergott in seinem Ziegenbock-Streitwagen fuhr

Meili = Baldur; Meilis Bruder = Thor

All die Falken-Heiligtümer
standen in Flammen
wegen Ullrs Stiefvater
und der Boden unten wurde von Hagel geprügelt,
als die Ziegenböcke
die Tempel-Macht auf dem leichten Streitwagen
vorwärts zu dem Treffen mit Hrungnir zogen.
Svolnirs Witwe brach fast entzwei.

Falken-Heiligtümer = Falken-Lebensbereich = Himmel

Flammen = Blitze des Thor

Ullrs Stiefvater = Thor

Gewitter = Wut des Donnergottes Thor

Tempel-Macht = Gott = Thor

Svolnir = Abkühler = Odin (Er hat Tyrs Sonnenschild übernommen, der später zu einem Schutz vor der Sonne umgedeutet und 'Swalin/Svöl/Svolnir' ('Abkühler') genannt wurde.)

Svolnirs Witwe = Odins Witwe = Jörd, die die Mutter des Thor (Anspielung auf Odins Jenseitsreisen)

III 2. e) Thrym-Lied

In diesem Lied wird erzählt, wie Thor seine beiden Ziegenböcke vor seinen Wagen spannt:

Bald wurden die Böcke vom Berge getrieben
Und vor den gewölbten Wagen geschirrt.
Felsen brachen, Funken stoben,
Da Odins Sohn reiste gen Riesenheim.

III 2. f) Hymir-Lied

Dieselbe Szene wird auch in diesem Lied geschildert:

Selbst stallt er die Böcke, die stattlich gehörnten;
Sie eilten zur Halle, die Hymir bewohnte.
Der Sohn fand die Ahne, die er ungern sah;
Sie hätte der Häupter neunmal hundert.

  Sohn = Tyr (Hymir ist sein Vater)
  900 = Hinweis auf das Jenseits;
  ... ...

Da bat der Böcke Gebieter den Affengott,
Ferner in die Flut das Seeroß zu führen.
Aber der Jötun gab ihm zur Antwort,
Ihn lüste wenig noch länger zu rudern.

  Gebieter der Böcke = Thor
  Affengott = Gott der Dummköpfe = der Riese Hymir
  See-Roß = Schiff.

III 2. g) Gylfis Vision

Thors Ziegenböcke werden in 'Gylfis Vision' noch einmal erwähnt – sie waren offenbar ein gut bekanntes und beliebtes Motiv:

Thor weilte nicht lange daheim, sondern griff so hastig zu dieser Fahrt, daß er weder Wagen noch Böcke noch Reisegesellschaft mitnahm.

III 2. h) Die Saga über Olaf den Ruhmreichen Tryggvason

König Olaf hörte dieser Rede geduldig zu und erklärte sich bereit, sein versprechen zu halten. Daher betrat er, von vielen seiner Männer begleitet, den Tempel, der ein großes und prächtiges Gebäude war. Seine Türe war aus geschnitzter Eiche und der Türgriff an ihr hatte die Form eines großen goldenen Ringes, den Jarl Hakon dort

213

angebracht hatte.

Im Inneren waren zwei große Räume. Der erste oder äußere von ihnen war der Raum, in dem die Opferfeste gefeiert wurden; der innere war der heiligere, denn dort standen die heidnischen Götter auf ihren Podesten. Die Wände waren mit Wandteppichen behangen und mit wertvollen Metallen und mit Edelsteinen geschmückt. Selbst das Dach war mit Goldplatten bedeckt.

Alle, die eintraten waren ohne Waffen, denn niemand durfte durch diese Tür treten, wenn er ein Schwert oder eine andere Waffe bei sich trug. Der König jedoch trug einen Stock mit einem schweren goldenen Knauf.

Er sah den Bauern dabei zu, wie sie das Feuer für das Opfer bereiteten, aber bevor sie damit fertig waren, ging er in den inneren Raum und betrachtete die Statuen der Götter. Dort saß die Gestalt des Thor mit seinem Hammer in seiner Hand und mit goldenen und silbernen Ringen an ihm. Er war in einem Streitwagen aus Gold, vor den eine Paar Ziegen gespannt waren, die aus Holz und Silber gefertigt worden waren.

„Welcher Gott ist das?" frug Olaf die Bauern, die nahe bei ihm standen.

„Das ist unser Gott Thor," antwortete einer der Häuptlinge, „er ist der am meisten verehrte der Götter außer Odin. Das Flammen seiner Augen sind die Blitze, das Rumpeln der Räder seines Wagens ist der Donner und die Schläge seines Hammers ertönen laut im Erdbeben. Er ist der machtvollste aller Götter."

„Und dennoch," sprach Olaf, „scheint er mir aus nichts Stärkerem als Holz gemacht zu sein. Ihr nennt ihn machtvoll, doch ich meine, daß selbst ich machtvoller bin als er!"

Als er diese Worte sprach, erhob er seinen Goldknauf-Stab und während sie alle auf ihn blickten, schlug er Thor mit einem so heftigen Schlag, daß er von seinem Sitz stürzte und auf dem Boden in Stücke zerbrach. Zugleich zerschlugen Olafs Männer all die anderen Statuen in dem Raum, während an der Tempeltür Eisenbart angegriffen und getötet wurde.

Olaf raubte viele der Schätze dieses Tempels und ließ dann das Gebäude bist auf die Grundfesten niederreißen. Keiner der Bauern wagte ihm Widerstand zu leisten. Nach Eisenbarts Tod hatten sie keinen Anführer mehr, der kühn genug war, um sich dem König zu widersetzen. Daher schworen sie am Ende alle ihren heidnischen Bräuchen ab und unterwarfen sich dem Gebot des Königs, das Christentum anzunehmen.

III 2. i)   Brosche aus Tissö

Thors Ziegenböcke

III 3.   Ziegenopfer

III 3. a)   Gylfis Vision

In dem folgenden Text wird die Ursprung der Ziegenböcke des Thor ersichtlich:

Da sprach Gangleri: „Ein gutes Schiff ist Skidbladnir und gar große Zauberei mag dazu gehört haben, es so kunstreich zu schaffen. Aber ist es dem Thor auf seinen Fahrten nie begegnet, daß er so Starkes und Mächtiges fand, das ihm an Kraft und Zauberkunst überlegen war?"

Har antwortete: „Wenige, glaube ich, wissen davon zu sagen und große Gefahren hat er doch bestanden; aber wenn es sich je begab, daß etwas so stark oder mächtig war, daß es Thor nicht besiegen konnte, so ist es besser, nicht davon zu reden, denn es gibt viele Beispiele dafür und Gründe genug zu glauben, daß Thor der Mächtigste sei."

Har äußert hier einen erstaunlich modernen Gedanken, der sehr an 'positives Denken' und an 'Urvertrauen in die Götter' erinnert.

Da sprach Gangleri: „So scheint es ja, als hätte ich euch nach einem Dinge gefragt, worauf niemand antworten könne."

Da sprach Jafnhar: „Wir haben von Begebenheiten sagen hören, deren Wahrheit uns kaum glaublich dünkt; aber hier sitzt der in der Nähe, welcher getreuen Bericht davon geben mag, und Du darfst glauben, daß er jetzt nicht zum erstenmal lügen wird, der nie zuvor gelogen hat."

Da sprach Gangleri: „Hier will ich stehen und hören, ob ich von diesen Geschichten Bescheid erhalte, denn im anderen Fall erkläre ich euch für überwunden, wenn ihr keine Antwort wißt auf meine Frage."

Da sprach Thridi: „Offenbar ist es nun, daß er diese Geschichten wissen will, obwohl uns bedünkt, es sei nicht gut davon zu sprechen. Du hast also zu schweigen.

Der Anfang dieser Erzählung ist nun, daß Ökuthor („Wagen-Thor") ausfuhr mit seinem Wagen und seinen Böcken und mit ihm der Ase, der Loki heißt.

Da kamen sie am Abend zu einem Bauern und fanden da Herberge. Zur Nacht nahm Thor seine Böcke und schlachtete sie; darauf wurden sie abgezogen und in den Kessel getragen. Und als sie gesotten waren, setzte sich Thor mit seinem Gefährten zum Nachtmahl.

Thor bat auch den Bauern, seine Frau und beide Kinder, mit ihm zu speisen. Des Bauern Sohn hieß Thialfi und die Tochter Röskwa. Da legte Thor die Bocksfelle neben den Herd, und sagte, der Bauer und seine Hausleute möchten die Knochen auf die Felle werfen.

Thialfi und Röskva sind zu Beginn der Geschichte einfache Bauernkinder.

Thialfi, des Bauern Sohn, hatte das Schenkelbein des einen Bocks, das schlug er mit seinem Messer entzwei, um zum Mark zu kommen.

Hier geht Thialfi mit einem der Knochen der Ziegenböcke auf eine Weise um, die ihm nicht erlaubt gewesen ist.

Thor blieb die Nacht da und am Morgen stand er vor Tag auf, kleidete sich, nahm den Hammer Miölnir und erhob ihn, die Bocksfelle zu weihen. Da standen die Böcke auf; aber dem einen lahmte das Hinterbein. Thor sah es und sagte, der Bauer oder seine Hausgenossen müssten unvorsichtig mit den Knochen des Bocks umgegangen sein, denn er sehe, das eine Schenkelbein wäre zerbrochen.

Das Nicht-beschädigen der Knochen von Thors beiden Ziegenböcken ist offenbar ein sinnvolles Tabu gewesen, da die Böcke nur aus den heilen Knochen wieder gesund neu entstehen können.

Es braucht nicht weitläufig erzählt zu werden, da es ein jeder begreifen kann, wie der Bauer erschrecken mochte, als er sah, daß da Thor die Brauen über die Augen sinken ließ, und wie wenig er auch von den Augen noch sah, so meinte er doch, vor der Schärfe des Blicks zu Boden zu fallen.
Thor faßte den Hammerschaft so hart mit den Fingern an, daß die Knöchel davon weiß wurden.
Der Bauer gebärdete sich, wie man denken mag, so, daß alle seine Hausgenossen entsetzlich schrien und alles, was sie hatten, zum Ersatz boten.
Als Thor ihren Schrecken sah, ließ er von seinem Zorn, beruhigte sich und nahm ihre Kinder Thialfi und Röskva zum Vergleich an: die wurden nun Thors Dienstleute und folgen ihm seitdem überall.

Symbolisch und magisch gesehen besteht die Verbindung zwischen Thor und Thialfi sowie Röskva in den geopferten Ziegenböcken. Es stellt sich daher die Frage, welche Bedeutung diese beiden Ziegenböcke mit den Namen Tanngnjostr ('Zähneknisterer') und Tanngrisnir ('Zähneknirscher') haben.
Die Herdentiere waren bei vielen Völkern die Opfertiere bei Bestattungen. Dies liegt daran, daß Herdentiere aufgrund der großen Anzahl, in der sie auftreten, als fruchtbar und zeugungskräftig angesehen wurden und die Identifizierung der Toten

mit einem für sie geopferten Herdentier daher die erfolgreiche Wiederzeugung der Toten absichern sollte.

Der Beginn der 'Karriere' des Thialfi und der Röskwa ist das Ziegenopfer und das Erlernen der Regeln, die dabei beachtet werden müssen. Die Durchführung dieses Opfers ist eine der wichtigsten Aufgaben der germanischen Priester gewesen. Thialfi wird dadurch zum Begleiter, Diener und Priester ('Gottes-Diener') des Thor und Röskwa vermutlich zur Priesterin von Sif, der Frau des Thor.

III 3. b) Hymir-Lied

In diesem Lied ist es nicht Thialfi, sondern Loki, der einen von Thors Ziegenböcken verletzt.

Sie fuhren nicht lange, so lag am Boden
Von Hlorridis Böcken halbtot der eine.
Scheu vor den Strängen schleppt er den Fuß:
Das hatte der listige Loki verschuldet.

Doch hörtet ihr wohl (wer hat davon
Der Gottesgelehrten ganze Kunde?),
Welche Büß er empfing von dem Bergbewohner:
Den Schaden zu sühnen gab er der Söhne zwei.

Durch das Arrangement in diesem Lied wird Loki hier mit Hymir assoziiert. Es hat den Anschein, als ob der Skalde, der dieses Lied gedichtet hat, davon ausging oder zumindestens seinen Hörern plausibel machen wollte, daß Loki einen der Böcke des Thor verletzt hat, während Thor bei Hymir weilte.

Da diese Verletzung in der Mythe über Thor und Thialfi als Teil eines Opferrituals geschildert wird, kann man die Verletzung des Ziegenbockes des Thor durch Loki wohl so deuten, daß der Ziegenbock während Thors Aufenthalt bei Hymir für ihn, d.h. für die Rückkehr des Donnergottes aus dem Jenseits, in dem Hymir wohnt, geopfert wurde. Das bedeutet wiederum, daß für den Gott 'Thor im Jenseits' ein Ritual durchgeführt wird – aber für Tyr/Hymir nicht mehr, der (wie in einer früheren Strophe gesagt wird) „das Wort (Ritual) nie wieder sagt".

Nachdem Loki den Gott Hödur dazu gebracht hatte, ohne es zu wollen seinen Bruder Baldur zu töten, wurde er von den Asen gejagt und schließlich in der Unterwelt angebunden, wobei seinen einen seiner Söhne in einen Wolf verwandelten, der seinen Bruder zerriß. Mit den Därmen des getöteten Loki-Sohnes fesselten die

Asen dann den Loki in der Hel.

Diese Mythe steht in Zusammenhang mit der Wiedergeburt des Göttervaters, da Baldur der Sohn des Odin ist. Odin ist wiederum der Nachfolger des Tyr. Wenn nun der Skalde in diesem Lied sagt, daß Loki wegen seiner Verletzung des Bockes des Thor in der Unterwelt gefesselt worden ist, dann raubt er dem Tyr/Odin diesen Teil seiner Mythe und überträgt sie dem Thor – wie auch einige andere Motive in diesem Lied.

Der den Thor verehrende Skalde, der dieses Lied verfaßt hat, war offenbar recht hemmungslos im Rauben und im sich Aneignen – nunja, für die Wikinger ist der Raub ein völlig normales und ausgesprochen ehrenhaftes Vorgehen gewesen. Es kann daher nicht allzusehr verwundern, wenn sie dieses Prinzip auch in ihrer Lyrik und in ihren Mythen angewandt haben.

III 3. c)   Kenningar

In der Skaldskaparmal wird die Loki-Kenning *'Dieb des Ziegenbocks'* genannt, die vermutlich auf die ebengenannte Mythe anspielt.

III 3. d)   Das Opfermoor von Niederdorla

In Thüringen liegt nahe bei Niederdorla ein ca. 700m · 200m großer See. Dieser See wurde von 600-100 v.Chr. von den Kelten und anschließend von den Germanen als Kultplatz benutzt. In seiner Nähe lag die größte bekannte thüringische Siedlung der damaligen Germanen – diese Kultstätte hat überregionale Bedeutung gehabt.

Die Kultstätte bestand u.a. aus kreisförmigen Zäunen, rechteckigen Altären, sehr schlichten Holzstatuetten ('Pfosten-Götzen') und Schiffssetzungen aus Holz. In dem See wurden Waffen, Alltagsgegenstände, Werkzeuge u.ä. sowie die Knochen von Menschen, Pferden, Rindern und Ziegen gefunden. Eine Häufung der Tierknochen fand sich auch rings um die Altäre, die offenbar Opferaltäre gewesen sind.

Um ca. 450 n.Chr., also in der Völkerwanderungzeit, während der Odin bei den Nordgermanen den Tyr als Göttervater abgelöst hat, wurden an dem See aus Holzstäben zwei 'Schiffe' mit Steuerruder in den Boden gesteckt. Das größere dieser beiden Schiffe enthält eine männliche 'Pfostenstatue' mit einem Pferdekopf; das kleinere Schiff eine weibliche 'Pfostengöttin'. Solche 'Stab-Schiffe' finden sich auch schon in den früheren Epochen an diesem See.

Es hat bei den Südgermanen folglich zumindest zwischen 100 v.Chr. und 500 n.Chr. den Brauch von Pferdeopfern und anscheinend die Vorstellung von einem 'Gott mit Pferdekopf in einem Schiff' gegeben – oder zumindestens ein recht ähnliches magisch-mythologisches Motiv. Das Schiff könnte das Jenseitsschiff der Sonne sein, was bedeuten würde, daß das Pferdeopfer und der Pferdegott mit dem jenseits in Zusammenhang stand – was sich jedoch auch schon aus der Symbolik des Sees als Jenseitstor ergibt.

III 3. e)   Das Opfermoor von Vimose

Im südlichen Teil dieses ehemaligen Sees auf der dänischen Insel Fünen sind von den Germanen seit ca. 500 v.Chr. rund 5000 Gegenstände sowie viele Pferde, Schweine, Rinder, Schafe und Ziegen sowie einige Menschen geopfert worden.

III 4. Die Ziegen-Göttin

III 4. a) Thulur

Die Riesin Eimgeitir wird nur in den Namenslisten in dem Lehrbuch der Skalden-
kunst genannt. *'Eimgeitir'* bedeutet 'Rauch-Ziege'. Mit dieser Umschreibung könnte
evtl. das Brandopfer einer Ziege bei einer Feuerbestattung gemeint sein – diese Ziege
wäre dann mit der Jenseitsgöttin als Wiederzeugungs-Geliebter des Toten identifiziert
worden.

III 4. b) Kleineres Goldhorn von Gallehus

Auf diesem goldenen Trinkhorn ist eine dreiköpfige Göttin mit einem Beil und
einem Ziegenbock dargestellt worden. Aus den übrigen Bildern ergibt sich, daß dieser
Bock für den Jenseitsreisenden geopfert wurde, um ihm die Zeugungskraft des
Bockes zu übertragen, damit dieser bei seiner Wiederzeugung im Jenseits zusammen
mit der Jenseitsgöttin erfolgreich ist.

An der Stelle des Ziegenbockes konnte auch der edlere Hirsch, der Stier oder der
Hengst stehen. Der Eber bzw. Keiler stand in Bezug auf sein Ansehen als Opfertier
vermutlich auf einer Stufe mit dem Ziegenbock, der sozusagen das Opfertier des
armen Leute und somit auch das häufigste Opfertier gewesen ist.

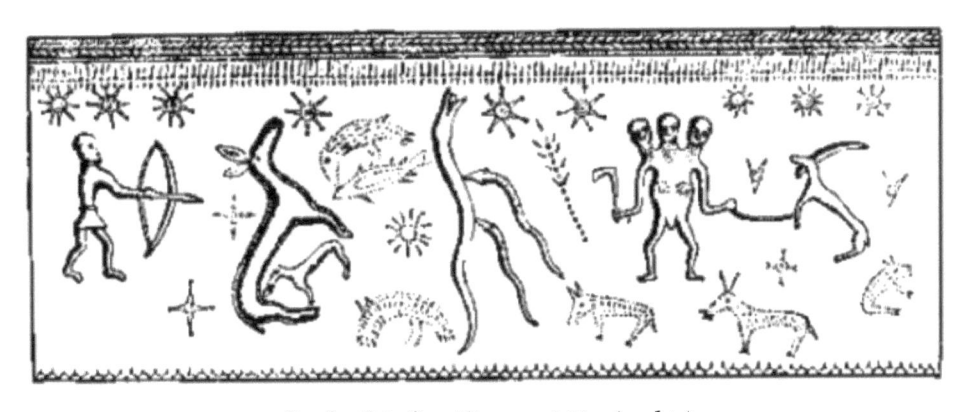

die dreiköpfige Ziegengöttin (rechts)

221

III 4. c) Hyndla-Lied

Bei der Wiederzeugung verwandelte sich die Jenseitsgöttin in ein weibliches Tier von der Art, in das sich der Tote verwandelt hatte. Da der Tote sich durch das für ihn geopferte Tier oft in einen Keiler bzw. Eber verwandelten wurde die Göttin Freya bei der Wiederzeugung zur Bache oder zu Sau – daher ist 'Syr' ('Sau') einer der Beinamen der Freya.

Entsprechend der Ziegenbock-Gestalt der Toten nahm Freya auch die Gestalt einer Ziege an:

Hyndla:
„So sollst Du von dannen ziehen, denn gerne würde ich schlafen,
Von mir sollst Du wenig Gutes erhalten;
Meine Edle, hinaus in die Nacht wirst Du springen
so wie Heidrun zwischen den Böcken.

Heidrun ist die Ziege, die von den Blättern des Weltenbaumes frißt und die statt Milch den Asen den Göttermet gibt. Da dieser Ziegen-Met mit dem Wasser/Met aus Mimirs Quelle identisch ist, ist es wahrscheinlich, daß mit dem „Erinnerungs-Bier" der Göttermet gemeint ist.

Hyndla scheint nicht bereit zu sein, dem Ottar den Göttermet zu reichen, der, wie im Wegtam-Lied berichtet wird, bei Hel für Baldur bereitsteht. Hel scheint die Hüterin des Mets zu sein.

Zu Odr sollst Du rennen, der Dich immer geliebt hat,
und zu den vielen anderen, die schon unter Deine Schürze gekrochen sind;
Meine Edle, hinaus in die Nacht wirst Du springen
so wie Heidrun zwischen den Böcken. "

III 4. d) Grimnir-Lied

Eine andere Ziege ist Heidrun, deren Milch in Walhalla getrunken wird. Ihr Name bedeutet 'Heide-Geheimnis', 'Hügelgrab-Geheimnis' oder 'Licht-Geheimnis'. Der Zusammenhang zwischen diesen drei Deutungsmöglichkeiten ist das Hügelgrab des ehemaligen Sonnengott-Göttervaters Tyr in der Heide und seine strahlende Rückkehr aus dem Jenseits am Morgen bzw. im Frühling.

Es könnte daher gut sein, daß Odin auch Heidrun von Tyr übernommen hat, als er um 500 n.Chr. zum Göttervater der Nordgermanen wurde.

Heidrun ist vermutlich ursprünglich die Jenseitsgöttin als die Wiedergeburts-Mutter gewesen, die die wiedergeborenen Toten mit ihrer Milch stillt – dieses 'Wiederstillen' schließt sich logischerweise an die Wiederzeugung und die Wiedergeburt an. Heidrun wird daher vermutlich die Gestalt der Freya bei der Wiederzeugung sein.

Heidrun heißt die Ziege vor Heervaters Saal,
Die an Lärads Laube zehrt.
Die Schale soll sie füllen mit schäumendem Met;
Der Milch ermangelt sie nie.

III 4. e)   Gesta danorum

In der folgenden Geschichte kam die Königstochter Sigrid auf ihrer Flucht in einen Wald, in dem sie dann die Ziegen einige Riesinnen hütete.

Es wäre denkbar, daß es sich bei diesen Riesinnen um eine Vervielfältigung der Jenseitsgöttin Hel im Jenseitswald Myrkvid handelt. In diesem Fall könnten die Ziegenherden nicht nur das Vieh armer Leute sein, sondern auch die Toten in Ziegengestalt.

Dann wanderte sie lange und zog durch verschiedene Wüsten und entlang von gewundenen Pfaden und gelangte schließlich zu der Hütte einiger riesiger Wald-Frauen, die ihr die Ziegen zu hüten gaben.

Die vollständige Geschichte findet sich in Kapitel 'II 8. e)'.

III 5.   Ziegenbock-Riesen

III 5. a)   Gesta danorum

Um 1185 n.Chr. hat der dänische Mönch Saxo der Schriftkundige im Auftrag seines Abtes eine 'Geschichte der Dänen' verfaßt. In diesem Geschichtsbuch, in dem sich Historisches und Mythologisches miteinander vermischt, wird in dem Bericht über die Abenteuer des Wikingers Thorkill auch auf Thor und Geirröd Bezug genommen.
Der blumige, wortreiche Stil und die langen Sätze sind kein Merkmal der germanischen Literatur, sondern typisch für die mittelalterlichen Klosterschriften.

Im Inneren sahen sie, daß das Haus völlig verfallen und war von den abscheulichen Trümmern einer gewaltsamen Zerstörung übersät war. Es wimmelte zudem von allen Dingen, die für das Auge oder den Geist abscheulich sind: Die Türpfosten waren von dem Schmutz von langen Jahren überzogen, die Mauern waren bedeckt von Schmiere, die Decke war aus Speerspitzen gefertigt, der Fußboden war mit Schlangen bedeckt und mit allen Arten von Unrat bespritzt.
Dieser derart abscheuliche Anblick schlug die Fremden mit Schrecken und zudem griff der stechende und unaufhörliche Gestank ihre gequälten Nasen an. Außerdem drängten sich blutleere, formlose Ungeheuer auf eisernen Sitzen; und die Sitzplätze waren mit Gittern aus Blei abgetrennt; und furchterregende Türwächter standen auf den Schwellen Wache. Einige von ihnen, die mit zusammengebundenen Keulen bewaffnet waren, schrien, während andere ein scheußliches Spiel trieben, bei dem sie das Fell einer Ziege von einem zum anderen warfen und sich dabei selber wie Ziegen bewegten.

Thorkill und seine Männer befinden sich offensichtlich in der Unterwelt – dieser Ort hat Ähnlichkeit mit der Schilderung der Hel in 'Gylfis Vision'. Das Ziegenfell ist vermutlich eines der Felle der Ziegenböcke, die für die Toten geopfert wurden, um deren Zeugungskraft bei ihrer Wiederzeugung magisch abzusichern.

Da warnte Thorkill seine Männer und verbat ihnen, ihre gierigen Hände vorschnell zu den verbotenen Dingen auszustrecken. Als sie weiter durch eine Spalte in den Felsen gingen, erblickten sie nicht weit entfernt einen alten Mann, dessen Leib durchstochen war und der zu der Seite des Felsens blickte, die fortgebrochen war.
Weiterhin saßen drei Frauen, deren Leiber mit Geschwüren übersät waren und die die Kraft ihrer Rückgrate verloren zu haben schienen, auf den angrenzenden Sitzplätzen. Thorkills Begleiter wurden sehr neugierig und er, der genau die

Ursachen für diese Dinge kannte, erzählte ihnen, daß vor langer Zeit der Gott Thor von der Unverschämtheit eines Riesen dazu provoziert worden war, ein rotglühendes Eisen durch die Eingeweide des Geirröd zu treiben, der mit ihm kämpfte, und daß das Eisen noch weiter gestoßen worden war, sodaß es den Berg gerammt und durch die Bergflanke gestoßen war, während die Frauen von der Macht seiner Donnerkeile getroffen wurden und daß sie (so hat er es gesagt) für ihren Angriff auf dieselbe Gottheit dadurch gestraft wurden, daß ihre Leiber zerbrochen wurden.

Der alte Mann ist Geirröd und die drei Frauen sind die beiden Riesinnen Gjalp und Greip. Vermutlich sind es hier drei Frauen, weil der Skalde die Riesin, die den Fluß Wimur zum Anschwellen brachte, nicht als eine der beiden Riesinnen, die Thors Stuhl emporgehoben haben, angesehen hat.

III 5. b) Gesta danorum

Die um 1185 n.Chr. niedergeschriebene Gesta danorum ('Geschichte der Dänen"' des dänischen Mönches Saxo grammaticus ('Saxo der Schriftkundige') enthält die Beschreibung eines Mannes, der sich als Riese verkleidet:

Als Gram davon hörte, daß Groa, die Tochter des Sigtryg, König der Schweden, einem gewissen Riesen verlobt worden war, fand er diese Verbindung so fluchwürdig für königliches Blut, daß er einen Krieg mit den Schweden begann und fest entschlossen war, dem Heldenmut des Herkules nachzueifern und die Bestrebungen des Ungeheuers zu verhindern.
Er kam nach Gotland und lief, um die Leute zu verängstigen und aus seinem Weg zu scheuchen, in Ziegenfelle gekleidet, in die verschiedensten Tierhäute gehüllt, voran und hielt in seiner rechten Hand eine schreckliche Waffe und gab sich so ganz das Aussehen eines Riesen.

Da Zwerge, Riesen und Trolle ursprünglich Jenseitswesen gewesen sind, könnten die Ziegenfelle in dieser Beschreibung mehr als nur eine ärmliche Kleidung sein und auf die Ziegenfelle der Tiere hinweisen, die für die Toten geopfert wurden und mit denen die Toten dadurch identifiziert wurden, daß sie in diese Felle gehüllt wurden.

III 5. c) Die Saga über Sturlaug den Mühen-Beladenen

In dieser Saga trägt ein als Riese verkleideter Wikinger u.a. Ziegenfelle.

Sturlaug stieg in das Boot und ruderte an der Landzunge entlang. Und als er im Norden die Landzunge umrundete, hörte er jemanden auf den Kieseln laufen und sah aus den Steinen unter den Füßen des Wesens Flammen herausschlagen. Es trug eine Hellebarde in seiner Hand. Er vermutete, daß es keine normale Waffe sein würde, die dieses Ungeheuer trug.

Sturlaug frug: „Sollte ich hier einen Mann oder eine Frau grüßen?"

Sie sagte: „Bist Du blind? Dies ist eine Frau!" sagte sie, „Und wie wirst Du genannt?"

„Sturlaug ist mein Name", sprach er.

„Woher kommst Du und was willst Du hier, Sturlaug der Fleißige?" sagte sie.

„Ich bin Horn-Neb," sagte er.

„Wer ist bei Dir?" frug sie. „Ist vielleicht Hrolf Neb bei Dir? Mir wurde gesagt," sagte sie, „daß er ein schöne Mann ist, den man gerne an seiner Seite hat und daß kein Wesen schneller als er ist."

„Da ist viel Wahres dran," sagte er.

„Dann liegt irgendeine Täuschung in dieser Sache," sagte sie, „Willst Du einen Handel mit mir abschließen?"

„Welche Art von Handel?" sagte er.

„Ich will, daß Du Hrolf Neb zu mir bringst, damit ich sehen kann, wie groß und stark er ist und wie er aussieht, weil ich viel über sein gutes Aussehen gehört habe. Ich gebe Dir dafür das, was ich in meiner Hand habe – das ist eine Hellebarde."

Sturlaug sagte: „Was ist Besonderes an diesem Schatz, den Du mir anbietest?"

Sie sagte: „Sie schneidet durch alle Dinge, die Du mit ihr triffst. Sie kann so zusammenschrumpfen, daß Du sie in Deinem Umhang wie einen Dolch tragen kannst. Wohin Du auch immer gehen wirst, wird der Erfolg stets schnell zu Dir kommen, was auch immer Du willst oder brauchst."

Sturlaug sagte: „Dann schließen wir den Handel ab."

Da ging Sturlaug zu seinen Schwur-Brüdern und weckte Hrolf Neb und bat ihn, mit ihm zu kommen. Da gingen sie zu der Klippe, an deren Fuß die alte Dame war. Hrolf setzte sich an die Kante der Klippe und ließ seine Füße hinunterbaumeln.

Er war in ein zotteliges Ziegenfell gekleidet und trug auf seinem Kopf ein ganzes Kalbsfell, dessen Schwanz oben auf seinem Kopf emporstand, und sein ganzes Gesicht war schwarz eingerieben mit dem Ruß des Kessels, und er hatte sich einen Stock quer in den Mund gesteckt, damit sich seine Backen auswölbten. Er hielt ein Horn in seiner Hand. An jedem Fuß trug er eine Schweinehaut. Als er sich so zurechtgemacht worden hatte, sah er nicht stattlich aus, während er dort auf der

Klippe saß und den hell scheinenden Mond anstarrte.

Das Horn in der Hand des Hrolf Neb könnte darauf hinweisen, daß auch die Riesin Horn-Neb Hörner an ihrem Kopf trug und daß daher ihr Namen 'die mit den Hörnern und dem Schnabel' bedeutet.

Der Wikinger Hrolf-Neb trug nur Felle von Tieren, die auch für die Toten geopfert wurden: Ziege, Rind und Schwein. Das Horn ist zudem als Trinkgefäß für den Jenseits-Met ein wichtiges Requisit der Toten im Jenseits.

III 5. d)   Die Saga über Hromund Greipsson

Auch in dieser Saga verkleidet sich ein Mann, wobei jedoch nicht erkennbar ist, warum er sich in genau dieser Weise maskiert. Das Ansetzen eines Ziegenbartes an sein Kinn könnte evtl. dem Kleiden in Ziegenfelle entsprechen – nach dem Verkleiden ist Hromund zumindestens stark wie ein Riese und tötet alle seine Gegner in der Schlacht …

Hromund nahm eine Keule in seine Hand, befestigte einen langen Ziegenbart in seinem Gesicht, zog sich eine Kapuze über sein Gesicht und stürzte sich in den Kampf.

III 5. e)   Das erste Lied über Helgi Hunding-Töter

In diesem Lied führen Godmund (Tyr) und Sinfiötli vor der Schlacht zwischen ihnen einen Beleidigungs-Wettstreit durch, in dessen Verlauf Sinfiötli die folgenden Verse spricht:

„Ein geistloser Knecht schienst Du zu sein,
Als Du einst Gullnirs Geißen gemolken hast."

Godmund wird in diesen beiden Versen als der Ziegenhirte des 'goldene Tyr-Riesen' Gullnir (siehe 'Gullnir' in Band 5) bezeichnet.

Dies könnte zwar einfach eine Bezeichnung des Godmund als Leibeigener (Ziegenhirte) ein, aber da die Beleidigungen vor und nach diesen beiden Versen sehr viele sexuelle Anspielungen enthalten, könnte der Ursprung dieser Beleidigung auch die Umdeutung der Wiederzeugung des Tyr-Godmund in Ziegenbock-Gestalt sein.

227

III 5. f) Völsungen-Saga

Dieselbe Beleidigung wird auch in dieser Saga berichtet – diesmal in Prosa:

Da sprach Sinfiötli: „Erinnerst Du Dich nicht, ... wie Du anschließend der Ziegenhirte des Riesen Gullnir warst? "

III 5. g) Das andere Lied über Helgi Hunding-Töter

In diesem Lied findet sich eine Variante dieser Beleidigung:

Sinfiötli:
„Eher magst Du, Gudmund, Geißen hüten
Und durch Spalten schlüpfen auf schroffen Bergen,
Als Hirt die Haselgert in der Hand:
Schwertentscheidung geziemt Dir schlecht. "

III 5. h) Thorsdrapa

Als der rasche, schnell in Wut geratende
Verhinderer von Lokis Bosheiten
sich der Braut der Verwandten
des Sumpfbocks entgegenstellen wollte,

zogen die Schlacht-Wanen los
bis der Hauptverminderer der Mädchen
des Feindes der schönen Göttin
des Himmelsschildes Gangrs Blut erreichte.

Der *'Verhinderer von Lokis Bosheiten'* ist Thor.

Der *'Sumpfbock'* ist möglicherweise ein doppeldeutiges Bild. Es könnte sich zum einen darauf beziehen, daß die Germanen bei den Bestattungen ihren Verstorbenen ein Herdentier opferten und dies dann in einem See, Sumpf oder Moor versenkten, die das Tor in das Jenseits zur Halle der Frigg ('Fensalir' = 'Sumpfsaal') darstellten.

Die Fruchtbarkeit und die Zeugungskraft dieses Opfertieres wurde magisch auf die Toten im Jenseits übertragen, da sie diese Qualitäten bei ihrer Wiederzeugung mit der

Jenseits-Muttergöttin als Geliebter (Freya) und bei ihrer anschließenden Wiedergeburt durch sie benötigten. Dieses Motiv bezog sich offensichtlich nur auf die männlichen Toten.

Diese Vorstellungen finden sich in den Mythen der Germanen z.B. in Odins Reise in der Gestalt einer Schlange in die Unterwelt zu Gunnlöd wieder, mit der er sich vereinte, dann den Göttermet trank und in der Gestalt eines Adlers (Seelenvogel) nach Asgard zurückkehrte. Auch Thors Schlachten seiner beiden Ziegenböcke und ihre anschließende magische Wiederherstellung durch seinen Hammer (Penis-Symbol / Wiederzeugung) wird wahrscheinlich eine Assoziation der Germanen zu dem Begriff 'Sumpfbock' gewesen sein.

Der *'Sumpfbock'* könnte jedoch zum anderen auch als Kenning für den Fenriswolf benutzt worden sein, da sein Namen 'Sumpf-Wolf' bedeutet. Mit dem 'Sumpf' ist auch hier der Eingang in die Unterwelt gemeint, den der Wolf bewacht.

Aus beiden Deutungen des 'Sumpfbocks' ergibt sich, daß seine *'Verwandten'* die Riesen waren, da diese wie die Toten und die ihnen geopferten Herdentiere ebenfalls im Jenseits ('Utgard') lebten. Eine *'Braut der Verwandten des Sumpfbocks'* ist folglich eine Riesin. Diese Riesinnen sind identisch mit den *'Mädchen'*, die Thor in der vorigen Strophe betrügt.

Die Kenning *'Schlacht-Wanen'* ist hier wohl als Heiti für 'kriegerische Götter' aufzufassen, da der Gott Thor und der Mensch bzw. Alf Thjalfi, die nach Geirrödsgard gereist sind, keine Wanen waren.

Der *'Himmelsschild'* ist die Sonne, die in früherer Zeit bei den Germanen als ein strahlender Schild angesehen wurde – er wurde z.B. in den frühgermanischen Felsritzungen in Skandinavien häufig abgebildet. Die *'schöne Göttin des Himmelsschildes'* ist die Sonnengöttin Sol. Die *'Feinde der Sonnengöttin'* sind die Wesen der Unterwelt wie z.B. der Wolf Skalli ('Schatten'), der die Sonne zu fressen versucht. Mit dieser Kenning sind hier etwas ungenau auch die Riesen gemeint. Die Zwerge, die den Riesen als nah verwandt angesehen wurden, erstarrten zu Stein, wenn ein Sonnenstrahl auf sie fiel – insofern ist auch die Sonne der 'Feind der Unterirdischen'.

Der *'Hauptverminderer der Riesen-Mädchen'* ist Thor. Diese Kenning weist wohl darauf hin, daß Thor auch die Riesinnen tötet.

Die häufige Erwähnung der Riesinnen in diesem Lied scheint darauf hinzudeuten, daß die Riesinnen hier ähnlich wie die Mutter des Riesen Grendel im Beowulf-Epos (750 n.Chr.) gefürchtet wurde. Die Riesinnen gleichen in diesem Lied offenbar eher der Riesin Hel als den Riesinnen Gunnlöd, Gerdr oder Jörd, mit denen sich die Asen manchmal vereinten. Es gab zu der Zeit des Skalden Eilifir Godrunason offensichtlich schon die Polarisierung der Jenseits-Muttergöttin in die beiden Aspekte der gefürchteten Göttin der Unterwelt (Hel) und in die herbeigesehnte Göttin-Geliebte, die mit der Wiederzeugung verbunden war (Freya).

Aus der Göttin Freya wurde später in den Sagen die Jungfrau, die der Held befreite, und aus der Riesin Hel des Teufels Großmutter.

'Gangr' ('Gang, Gehender') ist ein Beiname des Urriesen Ymir, aus dessen Blut das Meer entstanden ist, das man daher als *'Gangrs Blut'* bezeichnen kann. Die Heiti 'Gangr' für Ymir ist ein wenig verwunderlich, da Ymir in den Mythen als ausgesprochen passiv erscheint. Vielleicht war 'Gangr' eine allgemeine Heiti für 'Riese' im Sinne von 'die Umherstreunenden' oder von 'die im Jenseits Gegangenen' und konnte daher auch für den Urahn aller Riesen verwendet werden. Eilifir Godrunason hat die Kenningar in dieser Drapa des öfteren etwas freier als sonst üblich gebildet …

Kenning-freie Übersetzung der Strophe: *'Als sich der jähzornige Thor der Riesin entgegenstellen wollte, zogen die Asen mit ihm, bis sie zusammen mit Thor das Wasser erreichten.'*

III 5. i) Gesta danorum

Der Tyr-Riese Miming erscheint in der Gesta danorum als gehörnter Satyr. Er entspricht offenbar dem gehörnter Mann auf den Goldhörner von Gallehus: der 'Ziegenbock-Mann', den die Kirche zu dem gehörnten Teufel umgedeutet hat.

Die folgende Geschichte ist ein Teil der Übertragung der Baldur/Hödur-Mythe in den Bereich der Saga.

Als er (Hother) *heimkehrte, berichtete er König Gewar die Täuschungswerk, daß er nach seiner Verirrung gesehen hatte, und bat ihn geradeheraus um die Hand seiner Tochter* (die Göttin Nanna). *Gwear antwortete ihm, der er ihn von Herzen gern bevorzugen würde, aber daß er fürchte, daß er, wenn er Balder* (Baldur) *zurückweisen würde, seinen Zorn entflammen würde; denn Balder habe, sagte Gewar, ihn ebenfalls um seine Tochter gebeten. Und Gewar sagte, daß die geheime Stärke von Baldurs Körper ihn sogar vor Stahl schützte. Aber er ergänzte, daß er ein Schwert kenne, daß ihm den Tod bringen könne, das aber so gut wie nur möglich bewacht würde. Dieses Schwert befand sich im Besitz des Miming, eines Satyrs aus den Wäldern, der auch einen Armreif besaß, der die geheime, magische Gabe besaß, den Wohlstand seines Besitzers zu mehren .*

Außerdem waren die Pfade zu dieser Gegend unwegsam und voller Hindernisse und daher für sterbliche Menschen nur schwer zu begehen. Der größte Teil des Weges war ständig von außergewöhnlicher Kälte umgeben. Daher riet er ihm, ein Rentier-Gespann zu benutzen, durch dessen große Geschwindigkeit er die hartgefrorenen Berge schnell überwinden könne. Und wenn er dann schließlich an den Ort komme, solle er sein Zelt solcherart fern von der Sonne aufschlagen, daß der Schatten der Höhle, in der Miming lebte, auf das Zelt fallen würde. Aber er solle auf keinen Fall den Schatten seines Zeltes auf Miming fallen lassen, damit keine ungewohnte Dunkelheit auf den Eingang falle und den Satyr am herauskommen hindere.

So würde er sowohl den Armreif als auch das Schwert in seine Hände bekommen. Das eine würde ihm Gedeihen des Wohlstandes bringen und das andere Glück im Krieg – beide würden somit ihrem Besitzer einen großen Schatz verschaffen.

So sprach Gewar und Hother zögerte nicht, diese Anweisungen auszuführen. Nachdem er sein Zelt in der eben beschrieben Weise errichtet hatte, verbrachte er die Nächte mit gespanntem Warten und die Tage mit Jagen. Aber zu beiden Zeiten blieb er sehr wach und ohne Schlaf – er verbrachte die Zeiten des Tages und Nacht solcherart, daß er in der einen gespannt auf das lauerte, was geschah, und in der andern Nahrung für seinen Körper beschaffte.

Einmal, als er die ganze Nacht über wachte und seine Sinne durch die viele Anspannung schläfrig und dämmerig geworden waren, warf der Satyr einen Schatten auf sein Zelt. Er zielte mit dem Speer auf ihn und warf ihn mit dem Wurf zu Boden. Dann ergriff und fesselte er ihn, sodaß er nicht fliehen konnte. Dann drohte er ihm mit fürchterlichen Worten das schlimmste an und verlange von ihm das Schwert und den Armreif. Der Satyr zögerte nicht, ihm das Lösegeld für sein Leben zu zahlen, das von ihm verlangt wurde, denn allen ist ihr Leben mehr wert als ihr Reichtum – nichts wird von den Sterblichen höher geschätzt als der Atem ihres eigenen Lebens. Hother frohlockte über den Schatz, den er errungen hatte und zog wieder heim mit seinen Kostbarkeiten, die zwar nur wenige waren, aber dafür edle.

III 6. Wiederzeugung in Ziegengestalt

III 6. a) Skaldskaparmal

Das Motiv der Wiederzeugung, die durch das Opfer eines männlichen Herdentieres magisch abgesichert werden sollte, wird in der folgenden Szene deutlich:

Aber Skadi, des Riesen Thiassi Tochter, nahm Helm und Brünne und alles Hausgerät und fuhr gen Asgard, ihren Vater zu rächen.

Skadi wird an dieser Stelle offenbar als eine Kriegerin oder eine Walküre angesehen, die den Mord der Asen an ihrem Vater Thiazi (Tyr) rächen will.

Da boten ihr die Asen Ersatz und Buße. Zum ersten sollte sie sich einen der Asen zum Gemahl wählen, aber ohne mehr als die Füße von denen zu sehen, unter welchen sie wähle. Da sah sie eines Mannes Füße vollkommen schön und rief: „Diesen kies ich. Baldur ist ohne Fehl." Aber es war Niördr von Noatun.

Baldur ist der Sohn des Odin und der Gott der Germanen, der am deutlichsten ein Wiedergeburtsgott ist. Skadi, die Tochter des Tyr, die ursprünglich seine Jenseits-Geliebte gewesen sein wird, sucht nach dem Tod des Göttervaters nach dessen Wiedergeburt, also nach Baldur, um dessen geliebte zu werden. Bei dem Sonnengott-Göttervater sind Wiederzeugung und Wiedergeburt ein zyklischer Vorgang, der jede Nacht stattfindet. Dadurch ist der Göttervater jeden Tag neu (sein eigener Sohn), aber zugleich immer derselbe.

Njörd war der Göttervater der Wanen. Möglicherweise ist der Übergang der Skadi von Thiazi zu Njörd auch ein Motiv, daß die Asen und die Wanen miteinander verbinden sollte.

Diese Folge von Verhältnissen zwischen einer Göttin und den verschiedenen „Göttervätern" entspricht genau der Auffassung der Indogermanen vom Königtum, dessen Grundlage die Vereinigung des angehenden Königs mit der Muttergöttin bei seiner Krönungs-Jenseitsreise ist. Diese Göttin symbolisierte u.a. auch das Land selber. Die Könige haben somit die Wiederzeugungs-Symbolik aus den Bestattungs-ritualen und aus den Mythen des Sonnengott-Göttervaters auf sich selber übertragen.

Die Wahl des Bräutigams nur anhand seiner Füße ist zunächst einmal verwunderlich. Es gab jedoch bei den Indogermanen und auch bei anderen Völkergruppen, die ebenfalls von den frühen Ackerbauern in Mesopotamien abstammen, die Vorstellung des Sonnengottes als eines Wanderers, bevor er ein Bootsfahrer war und danach auf einen Streitwagen umstieg und am Ende dann zu einem Reiter wurde. In dieser Mythe gab es das Motiv des im Jenseitsfluß verlorenen Schuhs, das sich u.a. bei dem griechischen Helden Jason, im Märchen „Aschenputtel" und eine fast identischen Märchen bei den alten Ägyptern findet. Varianten dieses Themas sind der 'besondere Schuh' wie der 'Eisenschuh'" des Asen Widar oder der Schuster-Beruf des keltischen Sonnengottes Lugh.

Da der fehlende oder besondere Schuh ein sicheres Kennzeichen des Sonnengott-Göttervaters gewesen ist, lag es für Skadi nahe, ihren neuen Mann, also den wiedergeborenen Thiazi nach seinen Füßen auszuwählen. Da sie ursprünglich auch die Wiedergeburts-Mutter des neuen Göttervaters gewesen ist, müßte sie ihn zwar auch ohne nach seinen Schuhen zu schauen erkennen, aber dieser Zusammenhang ist damals schon in Vergessenheit geraten – der Sonnen-Wanderer ist hingegen noch immer bekannt gewesen.

Eine der Vergleichsbedingungen der Skadi war auch, daß die Asen es dahin bringen sollten, daß sie lachen müsse; sie glaubte, das würden sie nicht zuwege bringen.
Da befestigte Loki eine Schnur an dem Bart einer Ziege und mit dem anderen Ende an seine Hoden, wodurch sie hin und her gezogen wurden und beide laut schrien vor Schmerz. Drauf ließ sich Loki in Skadis Schoß fallen. Sie lachte und somit war ihre Aussöhnung mit den Asen vollbracht.

Die Hoden des Loki weisen daraufhin, daß es hier um eine sexuelle Symbolik handelt. Der Ziegenbock war ein beliebtes Opfertier bei Bestattungen, bei der die Zeugungskraft des Bocks auf den Toten übertragen wurde, damit sich dieser erfolgreich wiederzeugen konnte. Die Muttergöttin nahm jeweils die Gestalt des entsprechenden weiblichen Tieres an, das ihre Fruchtbarkeit verkörperte.

Die Schnur von dem Bart des Ziegenbocks zu den Hoden des Loki ist eine ganz konkrete Verbindung zwischen der Zeugungskraft des Bockes und der des Loki. Diese sehr materielle Symbolik entspricht dem Stab, der Loki mit dem Thiazi-Adler zusammenklebte.

Das Schreien des Loki und das Lachen der Skadi wird man wohl als Orgasmus, d.h. als erfolgreiche Wiederzeugung deuten dürfen.

Zwischen der Verbindung der Skadi mit Thiazi-Tyr und ihrer Verbindung mit Njörd wird somit eine Verbindung mit Loki eingeschoben, was der Vorstellung über den zyklischen Wechsel des Sieges zwischen dem Göttervater und dem Jenseitsgott und den dadurch verursachten Jahreszeiten entspricht.

Durch die Verbannung des Tyr als feindlicher Riese in die Utgard-Unterwelt haben sich die Bezüge zu den Aufenthaltsorten verdreht. Die ursprünglichen Orte sind kursiv beigefügt.

Die Zeiten, in der Skadi bei dem Göttervater war, sind hellgrau hinterlegt – sie sind die Sommer. Die Zeiten, in denen Skadi bei dem Jenseitsgott Loki war, sind dunkelgrau hinterlegt – sie sind die Winter.

Skadi und der Göttervater				
Göttin	*Gott*	*Aufenthaltsort*	*Ereignis*	*Jahreszeit*
Skadi	Thiazi-Tyr	Thrymheim in Utgard *(ursprünglich: Diesseits)*		Sommer
			Entführung der Idun, Altern der Asen, Tod des Thiazi-Tyr	Herbst
Skadi	Loki	Asgard *(ursprünglich: Jenseits)*	Vereinigung (Bock/Hoden)	Winter
			Einigung zwischen Skadi und den Asen	Frühling
Skadi	Njörd	Noatun am Meer *(ursprünglich: Diesseits)*		Sommer

Es wird gesagt, daß Odin zur Buße noch Thiazis Augen nahm, sie an den Himmel warf und zwei Sterne daraus bildete.

Skadi hat drei Bedingungen gestellt, die ursprünglich zusammen die Wiederzeugung und die Wiedergeburt des Göttervaters gewesen sind:

- einen der Asen als Mann = der wiedergeborene Göttervater
- die Asen bringen sie zum Lachen = Wiederzeugung
- Thiazi bzw. seine Augen kommen an den Himmel = der Sonnengott-Göttervater kehrt morgens bzw. im Frühjahr an den Himmel zurück = Wiedergeburt des Göttervaters

III 6. b) Skirnir-Lied

In diesem Lied droht Skirnir, der Schamanen-Priester des Freyr, der Jenseitsgöttin Gerdr fürchterliche Strafen an, wenn sie nicht einwilligt, Freyrs Frau zu werden.

Eine dieser Strafen ist das Trinken von Ziegen-Urin, was eine Umdeutung des Empfangens des Ziegenbock-Spermas des Toten in Ziegenbock-Gestalt bei der Wiederzeugung sein könnte, bei der die Jenseitsgöttin die Gestalt einer Ziege hat.

Die Riesen Hrimnir, Hrimthurs und Suttungs Sohn sowie der dreiköpfige Thurse sind allesamt Formen des Tyr als Jenseitskönig ('Alberich').

Die vollständige Deutung des folgenden Fluches findet sich bei 'Skirnir' in Band 37 und bei 'Flüche' in Band 68.

Skirnir:
„Mit der Zauberrute zwingen werd ich Dich,
Maid, zu meinem Willen.
Dahin wirst Du kommen, wo Kinder der Menschen
Dich nicht mehr sollen sehen.

Auf des Aaren Felsen in der Frühe sollst Du sitzen,
Weg von der Welt gewandt zu Hel.
Speise sei Dir widriger als wem auf Erden
Der menschenleide Midgardswurm.

Ein scheußliches Wunder wirst Du draußen,
Daß Hrimnir Dich angafft, Dich alles anstarrt.
Weitkunder wirst Du als der Wächter der Götter:
Gaffe denn hervor am Gitter.

Einsamkeit und Abscheu, Zwang und Ungeduld
Mehren Dir Trübsinn und Tränen.
Sitze nieder, so sag ich Dir
Des Leides schwellenden Strom,
Den zweischneidigen Schmerz.

Trolle sollen Dich ängsten all den Tag
Hier im Gehege der Joten.
Vor der Hrimthursen Hallen sollst Du den heilen Tag
Dich krümmen kostberaubt,
Dich krümmen kostverzweifelt.
Leid für Lust wird Dir zum Lohn,
Mit Tränen trägst Du Dein Unglück.

Mit dreiköpfigem Thursen teilst Du das Leben
Oder alterst unvermählt.
Sehnsucht scheut Dich
Von Morgen zu Morgen;
Wie die Distel dorrst Du, die sich gedrängt hat
In des Ofens Öffnung.

Zum Hügel ging ich, ins tiefe Holz,
Zauberruten zu finden:
Zauberruten fand ich.

Gram ist Dir Odin, gram ist Dir der Asenfürst,
Freyr verflucht Dich.
Flieh, üble Maid, bevor Dich vernichtet
Der Götter Zauberzorn.

Hört es, Joten, hört es, Hrimthursen,
Suttungs Söhne, ihr Asen selber!
Wie ich verbiete, wie ich banne
Mannes Gesellschaft der Maid,
Mannes Gemeinschaft.

Hrimgrimnir heißt der Riese, der Dich haben soll
Hinterm Totentor,
Wo verworfene Knechte in knotige Wurzeln
Dir Geißenharn gießen.
Anderer Trank wird Dir nicht eingeschenkt,
Maid, nach Deinem Willen,
Maid, nach meinem Willen!

Ein Thurs schneid ich Dir und drei Stäbe:
Ohnmacht, Unmut, Ungeduld.
So schneid ich es ab wie ich es einschnitt,
Wenn es Not tut so zu tun."

III 7.   Ziegenbock-Verwandlung

III 7. a)   Die Saga über die Siedler von Eyre

In dieser Saga wird berichtet, wie die Zauberin Katla ihren Sohn Odd mehrmals dadurch schützt, daß sie ihn in etwas anderes verwandelt, bzw. ihn für die Augen seiner Verfolger als etwas anderes erscheinen läßt.

Die Verwandlung in einen Ziegenbock könnte ihren Ursprung durchaus in der Ziegenbock-Verwandlung der Toten auf ihrer Jenseitsreise haben. Die Zauberin Katla hätte dann eine enge Verwandtschaft mit der Jenseitsgöttin.

Als es von Holt aus zu sehen war, daß sie umkehrten, sagte Katla zu ihren Frauen: „Bleibt auf euren Plätzen sitzen; ich gehe mit Odd in den Vorraum. "

Dann ging sie durch die Hallentür in den Vorraum und begann gegenüber der Außentür ihren Sohn Odd zu kämmen und ihm die Haare zu schneiden.

Dann kamen Arnkell und seine Leute zur Türe herein und sahen, wo Katla war und daß sie einem ihrer Ziegenböcke spielte, seinen Kopf und seinen Bart streichelte und sein Fell kämmte.

Arnkel und seine Männer gingen zu dem Herd und sahen Odd nirgendwo. Katlas Spindel lag auf der Bank. Da glaubten sie, daß Odd dort nirgendwo gewesen sein könne.

Da gingen sie hinaus und fort. Als sie jedoch an den Ort kamen, an dem sie schon zuvor wieder umgekehrt waren, , sprach Arnkel: „Fragt ihr euch nicht auch, ob Odd in der Gestalt des Ziegenbocks dort gewesen ist? "

„Ich weiß nicht, " sagte Thorkel, „aber wenn wird nun zurückkehren, werden wir uns Katla vornehmen. "

III 7. b)   Landnahme-Buch

Der 'Felsenbewohner' in der folgenden Geschichte ist ein Troll. Man nannte die Hügelgräber oft 'Felsen', da die Grabkammer in ihrem Inneren aus Felsenplatten errichtet wurde. Daher ist ein 'Felsenbewohner' ein Totengeist in der Grabkammer seines Hügelgrabes. Diese Totengeister nannte man auch 'Trolle', was wörtlich 'Läufer' im Sinne von 'Wiedergänger', also 'aus dem Jenseits zurückgekehrter Totengeist' bedeutet. Die ursprüngliche Bedeutung von 'Troll' ist noch in der altertümlichen Redewendung „Troll Dich davon!" bewahrt geblieben.

237

Der Ziegenbock mit der große Zeugungskraft wird der Troll selber gewesen sein, also ein Mann, der durch seine Identifizierung mit einem Ziegenbock bei seiner Bestattung die Jenseits-Gestalt eines Ziegenbocks erhalten hatte – und nun als solcher wieder zurück ins Diesseits gekommen ist, um den Menschen (seinen Nachkommen?) zu helfen.

Bjorn träumt eines Nachts, daß ein Felsenbewohner zu ihm gekommen war und ihm Zusammenarbeit anbot und daß er sie angenommen hatte. Daraufhin kam ein Ziegenbock zu seiner Herde und seine Herden bekamen nun so schnell Junge daß er schon bald in Reichtum schwamm. Seither wurde er Ziegenbock-Bjorn genannt.

Die Männer, die die Gabe des Hellsehens hatten, sahen, wie die Schutzgeister des Landes Bjorn zum Thing folgten und daß sie Thorstein und Thord beim Jagen und beim Angeln folgten.

III 7. c) Thulur

In den Namens-Listen des Snorri Sturluson werden auch Bezeichnungen für die Ziegen aufgeführt:

Die Ziegenböcke heißen Maskierter
und Speer-Unterarm,
Zahn-Knirscher, Stämmiger
und Zahn-Grinser,
Leuchtener und Ziegenbock,
Bock und Masken-Betrüger,
Heißer und Heidrun,
Jung-Ziege und Zicklein,
Schwarzmaul
und schließlich Klein-Ziege.

'Maskierter':   Die Toten trugen bei ihrer Reise ins Jenseits das Fell und den Schädel eines Ziegenbocks als „Maske".

'Speer-Unterarm':   Dies ist vermutlich eine Anspielung auf die Hörner der Ziegen.

'Leuchtender':   Dies Übersetzung ist unsicher. Es könnte eine Anspielung auf die Ziegengestalt des ehemaligen Sonnengott-Göttervaters Tyr bei dessen Wiederzeugung sein.

'Masken-Betrüger':   Die Übersetzung des hier mit 'Betrüger' wiedergegebenen Wortes ist unsicher. Die Grundsymbolik wird dieselbe wie bei 'Maskierter' sein.

'Heißer': Geiler, Zeugungsstarker

III 7. d)   Die Saga über Hromund Greipsson

In dieser Saga tötet ein sehr starker Held einen König mit einer Keule – dies ist offensichtlich eine Sagen-Variante des mythologischen Motivs des Thor, der den Tyr-Riesen mit seiner Keule bzw. mit seinem Hammer erschlägt.

Nun wird berichtet, daß Hromund Greipsson in des Königs Gefolge war. Er nahm eine Keule in die Hand, befestigte einen langen, grauen Geißbart an seinem Gesicht, zog eine Kapuze über seinen Kopf und stürzte sich dort in den Kampf, wo die beiden beiden Brüder tot lagen. Er rettete die Standarte des Königs und begann mit seiner Keule auf die Schurken einzuschlagen.

Hröngvith frug, wer er sei und on der Vater dieses verfluchten Kari sei.

Hromund nannte ihm seinen Namen und sagte, daß er seine Brüder rächen werde, „obwohl Kari kein Verwandter von mir war, werde Dich trotzdem töten!"

Daraufhin versetzte er Hröngvith mit seiner Keule solch einen Schlag, daß sein Kopf allzeit danach schief stand.

Hröngvith sagte: „Ich bin in vielen Schlachten gewesen, aber ich habe noch nie einen solchen Schlag erhalten!"

Hromund versetzte ihm einen weiteren Schlag und zerbrach seinen Schädel. Beim dritten Schlag starb er.

Danach ergaben sich die Überlebenden dem König und so endete die Schlacht.

Es darf bezweifelt werden, daß der Geißbart als Maske eine mythologische Bedeutung hat – aber immerhin erinnert diese Maske an den Ziegenbock-Namen 'Maskierter'. Vielleicht ist die Ziegenbart-Maske als Teil des Ziegenbock-Fells auf die Hülle des Toten bei der Jenseitsreise aufzufassen.

III 8. Ziegen-Felle

Man unterschied damals im Norden bei den Germanen die *Ziegenbockfelle* ('bukkaskin', 'bukkavara') von den *Ziegenfellen* ('geit-skinn'). Der 'bukk' ist der Bock, d.h. der Ziegenbock und die 'geit' die Geiß, d.h. die Ziege.

Es wäre denkbar, daß diese Unterscheidung selbst bei den Fellen auch davon mitgeprägt worden ist, daß man bei den Bestattungen der (männlichen) Toten nur die Felle von männlichen Tieren benutzte … aber diese Deutung ist ausgesprochen unsicher.

III 9. Ziegen-Jenseits

III 9. a) Skaldskaparmal

Der Kampf zwischen Thor und Geirröd findet in dieser Version im Ziegenstall des Tyr-Riesen Geirröd statt. Offenbar konnte man die Höhle, d.h. das Hügelgrab des Tyr-Riesen, die mit der Halle der Hel identisch ist, aufgrund der vielen ziegengestaltigen Toten dort auch wenig respektvoll 'Ziegenstall' nennen.

Als nun Thor vor Geirröd trat, wurden die Gefährten zunächst zu ihrer Unterhaltung in den Ziegenstall gewiesen. Dort stand ein Stuhl als Sitz für Thor und dort ließ sich Thor nieder.

III 10. Sonstige Ziegen-Symbolik

III 10. a) Das andere Lied über Helgi Hunding-Töter

Später werden in diesem Lied noch einmal Ziegen genannt, aber diesmal werden sie als Bild für ängstliche Männer verwendet:

So schuf Helgi Schrecken und Angst
All seinen Feinden und ihren Freunden,
Wie vor Wölfen wütig rennen
Geißen am Berghang des Grauens voll.

III 10. b) Personennamen

Es gibt einige Männer- und Frauennamen, die mit einem der Worte für 'Ziegenbock' gebildet worden sind. Diese Namen enthalten jedoch keine deutlichen mythologischen Hinweise. Man könnte zwar den 'Ziegenstein' als den Stein, auf dem die Ziegen geopfert wurden, ansehen, aber da diese '-stein'-Namen zum einen sehr beliebt waren und zum anderen die Ziegenopfer bereits gut bekannt sind, ergibt sich daraus nichts Neues.

Ziegenbock-Personennamen		
Name		*Bedeutung*
Mann	*Frau*	
Bruse		Ziegenbock
Geitir		Ziege, Ziegenbock
Hafr		Ziegenbock
Geitungr, Geting		Wespe (wörtlich: Mann aus der Ziegen-Sippe)
Hafrbjörn, Hafurbjörn		Ziegenbock-Bär
Hafrsteinn		Ziegenbock-Stein
	Hafrlaug	Ziegenbock-Eid/Versprechen

III 10. c) Rammbock

Ein *'bukkr'* war bei den Nordgermanen sowohl ein Ziegenbock als auch ein Rammbock, also ein Balken, mit dem man im Kampf Tore einschlug. Diese Namensgebung ist aufgrund des Verhaltens der Ziegen ausgesprochen naheliegend, wie jeder bestätigen kann, der schon einmal Ziegen gehütet hat …

III 10. d) Landnahme-Buch

In den folgenden Versen hat die Ziege keinerlei mythologische Symbolik:

Sigurd Svinhofdi war ein großer Krieger und lebte in Kvernvoga-Strand. Sein Sohn Herjolf war acht Winter alt, als er einen Wald-Bären erschlug, weil dieser eine seiner Ziegen gerissen hatte.
Darüber gab es ein paar Verse:

Der Hintern-versengte Braune
biß eine Geiß des Herjolf,
aber der Hintern-schwere Herjolf
rächte seine Geiß an dem Braunen.

Der 'Braune' ist der Bär. Das Wortspiel mit dem Hintern der beiden Gegner stellt den Bären als den Unterlegenen und Herjolf als den Standfesten dar.

III 11. Spätere Entwicklung

III 11. a) Jacob Grimm: Deutsche Mythologie

Eber und bock waren heilige opferthiere, der eber dem Freyr, böcke und ziegen dem Thôrr gewidmet, wie noch jetzt bock und ziege für teufelsgethier gelten.

... ...

Die vorstellung des teufels in bocksgestalt steigt in hohes alterthum hinauf; wie hätte sie in dem ketzer und hexenwesen so fest gewurzelt? alle hexen dachten sich ihren meister als schwarzen bock, dem sie bei feierlichen zusammenkünften göttliche ehre erwiesen; umgekehrt sühnte und vertrieb der weiße bock teuflischen einfluß.

in schwüren und verwünschungen des 15. 16 Jahrhundert parodiert jener bock den wahren gott: ›daß in der pock schend!‹ ist eine häufige formel bei Hans Sachs; man schwur ›bei bocks schedel, bei bocks lid‹, wie bei den gliedern der heiligen ›bei bocks hulde‹. oder sollte hier bocks bloße nebenform von botz, potz für gotts sein? es wäre auffallend, daß die dichter des 13. Jahrhundert niemals bock in gleichem sinn verwenden; nur in Martina steht helleboc deutlich für teufel.

Bockschnitt heißt jener bilwezschnitt, den das volk geistern und dem teufel zuschreibt.

Der bock war aber Donars heiliges thier, den so oft die jüngere vorstellung vom teufel im hintergrund hat. das volk in der Schweiz ißt die ziegenfüße nicht, weil der teufel mit ziegenfüßen erscheint oder beim stiefelausziehen die geißfüße hervorkommen; es könnte auch aus dem mythus von Donars böcken erklärt werden, die er als speise auftischte und aus den knochen wieder belebte und über deren zerbrochne beine er zürnte.

In den märchen erscheint aber der teufel selbst als meckernder bock, schon in Gregorii magni als ›cornu et trepidicam ferens‹, was ich verstehe, in eines dreifüßigen bockes gestalt, gehörnt; dreibeinige thiere sind gespensterhaft und teuflisch.

auch das posterli zeigte sich als ziege. Sollten nicht die von den Heiden geopferten böcke hernach von den Christen auf die gestalt des heidnischen götzen angewandt worden sein?

bei der alten Preußen bocksheiligung wurde das opferthier hoch empor gehoben.

... ...

Das anbeten und küssen des bocks oder katers wurde gerade den ketzern schuld gegeben, deren namen sogar davon hergeleitet worden ist. diese parodie göttlicher anbetung kann an bocksopfer der Heiden und an die heiligkeit dieses thiers geknüpft, aber auch aus der uralten bockfüßigen gestalt des teufels erklärt werden.

... ...

Von seinem auf den boden triefenden blut gerathen die berge in brand und der jüngste tag wird noch durch andere zeichen verkündet. wir müsten die vorstellung von dem teufel, dem Antichrist, Elias und Enoch in ihrer ganzen vollständigkeit, wie sie etwa im 7. und 8. jahrhudert umgieng, kennen, um diese analogie zwischen Elias und dem Donar der Heiden sicher auffassen zu können. in der christlichen überlieferung ist nichts, was eine verwundung, und gar tödtliche, des Elias anzunehmen berechtigte.

Noch merkwürdiger aber wird die vergleichung dadurch, daß auch halbchristliche kaukasische völker den Elias als donnergott verehren. einen blitzerschlagnen preisen die Osseten glücklich und glauben, Elias (Ilia) habe ihn zu sich genommen; die hinterbliebenen erheben freudengeschrei, singen und tanzen um den leichnam, alles strömt herzu, schließt sich dem reihen an und singt: ›o Ellai, Ellai eldaer tschoppei!‹ (o Elias, Elias herr der felsengipfel). neben dem steinhaufen des grabhügels wird eine große stange mit dem fell eines schwarzen ziegenbocks aufgerichtet, denn auf diese weise opfern sie dem Elias überhaupt.

Sie flehen den Elias an ihre felder fruchtbar zu machen und den hagel davon abzuhalten.

Schon Olearius berichtet, daß die caspischen Circassier auf Eliastag ziegen opfern und das fell an einer stange unter gebeten aufspannen.

Ja selbst die Muhamedaner nennen in ihren gebeten zu abwendung eines gewitters den namen Iljas.

... ...

Wahrscheinlich gehört eine benennung der schnepfe (scolopax gallinago) hierher: donnerziege, donnerstagspferd, himmelsziege, capella coelestis, weil sie in der luft meckern oder wiehern soll? sie wird aber auch wettervogel, gewittervogel, regenvogel genannt, man behauptet, daß ihr flug nahendes gewitter verkünde. dänisch myrehest, schwedisch horsgjök, isländisch hrossagaukr (pferdeguguk) vom gewieher, wenn er zum ersten mal im jahr sich hören läßt, zeigt er den menschen ihr schicksal an; offenbar haften abergläubische vorstellungen auf diesem vogel. sein lettischer name pehrkona kasa (donnerziege), pehrkona ahsis (donnerbock) stimmt völlig zu jenem deutschen. auch litthauisch gibt Mielcke Perkuno ožys für himmelsziege an, der auch die benennung tikkuttis zusteht.

Kannes pantheum will donnerstagspferd für die ziege selbst, nicht für den vogel in anspruch nehmen, was beglaubigung fordert, aber willkommen wäre.

Zur weitern bestätigung gereicht aber das angelsächsische firgengæt (ibex, rupicapra, gemse) und firginbucca (capricornus), denen ein althochdeutsches virgungeiz, virgunpocch entsprechen würde, worin also die analogie von faírguni zu Donar obwaltet. das über felsen springende thier steht dem felsengott noch besser an, als der zahme bock.

Nach der edda hat Thôrr ein gespann böcke vor seinem donnerwagen: zwischen ihnen und dem mythischen wettervogel, der als bock oder pferd (immer als ein wagenziehendes thier) vorgestellt wird, könnte irgend eine halbverdunkelte beziehung walten.

Thor heißt hafra drôttinn im Hymislied. seine böcke heißen tanngniostr und tanngrisnir, dente frendens, was an lateinisch nefrendes = arietes oder porci nondum frendentes erinnert, die noch keine zähne haben. tanngniostr ist auch beiname für einen mann.

... ...

Es ist wichtig, daß dem teufel, d.h. des donnergottes jüngeren stellvertreter auch die erschaffung der geiße und böcke beigelegt wird, und wie Thôrr die abgegessnen knochen der böcke bei seite legen und aufheben läßt, damit er sie neu beleben könne; so hat nach dem glauben der Schweizerhirten die ziege etwas teuflisches, sie ist vom teufel erschaffen, namentlich gelten ihre füße für teuflisch und werden nicht gegessen.

Ob dem deutschen donnergott vorzugsweise böcke und ziegen geopfert wurden? das altrömische, etruskische bidental (von bidens, lamm) bezeichnet die stelle, wo der blitz eingeschlagen und einen menschen getödtet hatte: ein lamm muste da dem Jupiter geopfert werden; den menschen verbrannte man nicht, sondern begrub ihn.

Wenn die Osseten und Circassier ihrem donnerer gerade so bei der vom blitz getroffenen leiche eine ziege opfern und das fell an einer stange aufrichten, so wird dadurch noch um viel wahrscheinlicher, daß das langobardische ziegenopfer keinem andern als dem Donar gegolten habe. denn der gebrauch des fellaufhängens war langobardisch und galt auch bei anderm anlaß, wie demnächst dargethan werden soll.

In Kärnten gilt blitzerschlagnes vieh für gottgeweiht, niemand, selbst die ärmsten nicht, wagt davon zu essen.

... ...

Die nordische benennung eines solchen vortex lautet fors, dänisch fos und Isländer-Sagas erwähnen ausdrücklich: ›blôtaði forsin‹. der sage von dem flußgeist fossegrim ist schon gedacht: in solch einem fors hauste der zwerg Andvari. zumal aber scheinen dem strudel (δῖνος) thieropfer zu gebühren, wie dem fossegrim der schwarze bock, und die aus Agathias angeführten stellen von pferden, welche die Alamannen den strömen und schluchten darbrachten, gehören zusammen.

... ...

Die Serben erzählen von einer wunderkuh, aus deren ohr garn gesponnen, die hernach geschlachtet und begraben wird, auf deren grab wunder geschehn. einer wünschelkuh Kâmaduh oder Kâmadhenu gedenkt die indische mythe (Somadeva 1, 198). Eines wünschelbocks, der geld schaft, das norwegische märchen.

III 12. Zusammenfassung

Der Kern der Ziegen-Symbolik ist die Verwandlung der Jenseitsgöttin und der Toten sowie des toten Göttervaters in Ziegen bzw. Ziegenböcke bei der Wiederzeugung, der Wiedergeburt und dem Wiederstillen.

Durch diese Symbolik wurden die Toten zu Männern mit Ziegenbock-Masken, der tote Göttervater zu einem Riesen in Ziegenfellen, die Göttin Freya zu der Ziege Heidrun und zu einer Ziegenhirtin sowie die Grabkammer im Hügelgrab zu einem Ziegenstall.

Der Vorgang der Verwandlung des Geistes des Toten in einen Ziegenbock wurde dadurch bewirkt, daß man für ihn einen Ziegenbock opferte und den Toten in dessen Fell, an dem sich noch der Schädel ('Maske') befand, hüllte. Dies wurde in den Sagas zu der Verwandlung eines Menschen in einen Bock sowie zu den hilfreichen Ziegenbock-Totengeistern.

Die Wiederzeugung selber ist in der Skadi-Mythe noch deutlich mit einem Ziegenbock und dem Jenseitsgott Loki assoziiert.

Durch die Vermischung der Ziegensymbolik mit dem Streitwagen des Thor entstand der von zwei Ziegenböcken gezogene Wagen des Donnergottes. Durch diese Vermischung gelangte auch die Opfer-Symbolik zu Thors 'Zugtieren'. Dieses Opfer wurde von dem Thor-Priester Thialfi durchgeführt. Die Verletzung des Bockes bei der unsachgemäßen Durchführung dieses Opfers wurde Loki zugeschrieben.

Im Christentum wurde der Bock zu einem Tier des Teufels bzw. zu dessen Gestalt.

III 13. Die Ziegen bei den Indogermanen

III 13. a) Kelten

Die keltischen Matronen treten bisweilen zusammen mit Ziegen auf.

Über den Ziegenbock-Gott Bugius ist außer seinem Namen, der 'Bock' bedeutet, kaum etwas bekannt.

Der unten abgebildete Helm mit Ziegenbock-Hörnern wurde einem Pferd aufgesetzt. Pferd und Ziegenbock müssen also eine sehr ähnliche Symbolik gehabt haben – vermutlich die der Wiederzeugung.

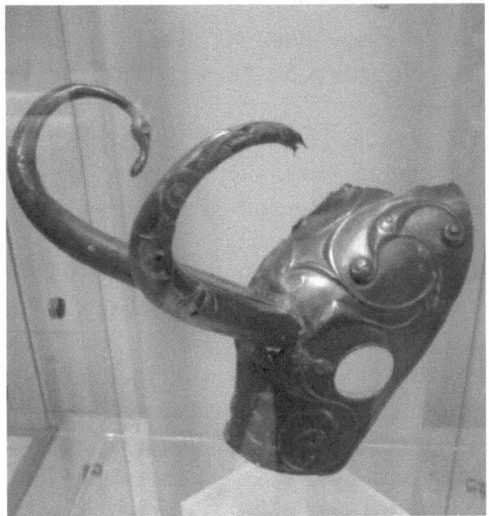

Pony-Helm mit Ziegenhörnern mit Vögeln (keltisch)
Torr (Schottland), ca. 200 v.Chr.

III 13. b) Römer

Die Römer kannten den Gott Faunus, der dem griechischen Pan entsprach. Er war wie der slawische Porewit und der elamische Ziegenmann der Tote im Jenseits (symbolisch die Wildnis), der sich zur Stärkung seiner Zeugungskraft mit dem Ziegenbock identifiziert hatte.

Der römische Stammesgott Faunus trug wie Pan Ziegenhörner. Er ist in früher Zeit auch der Königsgott gewesen. Auch Jupiter, Juno und Bacchus wurden von den Römern oft mit der Ziege in Verbindung gebracht.

Die Römer assoziierten sowohl den Jupiter als auch den Bacchus mit der Ziege und die Göttin Juno wird fast immer zusammen mit einer Ziege dargestellt. Da die beiden obersten Gottheiten Jupiter und Juno mit der Ziege assoziiert wurden, kann man wohl davon ausgehen, daß der Ursprung der beiden Jupiter als Stammesgott und Juno als Muttergöttin ist, die ihrerseits wiederum auf die Vereinigung des Toten in Ziegenbockgestalt mit der Muttergöttin in Ziegengestalt im Jenseits war.

III 13. c) Germanen

Bei den Germanen ist der Ziegenbock vor allem das Tier der Wiederzeugung. Es wurde für den Toten geopfert, wobei die Zeugungskraft des Bockes magisch auf den Toten übertragen wurde.

Der germanische Donnergott Thor hat große Ähnlichkeit mit dem slawischen Perun: die zottelige Erscheinung, der kupferrote Bart, der zurückkehrende Hammer, der Ziegenwagen und der Kampf mit dem Schlangengott (Loki/Midgartschlange bzw. Veles).

Die Ziegen des Thor, die er verspeisen und aus deren Fell und Knochen er sie neu zum Leben erwecken konnte, sind ein deutlicher Hinweis auf eine frühere Todes- und Wiedergeburtssymbolik.

In der germanischen Mythologie tritt wie in Mesopotamien eine Ziege an dem Weltenbaum auf, die Heidrun, genannt wurde. Sie gab nicht nur Milch, sondern auch Met, was deutlich ihre Verbundenheit mit der Wiedergeburtssymbolik zeigt, da Milch und Met die Getränke waren, die die Toten im Jenseits ernährten, wobei der Met die Symbolik der Wiedergeburt als Ursache für das Weiterleben im Jenseits übernommen hatte.

III 13. d) Slawen

Perun, der Gott des Donners, des Feuers, der Berge, und der Eiche war der höchste Gott der Balten. Man stellte ihn sich wie den germanischen Thor als einen zotteligen Mann mit kupferfarbenem Bart vor, der in einem von einem Ziegenbock gezogenen Streitwagen über den Himmel fuhr. Er benutzte steinerne Waffen und er war der Beschützer der Pferde. Perun trug wie Thor eine große Axt oder einen Hammer, mit dem er alle bösen Geister und Feinde vertreibt und der stets in seine Hand zurückkehrt.

Der slawisch-germanische Donnergott mit dem Ziegenwagen hat eine wichtige Wurzel offenbar in dem Ziegenmann (Pan, Faunus, Porewit), der ursprünglich der mit dem Ziegenbock identifizierte Tote im Jenseits (Wildnis) war.

Perun hatte auch die Symbolik des Dhyaus übernommen: Er war der oberste Gott, der Blitzgott und er wurde als Adler auf dem Weltenbaum dargestellt. Unter den Wurzeln des Weltenbaumes (Unterwelt) hauste die Regenräuberschlange Veles, der ständig dem Perun die Rinder, die Kinder oder die Frau stahl. Perun jagte ihn mit seinen Blitzen und Veles verwandelte sich in verschiedene Tiere, bis Perun den Veles schließlich in die Unterwelt zurück verbannte.

Die mächtigste Waffe des Perun sind die goldenen Äpfel, die den Tod bringen – die offensichtlich eine Umdeutung der Äpfel der Göttin sind, die nun nicht mehr im jenseits die Wiedergeburt bringen, sondern selber zur Ursache des Todes geworden sind ... ein häufig anzutreffender Übergang in der indogermanischen Mythologie. Diese Äpfel entsprechen Evas Apfel im Paradies.

Perun ist mit der Sonnengöttin verheirate, die er aber mit Veles teilen muß, d.h. Perun und Veles sind abwechselnd bei ihr in der Unterwelt und teilen sich folglich auch die Herrschaft im Diesseits: Veles hat die Trockenzeit und Perun die Regenzeit für sich.

Der Kampf zwischen dem Adler Perun und der Schlange Veles gleicht sowohl dem Adler und der Schlange auf dem germanischen und auch auf dem sumerischen Weltenbaum sowie besonders den Auseinandersetzungen zwischen Thor und Loki, was dafür spricht, das Loki wie Veles ursprünglich eine Unterweltschlange gewesen sind.

Der in der Wildnis lebende slawische Gott Porewit („Bienenmeister") ist entweder ein bärtiger Mann mit Hirschhörnern oder er hat die Gestalt eines Ziegenbocks. Sein auffälligstes Merkmal ist sein erigierter Penis. Er gleicht also sehr dem griechischem Pan und wird daher dieselbe mythologische Entstehungsgeschichte haben. Es gab auch eine Vielzahl von Waldgeistern mit Ziegenbeinen, die Zuibotschnik genannt wurden.

III 13. e) Hethiter

In den mythologischen Darstellungen der Hethiter findet sich einmal eine geflügelte Sphinx auf einer Ziege. Da die Sphinx allgemein am Weg ins Jenseits steht, kann man wohl von einer mit der bisherigen Interpretation der Ziege übereinstimmenden Bedeutung ausgehen.

249

Nach Bestattung wurde ein Ziegenbock als „Sündenbock" geschlachtet, auf den vorher magisch alle Vergehen des Toten übertragen wurden.

III 13. f) Lyder

Auf dem Kleid der Artemis in ihrem Tempel in Ephesos finden sich neben geflügelten Löwen, geflügelten Rindern, Hirschen und Pferden auch Ziegen dargestellt, die daher wohl die Fruchtbarkeitssymbolik der Rinder, Hirsche und Pferde teilen.

III 13. g) Inder

Der indische Gott Pushan, der in einem Ziegenwagen fährt und einen goldenen Speer (Sonnenstrahl) trägt, entspricht dem slawischen Porewit, dem griechischen Pan, dem römischen Faunus und in etwa auch dem germanischen Freyr. Die beiden Namen 'Pan' und 'Pushan' sind zwei Formen des indogermanischen Gottes 'Pehuson', dessen Name 'Wächter, Hirte' bedeutet.

Pushan tritt in acht Hymnen des Rig-Veda auf. Da Pushan der Mann der Surya ist, die die Tochter des gleichnamigen Sonnengott Surya ist, kann man davon ausgehen, daß Pushan der tote Sonnengott in der nächtlichen bzw. winterlichen Unterwelt in Ziegenbock-Gestalt ist. Zudem wurde er als Bote der Sonne, als Beschützer der Wege, Begleiter der Toten und als Förderer des Wachstums angesehen, was alles Funktionen sind, die nach der Umdeutung eines Sonnengottes klingen.

Rig-Veda 10, 26:
O Pushan, mögen Deine Ziegen den Streitwagendeichsel hierher wenden!
Du bist der Freund aller Bittsteller, in alter Zeit geboren, niemals wankend.
Möge der herrliche Pushan unserem Streitwagen Stärke und Macht geben!
Möge er unseren Vorrat an Schätzen vermehren und diese unsere Bitte erhören!

Rig-Veda 6, 66:
Kein Gespann von Ziegen soll euren Wagen ziehen, o ihr Maruts, und auch kein Roß!
Und es soll keinen Wagenlenker gegeben, der den Streitwagen führt!
Niemals hält er an, er ist zügellos, er fährt durch die Lüfte, fährt alleine seinen Weg
über die Erde und den Himmel.

Hier wird der Sonnen-Streitwagen beschrieben, der offenbar von zwei Ziegen gezogen wird.

Rig-Veda 6, 63:

Du bist wie der Himmel: der eine Teil ist hell, der andere heilig – wie Tag und Nacht unterschiedlicher Farbe sind.

Du unterstützt jegliche magische Kraft, Du ruhst in Dir selbst! Möge Deine Beute reichlich sein, o Pushan!

Geißen-gezogener, Hirte des Viehs; der, dessen Heimat die Stärke ist, der zu Hymnen inspiriert, der über die Welt gesetzt worden ist;

Du Pushan, lenkst Deine Geißen mit leichter Hand hierhin und dorthin, Du siehst alle Wesen, wie sie heraustreten.

O Pushan, mit Deinen goldenen Schiffen, die die See überqueren, in der Höhe der Lüfte,

eilst Du auf einem Botengang zu Surya, von Liebe erfüllt, nach Ruhm Dich sehnend.

Das goldene Schiff ist die Sonnenbarke am Himmel.

III 13. h) Perser

In diesem Text wird der Gott Verethragna beschrieben, der von Ahura Mazda erschaffen worden ist. Die Aufzählung seiner zehn verschiedenen Gestalten erinnert sehr an die zehn Avatare des Vishnu bei den Indern, die zusammen mit den Mitanni die nächsten Verwandten der Perser sind.

Wir opfern dem Verethragna, den Ahura erschaffen hat.

Zarathustra frug Ahura Mazda: „Ahura Mazda, allerwohltätigster Geist, Erschaffer der leiblichen Welt, Du Heiliger! Wer ist der am besten Bewaffnete unter den himmlischen Göttern?"

Ahura Mazda antwortete: „Das ist Verethragna, der von Ahuhra Erschaffene, o Spitama Zarathustra."

... ...

Verethragna, der von Ahura Erschaffene, kam ein neuntes mal zu ihm – er kam in der Gestalt eines schönen, kämpferischen Ziegenbocks, mit spitzen Hörnern.

So erschien Verethragna, erfüllt von dem Ruhm, den Mazda erschaffen hat ...

III 13. i)   Skythen

In den Grabhügeln der Skythen wurde Paare von geflügelten goldenen Steinböcken gefunden. Aus den Grabbeigaben sind auch ein geflügelter Löwe mit Adlerkopf, der einen Steinbock fängt, bekannt. Es gab auch lange Stäbe mit einer Ziege an der Spitze, die man wohl in Prozessionen mittrug. Es sind auch goldene Steinbock-applikation bekannt, die man an den Mützen befestigte.

Den beiden skythischen Göttinnen Ge und Api war die Ziege heilig. Die Skythen trugen bei ihren Prozessionen auch Ziegenstandarten mit sich und applizierten sich auch flache, goldene Ziegen auf ihre Filzmützen. Außer Ziegen finden sich bei ihnen auch Steinböcke als goldene Ornamente an ihrer Kleidung.

III 13. j)   Thraker

Von den Thraker ist sowohl ein goldenes Trinkhorn, daß an seiner Spitze in einem Ziegenvorderkörper ausläuft, als auch ein solches Gefäß mit einem Schafvorderteil bekannt.

III 13. k)   Griechen

Aus der griechischen Mythologie ist der 'Ziegenmann' Pan und die Satyrn gut bekannt. Abgesehen von den Ziegenbeinen Pans entsprechen sie vom Aussehen und wohl auch von ihrer mythologischen Bedeutung her dem elamitischen Mann mit den Ziegenhörnern. Man kann wohl davon ausgehen, daß sie ihren Ursprung in der

Aphrodite mit Ziege
Griechen, Sizilien

symbolischen Verwandlung des Toten in eine Ziegenbock haben, durch die er sich die Zeugungskraft im Jenseits sicherte, die er für seine Vereinigung mit der Göttin und die sich daraus ergebende Wiedergeburt brauchte. Dazu paßt gut, daß Pan vor allem für seine Triebe bekannt ist und er ständig den Nymphen nachstellt, die ihrerseits eine Vervielfältigung und 'Verflachung' der Muttergöttin in der Wasserunterwelt sind.

Der Name Pan stammt vermutlich wie der entsprechende lateinische Name Faun vom indogermanischen Pehuson ab, was 'Hirte' bedeutet.

Bei den Griechen ist Pan der ziegenhörnige und bocksbeinige Gott in der Wildnis. Er entspricht ganz dem slawischen Porewit, der wie Pan auch mit Ziegenhörnern und großem Phallus dargestellt werden konnte.

Auch der junge Gott Dionysos, der später die Mysterien des Dionysos gründete, wurde als kleines Zicklein dargestellt. Die Ziege war u.a. auch der Aphrodite heilig – sie wurde folglich auch als Tier der Göttin angesehen, die bei der Wiederzeugung wohl die Gestalt einer Ziege annahm.

Der Schmiedegott Hephaistos (der Sonnengott-Göttervater Zeus in der Unterwelt) hat für Zeus die Aegis hergestellt. Dies ist ein goldener Schild aus Ziegenfell, auf dem Orakelschlangen und das Haupt der Gorgo befestigt waren. Wenn es geschüttelt wird, entstehen Blitz, Donner und Nacht.

Illias 1, 313:
Drauf hieß Atreus Sohn sich entsündigen alle Achaier:
Und sie entsündigten sich, und warfen ins Meer die Befleckung,
Opferten dann für Apollon vollkommene Sühnhekatomben
Mutiger Stier' und Ziegen am Strand des verödeten Meeres;
Und hoch wallte der Duft in wirbelndem Rauche gen Himmel.
So war alles im Heere beschäftiget.

Illias 3, 103:
Bringt zwei Lämmer herbei, dem Helios weiß und ein Böcklein,
Schwarz der Erd' und ein Weibchen; wir bringen dem Zeus noch ein drittes.
Ruft alsdann auch Priamos Macht, daß jener das Bündnis
Schwör', er selbst! denn die Söhne sind übermütig und treulos:
Daß kein frevelnder Mann Zeus' heiligen Bund verletze.

Illias 6, 178:
Als er nunmehr vernommen die Todesworte des Eidams;
Hieß er jenen zuerst die ungeheure Chimära
Töten, die göttlicher Art, nicht menschlicher, dort emporwuchs:
Vorn ein Löw', und hinten ein Drach', und Geiß in der Mitte,
Schrecklich umher aushauchend die Macht des lodernden Feuers.

III 13. l) Indogermanen

Die Symbolik der Ziege scheint in einigen Details von der der Hirsche und Rinder abzuweichen:

- der Ziegenmann in der Wildnis,
- die Ziege als Tier der Göttin,
- die Assoziation von Ziege und Sphinx,
- die wiedergeborenen Ziegen (des Thor),
- der Sündenbock,
- Trinkgefäße in Ziegengestalt,
- die Ziege gibt Milch und Met.

Zunächst erscheint auch hier die Göttin und der Mann in der Wildnis als Ziege bzw. Ziegenbock. Die Ziege ist sowohl mit dem Jenseitsweg (Sphinx), der Wiedergeburt (Thors Ziegen) als auch mit dem rituellen Getränk (Trinkhorn, Ziege gibt Met) verbunden.

Die zusätzliche Funktion, die die Ziege bei den Hethitern und auch bei verschiedenen orientalischen Völkern hatte, ist die des Sündenbocks. Vermutlich ist dies eine von der Wiederzeugung weitgehend unabhängige zweite Symbolik.

Vielleicht ist sie dadurch entstanden, daß man zunächst bei der Bestattung die Ziege opferte und sie dabei mit dem Toten identifizierte, um dessen Zeugungskraft zu stärken, und daß man dann in einem zweiten Schritt die Identifizierung dafür nutzte, die Sünden des Toten auf die Ziege zu verschieben.

III 14. Die Ziegen in der Jungsteinzeit

III 14. a) Sumer

In Sumer fand sich eine Darstellung des Weltenbaumes (Dattelpalme), neben dem symmetrisch zwei Ziegenböcke stehen. Die Ziegen waren hier also von Bedeutung für die Reise entlang des Weltenbaumes zur Himmelsgöttin.

Dazu, daß man auch hier am ehesten einen Hinweis auf die Zeugungskraft der Ziegenböcke vermuten kann, paßt es gut, das der in dem unterirdischen Süßwasserozean Abzu lebende Unterweltsgott- und Weisheitsgott Enki auch 'heiliger Steinbock im Abzu' genannt wurde. Auch sein Schiff trug diesen Namen.

Da das Schiff des Unterweltsgottes dasselbe ist wie der Nachen des Jenseitsfährmannes, also das Hilfsmittel, um vom Diesseits ins Jenseits zu gelangen, sollte auch der Steinbock ein solches Hilfsmittel auf der Reise ins Jenseits sein – eben die Zeugungskraft, die für die Wiederzeugung benötigt wurde.

Der Name 'heiliger Steinbock im Abzu' für die Jenseitsbarke ist genauso eine assoziative Umschreibung wie 'Skidbladnir' ('zusammenfaltbares Schiff') für das Rinderfell beim germanischen Utiseta.

Enki wurde auch als Steinbock mit einem Fischschwanz dargestellt: die Zeugungskraft in der Wasserunterwelt. Aus diesem Mischwesen entstand später dann das Symbol für das Tierkreiszeichen Steinbock.

Schließlich wurde die Muttergöttin Inanna auch die 'Leitziege' genannt. Somit läßt sich das Motiv der Vereinigung des Toten als Stier mit der Göttin als Kuh durch das Motiv der Paarung von Toter/Ziegenbock mit der Göttin/Ziege ergänzen.

Die Sumerer schienen insgesamt die Ziegen und ihre Verwandten sehr zu schätzen, da an einer Stelle einmal jemand seinen Freund in einem Brief den 'Bergbock mit den schönen Hörnern' nennt.

III 14. b) Elamo-Drawiden

Der auffälligste elamitische Fund bezüglich der Ziege ist die Statue eines nackten Mannes mit Stab, der sehr erstaunt seine Augen weit öffnet und sich vorbeugt, und der auf seinem Kopf die Hörner einer Ziege oder eines Steinbockes hat. Man könnte vermuten, daß dieser Mann sich gerade auf seiner Reise ins Jenseits befindet. Sein Stab wäre dann entweder ein Wanderstab oder ein Symbol des Weltenbaumes und seine Ziegenhörner ein Zeichen seiner Zeugungskraft.

Die Ziege findet sich bei den Elamitern auch mit einem Fischschwanz dargestellt: die Ziege in der Wasserunterwelt. Sie war auch eine Darstellung des sumerischen Gottes Enki und später auch des babylonischen Ea sowie des Tierkreiszeichens Steinbock.

Die elamitische Ziegensymbolik stimmt folglich mit der sumerischen überein.

III 14. c) Semiten

Es finden sich neben dem Ziegenfischgott Ea der (semitischen) Babylonier nicht allzuviele Hinweise auf eine größere Bedeutung der Ziege, aber man kann wohl davon ausgehen, daß sie allgemein als eine Variante der weitverbreiteten Rinder-symbolik angesehen wurde. auf frühen Darstellungen findet man immerhin einige Male die geflügelte Muttergöttin Ishtar auf oder neben zwei Steinböcken.

Im Bereich der südarabischen Religionen fand sich ein Altar mit einem Steinbock-relief.

Bei den Phöniziern machten Schafe und Ziegen ca. 2/3 der Opfertiere aus.

Die Bedeutung des Stieres, des Steinbockes mit Fischschwanz und des Widders waren in den frühen semitischen Religionen offensichtlich so wichtig, daß alle drei zu Tierkreiszeichen erhoben wurden.

III 14. d) Jungsteinzeit

Die Ziege war den archäologischen Funden zufolge das erste Tier, das in der Jungsteinzeit domestiziert wurde.

In den Bildern der späten Jungsteinzeit, die sich vor allem auf der Keramik in den Grabbeigaben erhalten haben, findet sich zwar nicht die Ziege, aber die ihr verwandten Gazellen, Antilopen und Steinböcke. Sie werden oft als Reihen darge-stellt, was ihr Leben in Herden und somit ihre Fruchtbarkeit ausdrückt, oder als Paar, wobei dann die eine von ihnen auf dem Kopf steht, sich beide mit ihren Füßen berühren und beide in entgegengesetzte Richtungen blicken. Dieses 'Skatkarten-Arrangement', das sich auch schon in der Altsteinzeit bei den Darstellungen der Muttergöttin findet, stellt wahrscheinlich Diesseits und Jenseits dar. Man kann also vermuten, daß die Ziege die allgemeine Symbolik der Huf- und Herdentiere teilt.

IV Schaf

IV 1. Schafe in der germanischen Überlieferung

Da die Schafe zu den Herdentieren zählen, ist zu erwarten, daß sie in etwa dieselbe Symbolik haben wie Rinder, Hirsche, Ziegen, Schweine und Pferde und daß sie daher die Zeugungskraft der Jenseitsreisenden und die Fruchtbarkeit der Jenseitsgöttin verkörpern, die diese für die Wiederzeugung und die Wiedergeburt benötigen.

IV 2. Widder-Götter und Widder-Riesen

IV 2. a) Heimdall und Midjungr

In den Nafna-Thulur wird 'Midjungr' als Name eines Riesen und eines Widders aufgeführt. Man kann daher vermuten, daß 'Midjungr' wie die vier Stier-Riesen und wie die vier Himmelsträger-Zwerge gehörnt ist.

Der Name dieses Riesen setzt sich aus 'mid' für 'Mitte, bemerken, markieren' und 'jungr' für 'jung sein' zusammen. Mit 'mid' ist vermutlich die Menschenwelt 'Midgard' gemeint und mit 'jungr' ein Kind, sodaß sich für den Namen 'Midjungr' die Bedeutung 'Kind aus Midgard', also 'Mann, Mensch' ergibt.

Der Riese, der möglicherweise Widderhörner trägt, ist somit menschengestaltig und vermutlich auch eng mit den Menschen verbunden. Da mit Heimdalls Beinamen 'Hallinskidi', der wörtlich 'Hügelgrab-Brett' bedeutet, auch ein Widder bezeichnet werden konnte, könnte 'Midjungr' eine Kenning für diesen Gott sein. Dazu würde passen, daß Heimdall als der Begründer der drei Stände angesehen wurde.

Möglicherweise hat die Assoziation des Heimdall mit dem Widder einen Zusammenhang mit dem Trinkhorn bzw. Signalhorn des Heimdall. Er könnte ursprünglich auch ein gehörnter Gott gewesen sein. Da Heimdall wahrscheinlich eine Variante des ehemaligen Göttervaters Tyr ist, wären seine Widderhörner eine Analogie zu den Stierhörnern des Tyr.

Der Riese 'Midjungr' ist auch aus einer Strophe des Liedes 'Haustlöng' bekannt, in der geschildert wird, wie Loki an dem Tyr-Adler festklebt und von ihm über den Boden geschliffen wird:

257

Der Blutvogel,
der sich über seine Beute freute,
flog ein langes Stück mit dem listigen Gott,
sodaß der Wolfsvater fast entzweiriß.

Da war Thors Freund,
der heftig zusammengebrochen war,
gezwungen,mit all seiner Kraft
um Midjungs Frieden zu flehen.

Der 'Blutvogel' ist der Adler-Seelenvogel des Tyr. Seine 'Beute' ist Loki.

Der 'listige Gott', der 'Wolfsvater' und 'Thors Freund' sind ebenfalls Loki-Kenningar (Loki ist der Vater des Fenris-Wolfes).

'Midjung' ist der Riese Tyr-Thiazi. Das Lied 'Haustlöng' beginnt mit der Schilderung eines Stier-Opfers an Tyr-Thiazi, sodaß sich auch hier das Hörner-Motiv findet.

Der Name 'Midjungr' im Zusammenhang mit Tyr-Thiazi und mit Heimdall wird wohl in etwa 'Gott von Midgard', 'Beschützer von Midgard' oder 'Gott der Menschenwelt' bedeuten.

Der ehemalige Göttervater Tyr, der im Jenseits zu einem Riesen wurde, der u.a. die Namen 'Thiazi' und 'Midjungr' trug, sowie der Gott Heimdall, der wahrscheinlich durch die Verselbständigung eines Aspektes des ehemaligen Göttervaters Tyr entstanden ist, wurden auch als Widder angesehen.

Die Ursache dafür wird sein, daß für den Göttervater zu beginn seiner Jenseitsreise ein Herdentier geopfert worden ist, um seine Zeugungskraft bei seiner Wiederzeugung mit der Jenseitsgöttin zu sichern.

IV 2. b) Heimdall und Loki

Die Überlieferung zu der Widder-Verwandlung beschränkt sich auf zwei Hinweise, die jedoch gut zueinander passen:

Heimdall trägt den Beinamen 'Hallinskidi' und in den Thulur des Snorri Sturluson wird 'Hallinskidi' als eine Bezeichnung für 'Widder' aufgeführt.

Der Name 'Hallinskidi' bedeutet wörtlich 'Hallen-Ski' oder 'Hallen-Brett', was jedoch eine Kenning oder eine mythologische Anspielung ist. Die 'Halle' könnte ein Hügelgrab und das 'Brett' ein Penis sein (heute sagt man in diesem Zusammenhang umgangssprachlich eher 'Latte'), was dann auf die Wiederzeugung hinweisen würde, was gut zu dem Widder passen würde. Vielleicht ist 'Hallen-Brett' jedoch auch als

'Hallen-Mann' zu verstehen, da alle länglichen Hölzer anstelle von 'Baum' als Umschreibung für 'Mann, Frau, Mensch' verwendet werden konnten.

Loki wird auf zwei Abbildungen mit Locken dargestellt, die Widderhörnern sein könnten, da sonst nirgendwo auf Lokis 'Locken' angespielt wird.

Eine Interpretation des Namens des Loki als 'Lockiger' ist sehr unwahrscheinlich, da 'Locke' auf altnordisch 'karr' bzw. 'skopt' hieß.

Das deutsche Substantiv 'Locke' stammt über das Althochdeutsche 'loc' für 'Locke' von dem germanischen 'lukkaz' für 'Locke' ab und geht auf das indogermanische Verb 'leug' für 'biegen, winden, drehen' zurück.

Von dieser Wortwurzel stammt jedoch auch das germanische Verb 'lukan' für 'schließen, drehen' ab, von dem sich der Name 'Loki', der 'Eingesperrter' bedeutet, herleitet. Zu diesem Zweig dieser Wortfamilie gehören u.a. das deutsche 'Luke' und das deutsche 'einlochen' ('einsperren'), das althochdeutsche 'loh' für 'Verschluß, Versteck, Höhle, Loch, Gefängnis' und das englische 'to lock' für 'verschließen'.

Es ist somit denkbar, daß 'Loki' auch als 'der Lockige' aufgefaßt worden ist. Allerdings sind die 'Locken' auf dem Bild unten links derart gewaltig, daß ihre Deutung als Widderhörner deutlich wahrscheinlicher ist. Vielleicht hat es auch beide Deutungen gegeben, denn auf dem Stein unten rechts könnte man die beiden 'Kringel' an Lokis Kopf durchaus als Locken ansehen – eines der Hörner ist unten rechts zu sehen.

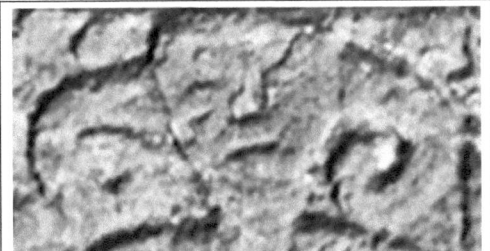

„Lokis Locken"
Stein von Kirkby Stephen

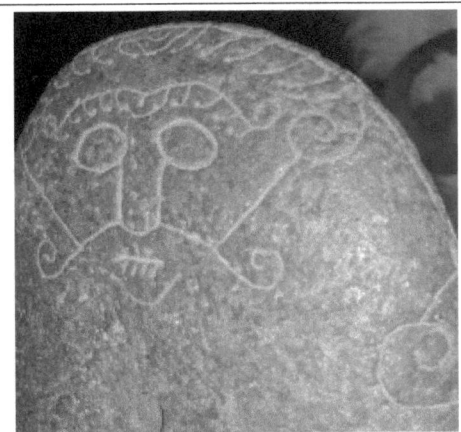

„Lokis Locken"
Herdstein von Snaptun

Da Heimdall und Loki in der Gestalt von zwei Robben gegeneinander kämpfen, wäre es nicht verwunderlich, wenn es einst auch das Motiv eines Kampfes dieser beiden Götter in der Gestalt zweier Widder gegeben hätte – zumal die Schafe Land-Herdentieres und die Robben Wasser-Herdentiere sind und sich daher beide auf die Wiederzeugung bzw. den Kampf um die Jenseitsgöttin (Wiederzeugungs-Geliebte) beziehen könnten.

II 3. c) Skaldskaparmal

Im zweiten Teil der 'Edda' wird der Name 'Haupt' des Heimdall-Schwertes näher erläutert:

„Wie soll man Heimdall umschreiben?"

„Indem man ihn 'Sohn von neun Müttern' oder 'Wächter der Götter' nennt, wie schon geschrieben worden ist, oder 'Weißer Gott', 'Feind des Loki', 'Sucher von Freyas Halsreif'.

Ein Schwert wird 'Heimdalls Haupt' genannt, denn es wird gesagt, daß er von dem Schädel eines Menschen durchbohrt wurde. Die Geschichte darüber wird im 'Zaubergesang des Heimdall' berichtet und seit jener Zeit wird ein Kopf auch 'Heimdalls Tod' genannt."

Das Lied 'Zaubergesang des Heimdall' ist leider nicht erhalten geblieben.

Im Landnahme-Buch wird ein Kopf 'Heimdalls Schwert' genannt. Hier wird gesagt, daß man auch ein Schwert 'Heimdalls Haupt' nennen konnte. Dies klingt ganz so, als ob Heimdalls Kopf und ein Schwert etwas Identisches seien.

Es gibt eine Ähnlichkeit zwischen Heimdalls Kopf und Tyrs Schwert: beide sind golden. Heimdalls Zähne sind seinen Beschreibungen zufolge golden. Diese Symbolik entspricht dem Goldhelm und dem Sonnen-Schild des Tyr, den Goldhufen, den Goldzähnen und der Goldmähne der Rosse vor dem Sonnenwagen und schließlich auch noch der Vorstellung, daß die drei Brüder Thiazi (Tyr), Idi und Gangr das aus Gold bestehende Erbe ihres Vaters mit dem Mund aufteilen – auch hier wird das Gold mit dem Kopf assoziiert.

Diesen Motiven liegt offenbar die Vorstellung zugrunde, daß die Sonne der Kopf des Göttervaters (Tyr, Heimdall) war. Vor dem Hintergrund dieses mythologischen Bildes ist der Kopf des Heimdall mit dem Sonnenschwert des Tyr identisch – beide stellen die Sonne dar.

Möglicherweise spielt auch der Kampf des Tyr-Heimdall und des Loki in der Gestalt von zwei Widdern eine Rolle – die Hörner am Kopf der beiden Widder könnten dann die Schwerter sein (auch wenn die Hörner eines Widders aufgrund ihrer Form eigentlich nicht zum Stechen geeignet sind).

II 3. d)   Gymir

Das Wort 'Gymir' wird auch in der Bedeutung 'Meer' benutzt. Sowohl 'Ägir' als auch 'Gymir' bezeichnen somit die weite See.

Interessanterweise hat 'Gyma', also die Feminin-Form zu 'Gymir', die Bedeutung 'Erde'. 'Gymir und Gyma' sind somit 'Meer und Erde', was sehr archaisch aussieht.

Ein 'Gymbill' ist ein junger Widder und ein 'Gymbr' ein einjähriges, weibliches Schaf. Es hat somit den Anschein, als ob Erde und Meer auch als Widder und Schaf angesehen worden seien. Diese Auffassung wird dadurch wahrscheinlicher, daß auch Tyr-Heimdall sowie vermutlich auch sein Gegner Loki die Gestalt eines Widders annehmen konnten.

Die Wurzel dieser Worte ist das indogermanische Substantiv 'ghimo' für 'Winter, Schnee'.

Insgesamt entsteht somit das Bild des ehemaligen Sonnengott-Göttervaters Tyr-Ägir-Gymir in der winterlichen ('Schnee') Wasserunterwelt, in der er sich bei seiner Wiederzeugung zusammen mit der Erde- und Jenseitsgöttin in einen Widder verwandelt (siehe auch 'Wiederzeugung' in Band 51).

Es gibt noch eine zweite Fährte, die man verfolgen kann, um den Namen 'Gymir' zu ergründen.

Tyr ist als der rangmäßig 'erste Riese' dem Ymir als dem größenmäßig und altersmäßig 'ersten Riesen' gleichgesetzt worden. Dies geschah vermutlich um 500 n.Chr. bei der Absetzung des Tyr als Göttervater, weil Thor den Tyr-Riesen so erschlug wie zuvor die Asen den Ymir-Riesen erschlagen hatten.

Im Hymir-Lied erscheint der Vater des Tyr, also der 'alte Tyr als Riese in der Unterwelt' unter dem Namen 'Hymir'. Dieser Name, der 'Finsterer' bedeutet, könnte gezielt als Assoziation zu 'Ymir' ausgewählt worden sein. Dasselbe könnte auch bei dem Namen 'Gymir' der Fall sein.

Wenn dies zutreffen sollte, würden vermutlich sowohl 'Hymir' als auch 'Gymir' eine Gleichsetzung des Tyr-Ägir mit dem von den Asen getöteten Ymir bewirken.

II 3. e)   Hraudnir

Der Name des Riesen 'Hraudnir' bedeutet 'Herauswerfender', d.h. 'Zeugender'. Sein Name wurde auch für 'Penis', 'Stier' und 'Widder' benutzt, sodaß diese Riese recht sicher nach seiner Zeugungskraft benannt worden ist, die durch den Stier und den Widder verkörpert wurde und diesem Riesen evtl. auch eine Stier- oder Widder-Gestalt oder zumindest deren Hörner verliehen hat.

IV 3.   Schaf-Göttinnen und Schaf-Riesinnen

IV 3. a)   Guma

Der Name der Riesin 'Guma' ist entweder die Feminin-Form zu 'gumi' für 'Mann' und würde dann 'Frau' bedeuten, oder er ist eine Wort-Bildung zu 'gumarr' für Widder, die dann die Bedeutung 'Schaf' hätte.

Die zweite Möglichkeit ist wahrscheinlicher, da der Riesinnen-Name 'Frau' sehr allgemein wäre und letztlich nichts über die Riesin aussagt – was nicht zu der Neigung der Germanen zu markanten Bezeichnungen und Formulierungen passen würde.

'Guma' als 'Schaf' wäre dann die Jenseitsgöttin als Schaf, wenn der Tote bzw. der Göttervater als Widder erscheint.

Sie wäre dann die Göttin die zu dem Riesen 'Midjungr' ('der aus Midgard') und zu dem Gott Heimdall gehören würde, die auch als Widder angesehen wurden.

IV 4. Widder-Opferungen

IV 4. a) Ibn Fadlan

Der arabische Forschungsreisende beschreibt in seinem Reisebericht u.a. ein Opferritual der Wikinger in Bulgarien, das um ca. 922 n.Chr. vermutlich am Ufer der Donau stattgefunden hat.

In dem Augenblick, in dem ihre Schiffe den Kai erreichen, steigen sie alle aus und tragen Brot, Fleisch, Zwiebeln, Milch und Met und gehen alle zu einem einem großen Holzstück, daß dort in der Erde aufgerichtet worden ist. Dieses Holzstück hat das Gesicht eines Mannes und ist von kleineren Figuren umgeben, hinter denen lange Holzstücke in der Erde stecken.

Als er die große Figur erreicht, verbeugt er sich vor ihr und spricht; „Herr, ich bin aus einem fernen Land zu Euch gekommen und bringe Dir soundso viele junge Sklavinnen, die soundso viel pro Kopf wert sind, und soundso viele Steine, die soundso viel pro Kopf wert sind." Damit fährt er fort, bis er alle Waren aufgezählt hat, die er mit sich gebracht.

Dann sagt er: „Und ich habe Dir diese Opfergabe gebracht." Dabei legt er das, was mit sich gebracht hat, vor das Holzstück hin und spricht: „Ich wünsche mir, daß du mir einen Händler sendest, der viele Dinare und Dirhams hat und der von mir alles Kaufen will, was ich zu verkaufen habe, ohne über den Preis zu feilschen, den ich festsetze." Dann geht er fort.

Wenn er Schwierigkeiten hat, seine Waren zu verkaufen und zu viele Tage dort bleiben muß, kehrt er mit einem zweiten und einem dritten Opfer zurück.

Wenn sich die Erfüllung seiner Wünsche als unmöglich erweist, bringt er ein Opfer zu jeder einzelnen der Figuren und bittet um deren Fürbitte und spricht: „Dies sind Deine Frauen, Töchter und Söhne unseres Herrn." Er geht zu jeder einzelnen Figur, bittet sie um Fürsprache und wirft sich vor ihr nieder.

Manchmal ist das Geschäft gut und er verkauft seine Waren schnell. Dann sagt er: „Mein Herr hat meine Bitte erfüllt, sodaß ich ihn nun belohnen muß." Dann holt eine anzahl von Schafen oder Kühnen, schlachtet sie und gibt einen Teil von dem Fleisch den Armen und nimmt den Rest und legt ihn vor das große Holzstück und vor die kleinen ringsum. Dabei bindet er die Köpfe der Schafe oder Kühe an das Holzstück, das in der Erde steckt.

In der Nacht kommen die Hunde und fressen alles auf, aber der Mann, der all dies getan hat, wird sagen: „Mein Herr ist zufrieden mit mir und hat meine Opfergaben gegessen."

263

Die enge Verbindung mit dem Handel und dem Wohlstand könnte darauf hinweisen, daß der verehrte Gott Freyr ist.

IV 4. b) Jacob Grimm: Deutsche Mythologie

Widderopfer. wie aus friscing die bedeutung victima hervorgieng, scheint umgekehrt ein name des thieropfers, gothisch sáups, den altnordischen des thiers sauðr (hammel) veranlaßt zu haben. diese art von opfer war also nicht selten, so wenig ihrer im einzelnen gedacht wird, vermutlich als eines geringen opfers.

Nur die saga Hâkonar gôda berichtet: þar var oc drepinn allskonar smali ok sva hross. smali bedeutet hauptsächlich schafe, auch allgemeiner das kleine vieh der heerde, gegenüber den rindern und pferden, und weil hier allskonar (omnis generis) beigefügt wird, scheinen böcke mitbegriffen.

Geopferter böcke gedenkt die vorhin angeführte epistel Bonifacius.

Nach schwedischem aberglauben muß dem wassergeist, wer harfenspiel von ihm erlernen will, ein schwarzes lamm opfern.

Von ziegenopfern redet einmal Gregor der große, die Langobarden sollen, seiner ansicht nach dem teufel, d.i. einem ihrer götter caput caprae darbringen, hoc ei, per circuitum currentes, carmine nefando dedicantes. vor diesem (aufgerichteten) haupt der ziege oder des bocks? neigte sich das volk.

IV 4. c) Das Opfermoor von Vimose

Im südlichen Teil dieses ehemaligen Sees auf der dänischen Insel Fünen sind von den Germanen seit ca. 500 v.Chr. rund 5000 Gegenstände sowie viele Pferde, Schweine, Rinder, Schafe und Ziegen sowie einige Menschen geopfert worden.

IV 4. d) Das Opfermoor Skedemosse

Dieses Moor liegt auf der schwedischen Ostseeinsel Öland. Im Norden des damaligen Sees befand sich eine normale Opferstelle, an dem die Knochen von Rindern, Pferden, Schafen und einem Hund gefunden wurden. Im Süden sind mehrere Gruppen-Opferungen von Waffen sowie einigen Goldringen, also von Kriegsbeute-Opferungen, entdeckt worden.

Die ersten Tieropfer stammen von ca. 500 v.Chr.; die Goldringe, die insgesamt 1,3Kg schwer sind, wurden zwischen 100 v.Chr. und 100 n.Chr. in dem See versenkt.

IV 4. e)   Wortbildungen mit „Widder"

Es gab mehrere mit dem Substantiv „hrudr" für „Widder" zusammengesetzte Begriffe:

hruts-fall	Widder-Leichnam
hruts-gära	Widder-Fell, Widder-Vlies
hruts-höfud	Widder-Kopf
hruts-mark	Sternzeichen Widder
hruts-merki	Sternzeichen Widder
hrut-manadr	„Widder-Monat" oder „Zeugungs-Monat"; der dritte Winter-Monat

Von diesen zusammengesetzten Substantiven ist in religionshistorischer Hinsicht nur der 'Widder-Monat' bzw. 'Zeugungs-Monat' interessant. Da die Brunstzeit der Schafe im Herbst liegt, kann damit nicht die Paarung der Schafe gemeint sein.

Als Ursprung für diese Monats-Bezeichnung wäre ein Widder-Opfer in der Jul-Nacht oder ein Zusammenhang mit der Wiederzeugung (der Sonne?) denkbar.

IV 5. Widder- und Schaf-Verwandlungen

IV 5. a) Die ältere Version der Huldar-Saga

In dieser Saga findet sich der deutlichste Hinweis auf eine religiöse Bedeutung der Schafe:

Zunächst kehrten die beiden Bundbrüder zu Thorvid Jarl zurück, der auch seinerseits mit ihrem Vorhaben einverstanden war, aber dem Hildibrand rät, zunächst noch die alte Hleidr zu besuchen.
Diese beschenkte ihn mit einem Zauberhemd, das sie aus der Wolle von Widdern bereitet hatte, welche im Tempel der Huld im Bjarinalandseyði-Wald geopfert worden waren und welches Huld selbst besprochen hatte.

Diese Zauberhemden stehen unter dem Schutz der Göttin Huld. Da die beiden Bundbrüder Krieger sind, könnten diese Zauberhemden sie unverletzlich machen – ähnlich wie die Kleidung des Ragna Lodbröck. Das Drachenblut, das Sigurd unverletzbar macht, wird wahrscheinlich das ursprünglichere Motiv sein.

IV 5. b) Thorsteinn Hausmacht

Ein solches magisches Hemd findet sich auch in der Thorsteinn-Saga:

„Ich würde nicht weniger in Deiner Schuld stehen," sagte der Zwerg, *„Möchtest Du vielleicht das Hemd aus der Wolle meiner Schafe nehmen? Du wirst nie ermüden und nie verwundet werden, wenn Du es trägst."*

Der Zwerg ist 'Tyr im Jenseits'. Es gab offenbar Hemden aus der Wolle von 'heiligen Schafen', die von Gottheiten oder deren Vertretern manchen Kriegern geschenkt wurden.

IV 6. Wiederzeugung in Widder- und Schafgestalt

IV 6. a) Thulur

Namen der Schafe:

Erzeuger, Viel-Gehörnter,	es gab Widder mit mehr als zwei Hörnern
Horn-Schreier,	oder 'gehörnter Blökender'
Mann, Horn-Glanz,	'Mann': vermutlich = 'Zeugender'
und Laut-Blökender,	die Übersetzung ist unsicher
Milch-Gebende, Horn-Glanz,	erster Name: Übersetzung unsicher; Schaf?
	zweiter Name: Variante des gleich
	übersetzten Namens in der zweiten Zeile
Hügelgrab-Brett,	oder 'Hallen-Ski'; Beiname des Heimdall
Nackter, Horn-Blökender,	zweiter Name: die Übersetzung ist unsicher
und Heimdall,	wörtlich: 'Heimat-Tal'
Nacken, Midgard-Junge,	zweiter Name: Name eines Riesen
Schnaubender, Marder und Rammender.	der Grund für den zweiten Namen ist unklar

In dieser Liste wird sowohl 'Heimdall' als auch 'Midjungr' als Widder-Heiti aufgeführt und auch die Heimdall-Kenningar 'Hallinskidi' erscheint als Umschreibung für 'Widder'. Es ist somit sehr deutlich, daß Heimdall und Midjungr und somit der Göttervater Tyr ('Heimdall' ist ein früherer Beiname des Tyr) auch die Gestalt eines Widders haben konnten.

IV 7. Sonstiges

IV 7. a) Sprichworte

Bei den Germanen und bei den Kelten war wie ursprünglich bei allen Indogermanen die Schafzucht eine der wichtigen Grundlagen für die Ernährung und für die Kleidungsherstellung.

Das Schaf erscheint in den Redewendungen als wehrloses Haustier und als Bild für ein 'unmännliches' Verhalten, das von den Wikingern verachtet wurde.

„Nur ein Feigling wartet, bis er wie ein Lamm im Pferch oder ein Fuchs in der Falle ergriffen wird."
anonym: Lachstal-Saga

„Ich finde es sehr unmännlich, wie ein Lamm in einem Gatter oder wie ein Fuchs in einer Falle gefangen zu werden."
anonym: Lachstal-Saga

„wie zum Schlachten bereite Schafe im Gatter einsperren"
anonym: Saga über König Sverri

Die Schafe und die Menschen mit 'Schaf-Charakter' wurden als ängstlich angesehen – insbesondere im Vergleich mit dem Löwen oder einem 'männlichen' Wikinger.

„sich wie Lämmer vor dem Löwen fürchten, wenn zwischen ihnen umhergeht"
anonym: Saga über die Fost-Brüder

Die Hilflosigkeit der Schafe war so sprichwörtlich, daß die Schwäche der Schafe im Vergleich zu der Stärke der Wölfe als Grundlage für die Beschreibung von etwas Absurdem dienen konnte:

„Eher würde die Mutter der Schafe die Tage des Wolfes verkürzen!"
anonym: Kormak-Saga

IV 7. b) Chronicon lethrense

Der Riese Hler wird in dieser Chronik 'Lä' oder 'Lee' genannt. Entsprechend heißt die Insel Hlesey hier 'Läsø' oder 'Lee-Insel'. 'Hler' ist ein anderer Name für den Meeres-Riese bzw. Meers-Gott Ägir, der wiederum auf den ehemaligen Sonnengott-Göttervater Tyr zurückgeht, der in der Wasserunterwelt (Sonne versinkt im Meer) zu einem Riesen wird.

In dieser Chronik aus der ehemaligen Hauptstadt von Dänemark, die nicht weit von der heutigen dänischen Hauptstadt Kopenhagen entfernt liegt, wird eine Geschichte berichtet, in der lauter unsinnige Dinge erzählt werden wie z.B. daß Schafe Wölfe fressen, um den Zuhörer zu einer ganz bestimmten Schlußfolgerung zu bringen.

Da sandte König Hakon von Schweden den Dänen einen kleinen Hund als König – mit der Warnung, daß der, der als erster sagen würde, daß der Hund tot ist, sein Leben verlieren würde. Eines Tages saß das Hündchen an der Tafel und die großen Hunde balgten sich auf dem Fußboden. Als das Hündchen von der Tafel heruntersprang, bissen die großen Hunde es zu Tode. Und niemand wagte es, König Hakon davon zu erzählen.

Da befahl der Riese Lee von der Lee-Insel seinem Hirten Snio ('Schnee'), sich das Königreich von Hakon zu holen. Als Snio zu König Hakon kam, frug ihn dieser nach den Neuigkeiten.

Snio antwortete: „Die Bienen in Dänemark sind alle betäubt.“

Da sprach König Hakon: „Wo hast Du letzte Nacht geschlafen?“

Snio antwortete dem König: „Dort, wo die Schafe die Wölfe fressen.“

„Wie das?“

„Weil der Wolf gekocht und den Schafen als Heilmittel zu trinken gegeben wurde.“

„Wo hast Du die Nacht davor geschlafen?“

„Dort, wo der Wolf den Karren fraß und die Pferde davongelaufen sind.“

„Wie kann das sein?“

„Weil drei Biber Holz sammelten und einer von ihnen, der der Diener oder Biber-Leibeigener genannt wurde, mit ausgestreckten Beinen auf dem Boden zusammenbrach. Die anderen Biber legten das Holz zwischen seine Beine und gingen vor ihm her und zogen ihn wie Ochsen einen Karren. Die Wölfe kamen und fraßen den Biber-Leibeigenen, der das Holz zwischen seinen Beinen hatte; und die Biber, die ihn zogen, rannten fort.“

„Wo hast Du in der dritten Nacht geschlafen?“ frug der König.

Snio antwortete: „Dort, wo die Mäuse die Axt-Klinge, aber nicht den Stil fraßen.“

„Wie das?“

„Weil Kinder eine Axt-Klinge aus weißem Käse gemacht hatten. Die Mäuse fraßen die, aber nicht den Stock, aus dem sie den Axt-Stil gemacht worden war.“

Da frug der König nach den Neuigkeiten.
Snio antwortete: „Die Bienen in Dänemark sind alle betäubt."
„Der Hund ist tot!"
„Das hast Du gesagt, nicht ich," sprach Snio und so wurde er König von Däne-
mark – ein hinterhältiger und sehr strenger Richter, und bösartig dazu, der sich viele
Dinge auf unlautere Weise erwarb und alle sehr unterdrückte.

Die Bilder in diesem Gespräch sind ein Gleichnis für einen Vorgang – vielleicht
eine Bestattung oder eine Krönung. Die Symbolik der Schafe ist an dieser Stelle
unklar – vielleicht sind sie einfach nur 'Beutetiere'.

IV 7. c) Ortsnamen

Bei einem Volk, für das die Schafzucht eine der wesentliche Lebensgrundlagen
gewesen ist, ist es nicht verwunderlich, daß es auch einige mit 'Schaf' u.ä. gebildete
Ortsnamen gab. Diese Name enthalten leider keine mythologischen Hinweise.
Im Landnahme-Buch findet sich die folgenden isländischen Ortsbezeichnungen:

Sauda   = Schafs-Fluß
Sauda-fell   = Schafs-Hügel
Lamba-fell   = Lämmer-Hügel
Sauda-ness   = Schafs-Landzunge
Lamba-fell-sa   = Lämmerhügel-Fluß
Lamba-stadir   = Lamm-Statt (Lamm-Ort)
Hruts-stadir   = Widder-Statt (Widder-Ort)

IV 7. d) Kenningar

Die folgenden Widder-Kenningar enthalten lediglich den Hinweis, daß man Männer
als 'Widder' umschreiben konnte, was zu der Auffassung des Heimdall als 'Widder'
paßt.

Mann	*Widder*		Snorri Sturluson	Thulur
Schiff	*Meer-Widder*		Sigvatr Thordarson	Austrfararvisur
Bär	*Widder-Verfolger*	oder 'Wetter-Folger' (Winterschlaf)	Snorri Sturluson	Thulur

IV 8. Zusammenfassung

Das Schaf war die Gestalt der Jenseitsgöttin bei der Wiederzeugung und bei der Wiedergeburt. Der Widder war die Gestalt der Toten und auch des Göttervaters bei denselben zwei zentralen Vorgängen im Jenseits.

Die Jenseitsgöttin trug als Schaf den Namen Guma ('Frau', 'Schaf').

Der Göttervater trug als Widder die Namen Heimdall ('Heimat-Tal'), Hallinskidi ('Hügelgrab-Brett'), Midjungr ('Junge aus Midgard') und Hraudnir ('Zeugender', 'Widder', 'Stier').

Wahrscheinlich haben Heimdall und Loki u.a. auch in der Gestalt von zwei Widdern gegeneinander gekämpft.

Der Monat der Wintersonnenwende wurde 'Widder-Monat' genannt.

IV 9.   Das Schaf in der indogermanischen Überlieferung

IV 9. a)   Kelten

Die Widderhorn-Schlange des Cernunnos ist vermutlich eng mit dem slawischen Veles verwandt, der als Schlange erschien und dessen Name ursprünglich 'Wolle, Schaf' bedeutete.

Der Widder wurde als das Tier des Göttervaters Teutates ('Volks-Herr') und des Kriegs-, Fruchtbarkeits- und Unterweltgottes Moltinus ('Widder') angesehen.

IV 9. b)   Germanen

Man kann vermuten, daß der Julbockbrauch (großer Strohziegenbock zur Wintersonnenwende) einmal mit dem germanischen Gott Ullr zusammenhing, da dieser sehr wahrscheinlich ursprünglich ein Sonnengott war und sein Name auf das indogermanische Wort 'uel' für 'Wolle, Schaf' zurückgeht.

Der Widder war ein 'Wiederzeugungs-Tier' nud als solches vermutlich eine Gestalt des Sommergottes Tyr-Heimdall und des Wintergottes Loki.

IV 9. c)   Slawen

Der schlangengestaltige Rinder- und Unterweltsgott Veles geht sehr wahrscheinlich auf einen Widdergott zurück, da sein Name in der indogermanischen Sprache 'Wolle, Schaf' ('uel') bedeutete. Er ist vermutlich eng mit der Widderschlange des keltischen Cernunnos verwandt.

IV 9. d)   Hethiter

Das Heilssymbol des Königtums war eine junge Eiche (= Vegetationsgott Telipinu) mit einem Lammfell an ihr, auf das in Hieroglyphen die für das neue Jahr erwünschten Gaben gemalt wurden (Getreide, Rinder, Schafe, Gesundheit, Kindersegen, günstige Leberorakel). Dieser Brauch ist der Ursprung des Goldenen

Vlieses aus den griechischen Sagen. Ein ähnliches Symbol ist auch von den Etruskern bekannt.

Dies Lammfell könnte mythologisch dieselbe Herkunft haben wie der germanische Gott Ullr, der keltische Uillin, der altenglische Gott Wuldor, der slawische Gott Veles und der griechische Begriff Elys, die vermutlich alle auf die Vorstellung eines Widdergottes zurückgehen.

Das Lamm wird wie das Kalb der im Frühjahr auferstandene Sonnengott sein.

Diese Symbolik ist vermutlich aus dem Christentum am bekanntesten, in dem auch der auferstandene Christus als Lamm dargestellt wird.

In einem Stärkungsritual wurden dem König drei Widdergenitalien hingehalten, die dieser dann berührte.

IV 9. e) Perser

Bei den Persern war das Schaf ein beliebtes Opfertier.
Der Widder ist eine der zehn Inkarnationen des Gottes Verethraghna.

IV 9. f) Thrakern

Bei den Thrakern finden sich goldene Trinkhörner, deren Spitze die Gestalt eines Schaf- oder Widdervorderkörpers hat.

IV 9. g) Griechen

In ihrer Mythologie tritt das Schaf vor allem als das Goldene Vlies auf, das die Argonauten zu rauben versuchen.

Das Schafsfell scheint im frühen Griechenland ein Symbol des Königtums gewesen zu sein, da es einige Berichte über den Raub eines solchen Felles gibt, in denen der beraubte König aufgrund dieses Diebstahles sein Amt niederlegen mußte.

Das Schafsfell könnte von den Griechen, wen man zur Deutung die hethitische Symbolik hinzunimmt, als ein Symbol für die Fähigkeit des Königs, das Wohlergehen für sein Land zu 'erzeugen' angesehen worden sein.

Der Widder wird daher bei den Indogermanen ursprünglich die Zeugungskraft des Königs gewesen, die dieser für seine Jenseitsreise und seine Wiedergeburt im

273

Krönungsritual brauchte. Diese Zeugungskraft wird dann später auf das jährliche Zeugen des Gedeihens des Landes erweitert worden sein, wobei man durchaus einen Einfluß der mesopotamischen Symbolik der Heiligen Hochzeit in Betracht ziehen sollte, die eben diese Bedeutung besitzt, also die Vereinigung des Königs mit der Muttergöttin (Hohepriesterin) in jedem Frühling zur Zeugung des Gedeihens des ganzen Landes.

Während sich in Mesopotamien im Zusammenhang mit der Heiligen Hochzeit Stier und Kuh finden, scheinen bei den Indogermanen Schaf und Widder an deren Stelle getreten zu sein. Dies läßt vermuten, daß es bei den Indogermanen zumindest eine längere Phase gab, während der die Schafzucht deutlich wichtiger war als die Rinderzucht.

Die Griechin Medea war eine zauberkundige Frau, die den Vater ihres Geliebten Iason dadurch verjüngte, daß sie ihn zerstückelte, in einem Kessel kochte und dann wiederbelebte. Sie leitete offenbar das Jenseitsreiseritual, bei dem sonst ein Widder geopfert wurde. Das Zerstückeln des Widders und seine Wiedergeburt als Lämmchen hatte sie zuvor dem Vater des Jason vorgeführt.

Iason war der Thronfolger in dem Königreich des Pelias, der aber in die Verbannung gesandt worden war und nun von dort 'wie Apollon' zurückkehrte. Es gab einen Orakelspruch, der den Onkel des Iason, König Pelias vor dem 'Einschuhigen' warnte. Als Iason, der Neffe des Königs Pelias, mit nur einen einzelnen Schuh in der Stadt des Pelias erschien, nachdem er von dem Zentauren Chiron aufgezogen worden war, sandte ihn der König, um ihn aus dem Weg zu räumen, nach Kolchis, von wo er das Goldene Vlies (Widderfell) holen sollte. Zusammen mit den Argonauten zog er nach Kolchis, besiegte mithilfe der Medea den Drachen, der das Goldene Vlies bewachte und kehrte dann nach Griechenland zurück.

Die Argonauten hatten sich nach dem Schiff Argo benannt, das seinen Namen wiederum von dem Wächter Argo abgeleitet hatte. Da dieser Wächter wie der römische Janus zwei Gesichter hatte und zudem ein Leopardenfell trug, ist er gut als Jenseitsführer, d.h. Schamane zu erkennen. Die Fahrt der Argo ist also eine Fahrt ins Jenseits, wozu auch der Drachenkampf und das Goldene Vlies passen.

Medea tritt in dieser Erzählung an die Stelle der Jenseitsgöttin, die die Wiedergeburt gibt, die hier zur Verjüngung eines alten Mannes geworden ist. Sie ist auch die Ritualleiterin, also die Entsprechung zu dem keltischen Cernunnos-Schamanen bzw. den Druiden. Ob es bei den Griechen tatsächlich Frauen als Ritualleiterinnen gab, ist denkbar, aber nicht durch diese Sage beweisbar, da Medea auch eine vermenschlichte Göttin sein könnte. Für ihre Auffassung als ehemalige Göttin spricht auch, daß sie die Enkelin des Sonnengottes Helios und die Nichte der Zauberin Circe war sowie die Stammmutter, d.h. die Muttergöttin der Meder gewesen sein soll.

 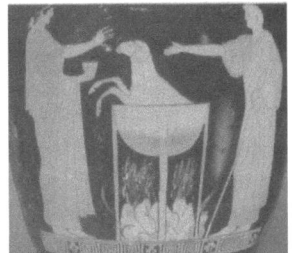 

| *Medea läßt den zerstückelten Widder neu geboren werden 520 v.Chr.* | *Medea demonstriert an einem Widder ihren Verjüngungszauber 470 v.Chr.* | *zweigesichtiger Argos mit Pantherfell ca. 450 v.Chr.* |

IV 9. h) Indogermanen

Möglicherweise tritt bei ihnen die Symbolik des Schafes und des Widders deutlicher hervor, weil bei ihnen als einem nomadischen Viehzüchtervolk die Schafherden eine deutlich größere wirtschaftliche Bedeutung hatten als für die Ackerbauern.

Der Stiergott Veles der Slawen ist ursprünglich ein Schafgott gewesen, denn der Name Veles geht wie der germanische Name Ullr, der keltische Uillin, der altenglische Wuldor und das griechische Elys auf das indogermanische Wort für 'Wolle, Schaf' zurück. Das Schaf war ursprünglich auch das wichtigste Herdentier der Indogermanen und ist erst nach und nach zumindest teilweise durch die Rinder ersetzt worden. Dabei trat dann in vielen indogermanischen Mythen das noblere Rind an die Stelle des früheren Schafes, wodurch sich Ullr-Uillin-Wuldor-Elys von einem Widdergott in einen Stiergott verwandelte.

Ursprünglich war daher nicht das Kalb das Bild für den wiedergeborenen Sonnengott, sondern das Lamm. Dieses Bild ist heute am besten aus dem Christentum bekannt: Das Lamm als Symbol des auferstanden Christus.

Bei den Kelten findet sich das Schaf nur noch in den Widderhörnern der Schlange des Cernunnos.

Das Schaf hat wie die Ziege dieselbe Grundsymbolik wie Hirsch und Rind, aber auch eine Ausweitung ihrer mythologischen Bedeutung:

     - das Vlies bei der Krönung,
     - das Vlies als Jahressegen,

- Trinkhörner in Schafgestalt,
- der Stiergott war ursprünglich ein Schafgott.

Man kann wohl davon ausgehen, daß Schaf und Widder dieselbe Symbolik wie Kuh und Stier hatten und daß sie nach der Verwendung von Stier- und Kuhopfern im Jenseitsreiseritual zu 'Opfertieren der Armen' herabgesunken waren.

In dem Vlies (Schaffell) im Zusammenhang mit der Krönung und als Grundlage für den Jahressegen hat sich vermutlich die alte Verwendung des Felles des Opfertieres zum Einhüllen bei der symbolischen Jenseitsreise gehalten. Aus dem Einhüllen in das Vlies des Schafes wurde dann später das Einhüllen in das Stierfell. Den Jahressegen mithilfe eines Schaffells kann man sicherlich als eine Ausweitung des Schaffells bei der Krönung ansehen: Der König frischt jährlich seine Verbindung zu den Göttern auf und ruft dadurch deren Segen auf das Land herab.

IV 10.   Das Schaf in der Jungsteinzeit

IV 10. a)   Sumer

Bei den Sumerern erscheint der Widder vor allem als das erste der zwölf Tierkreiszeichen.

IV 10. b)   Ägypter

Der Widder findet sich an wichtiger Stelle als der Gott Chnum, der vor allem die Zeugungskraft symbolisierte.

IV 10. c)   Göbekli Tepe

Das Schaf bzw. der Widder ist in Göbekli Tepe ein eher seltenes Motiv. Es wird wie die Gazelle und der Wildesel die Fruchtbarkeits- und Zeugungskraft-Symbolik gehabt haben, aber wie diese beiden Tierarten bei den Jägern als Identifikationsgestalt nicht besonders beliebt gewesen sein, da Gazelle, Esel und Schaf bei Bedrohungen fliehen und nicht so kämpferisch reagieren wie Wildschweine oder Stiere.

Auf der Grabkeramik der Jungsteinzeit und auf den Tempelwänden aus dieser Epoche finden sich keine Darstellungen von Schaf und Widder, was zeigt, daß sie zumindest keine wichtige mythologische Funktion hatten. Die Schafe müssen aber die Fruchtbarkeits- und Zeugungssymbolik mit den anderen Herden- und Huftieren geteilt haben, weil sie später sowohl bei den Ägyptern als auch bei den Indogermanen in dieser Funktion auftreten.

V   unbestimmte Herdentiere

V 1.   Unbestimmte Herdentiere
in der germanischen Überlieferung

In den Texten und auf den Bildern der Germanen treten einige Male Tiere auf, die zwar als Herdentiere erkennbar sind, bei denen es sich jedoch nicht sagen läßt, um welches Tier es sich genau handelt.

V 1. a)   Gehörnter Bronze-Kopf aus Alt-Uppsala

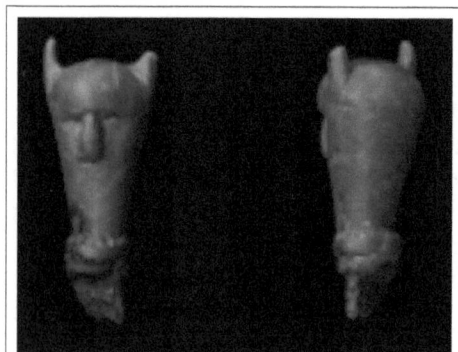

gehörnter Bronze-Kopf
Alt-Uppsala, Höhe: 2 cm

Dieser Männerkopf trägt zwei Hörner und ist stellt somit einen Toten, der mit dem für ihn geopferten, hörnertragenden Herdentier identifiziert worden ist. Während der Vendel-Zeit und der Wikingerzeit, also in der gesamte Epoche der noch eigenständigen germanischen Religion nach der Völkerwanderungszeit wurden mehrere solcher Köpfe gefunden.

(Sie werden von den Archäologen scherzhaft 'Batman' genannt).

V 1. b)   Der Hörnerhelm

Von den Germanen sind nur drei Hörnerhelme bekannt, die sich erstaunlich ähnlich sind. Vermutlich stammen sie ursprünglich aus dem Jenseitsreise-Ritual, in dem die Toten mit dem Herdentier identifiziert wurden, um die Zeugungskraft dieser Tiere auf die Toten zu übertragen, damit diese sich in der Unterwelt erfolgreich mit der Jenseitsgöttin wiederzeugen konnten.

Wie die folgenden Bilder zeigen, ist dieser Hörnerhelm später anscheinend mit den Ulfhedinn, d.h. mit ein Wolfsfell tragenden 'Wolfskriegern' assoziiert worden – möglicherweise, weil der Hörnerhelm über den Schreckenshelm zu einem Kriegshelm geworden war (siehe dazu 'Helm' in Band 66b).

zwei Krieger mit Vogelkopf-Hörner-Helm

Sutton Hoo (Ostengland), 650 n.Chr.

Krieger mit Vogelkopf-Hörner-Helm und Wolfsfell-Krieger (Ulfhedinn)

Torslunda (Schweden), 550-793 n.Chr.

links: ein stark stilisierter Wolfs-Krieger mit Speer und Schwert
Mitte: Krieger mit Vogel-Hörnerhelm, Schwert und zwei Speeren
rechts: Teil eines Kriegers mit Speer und Schild

Platte von Obrigheim (Deutschland), 650 n.Chr.

Die dargestellten Krieger haben mehrere Ähnlichkeiten:
- sie schreiten bzw. laufen,
- sie tragen ein Schwert und zwei Speere,
- der Helm hat zwei Wangenbergen,
- der Helm hat zwei Hörner, und
- der die beiden Hörner enden in einem Vogelkopf.

V 1. c) Huldar

Der Beiname 'Hulda mit der Schnauze', ihre Eisennase (= Jenseits-Nase) und ihre großen Zähne weisen möglicherweise daraufhin, daß Huldar auch in Tiergestalt auftreten konnte – vermutlich als Stute, Hindin, Kuh, Schwein, Schaf oder Ziege, da die Jenseitsgöttin bei der Wiederzeugung die Gestalt eines dieser Tiere angenommen hat (siehe den Band 42 über die Symbolik der Herdentiere).

Der Beiname 'Percht Eisennase' könnte sich aus der eben genannten 'Schnauze' und aus dem Eisen als Jenseits-Symbol zusammensetzen.

Huldar wurde mehrfach der griechischen Göttin Diana verglichen.

V 1. d) Hala

Ein 'hala' ist ein Schwanz oder Schweif. Die Riesin 'Hala' wird somit die Göttin in der Gestalt eines Herdentieres, also einer Kuh, einer Stute, einer Hindin, einer Ziege, eines Schafes und evtl. auch einer Bache (Wildschwein) sein.

Diese Herdentier-Riesin ist das Gegenstück zu dem Hörner-Mann: Die Göttin nimmt bei der Wiederzeugung dieselbe Tiergestalt an wie der Tote.

V 1. e Härа

Der Name dieser Riesin bedeutet 'die Haarige'. Da die Betonung, daß diese Riesin nicht glatzköpfig ist, wenig Sinn ergibt, wird dieser Name wohl ein Hinweis auf ein Fell sein, was bedeutet, daß dieser Name sie als weibliches Herdentier bei der Wiederzeugung und der Wiedergeburt im Jenseits bezeichnet.

V 1. f) Grottintanna

Dieser Name dieser Riesin besteht aus zwei Substantiven:

    - 'grottin': Zermalmer ('grotto': Mühle der Riesinnen Fenja und Menja; verwandt mit dem englischen 'to grind' für 'mahlen, zerreiben', mit dem germanischen 'gautr' für 'Grütze' und dem germanischen 'grand' für 'Sand')
    - 'tanna': Zähne

'Grottintanna' ist somit 'die mit den zermahlenden Zähnen'. Dieser Name könnte zum einen auf dem Bild einer alles tötenden, zerkauenden und fressenden Riesin beruhen, aber dieser Name könnte auch eine Heiti für die ausdauernd kauenden Ziegen, Pferde, Rinder, Schafe und Hirsche, also für die im Totenkult geopferten Tiere sein.

Diese Riesin ist nur aus den Nafna-Thulur bekannt.

V 1. g) Hyrjaist

Über den Riesen 'Hrimnir' ist nicht allzuviel bekannt. Sein Name bedeutet entweder 'der mit Rauhreif bedeckte' oder 'der Rußige'. Im Hyndla-Lied und im Skirnir-Lied wird er als Riese bzw. als Jötun bezeichnet. Wie in der 'Grims Lodinkinna Saga' berichtet wird, heißt seine Frau 'Hyrjaist' ('Gehörnte') und seine Töchter 'Feima' ('schüchternes Mädchen') und 'Kleima' ('Gefleckte'). Im Hyndla-Lied werden seine Kinder 'Heidr' ('Hexe') und 'Hrossthjofr' ('Pferdedieb') genannt. Hrimnir ist vermutlich eine Form des Tyr als Riese in der nächtlichen bzw. winterlichen Unterwelt.

V 1. h) Zusammenfassung

In manchen Fällen ist nicht mehr genau ersichtlich, um welches Herdentier es sich handelt, dessen Gestalt der Tote und die Jenseitsgöttin (Riesin) bei der Wiederzeugung annehmen.

Die dargestellten Hörner könnten am ehesten (z.T. stilisierte) Rinderhörner sein.

VI   Herdentier-Fell

VI 1. Das Herdentierfell in der germanischen Überlieferung

Das Fell des für einen Toten geopferten männlichen Herdentieres (Stier, Hirsch, Hengst, Eber, Ziegenbock, Widder) diente der magischen Übertragung der Zeugungskraft des Herdentieres auf den Toten, wodurch seine erfolgreiche Wiederzeugung zusammen mit der Jenseitsgöttin gesichert wurde.

VI 1. a)   Die Saga über Kampf-Glum

Der deutlichste Hinweis auf diesen Brauch findet sich in dieser Saga:

Thorarin kehrte mit seinen Leuten heim. Auch Glum kehrte mit seinen Männern heim und ließ die Toten zu einem Vorhof bringen, wo sie dem Leib des Thorvald die größtmöglichen Ehren gaben, denn sie legten Kleider unter ihn und nähten ihn in ein Fell ein.

VI 1. b)   Das kleinere Goldhorn von Gallehus

Auf dem ersten Bildstreifen dieses Goldhornes ist der Beginn der Jenseitsreise abgebildet.

Kleineres Goldhorn von Gallehus, 1. Bildstreifen: Aufbruch ins Jenseits

Von links nach rechts:
- Das Zeigen auf den Fuß ist der Hinwies auf den Beginn der Jenseitseise.
- Der Mann mit den beiden Schwertern symbolisiert den rituellen Tod des Jenseitsreisenden.
- Der Bogenschütze ist vermutlich der Schamane, der den Jenseitsreisenden begleitet. Er ist möglicherweise der Ursprung des Helden Egil.
- Der Tote wird in das Fell eines großen Herdentieres (Stier oder Hengst) eingenäht.

Die vollständige Deutung der beiden Hörner findet sich in dem Kapitel 'Goldhörner von Gallehus' in Band 57.

VI 1. c) Landnahme-Buch

Die 'Hel-Haut' taucht in dieser Saga über die Besiedlung Islands als ein Ausdruck für ein schreckliches Aussehen auf. Es ist gut denkbar, daß 'Hel-Haut' ursprünglich die Bezeichnung für das Fell gewesen ist, in das man die Toten eingenäht hat.

Als der König heimkam, erzählte die Königin ihm alles und zeigte ihm die beiden Jungen und er schwor, daß er noch nie solche 'Hel-Häute' gesehen habe, weshalb die beiden Jungen danach stets so genannt wurden.

Diese Bezeichnung findet sich auch in der Saga über König Half und seine Recken und in der Sga über Geirmund Hel-Haut, die sich beide ebenfalls auf die Kinder des Königs aus dem Landnahme-Buch beziehen.

In dem Högni-Lied von den Faröer-Inseln wird über eine 'Elends-Haut' berichtet, die bei einem Gottesurteil benutzt worden sind.

VI 1. d) Zusammenfassung

Die Toten wurden bei ihrer Bestattung in ein 'Hel-Haut' oder 'Elends-Haut' genanntes Fell eines Herdentier gewickelt, durch das auf magische Weise dessen Zeugungskraft auf sie übertragen wurde, um auf diese Weise ihre erfolgreiche Wiederzeugung mit der Göttin im Jenseits sicherzustellen.

VI Esel

VI 1. Der Esel in der germanischen Überlieferung

VI 1. a) Sprichwort

Der Esel erscheint in einer Redewendung in der Bandamann-Saga:

„nicht mehr Verstand für etwas haben als ein Stier oder ein Esel"

In der Saga über Sörli den Starken sagt eine Riesin, daß Eselinnen zu ihrer bevorzugten Beute gehören:

„Wir haben auch einigen Dörfern ihre Pferde, Kamele und vor allem ihre Eselinnen geraubt."

Der Grund für diese (kulinarische?) Bevorzugung von Eselinnen ist unklar.

VI 1. b) Zusammenfassung

Offensichtlich kannten bereits die Germanen die Vorstellung vom 'dummen Esel'.

VI 2.   Der Esel bei den Griechen

Es gibt generell kaum eine Symbolik des Esels. In Apuleius Roman 'Der goldene Esel' wird ein Mann in einen Esel verwandelt, was sich deutlich als eine ironische Verwandlung der Stier-, Hengst- oder Ziegenbock-Verwandlung auf der Jenseitsreise erkennen läßt (siehe 'Wiederzeugung' in Band 51).

VI 3.   Der Esel bei den Ägyptern

Bei den Ägyptern wurde manchmal der Wüstengott Seth als Esel angesehen, was aber wohl vor allem daran lag, daß das Seth-Tier, dessen Kopf dieser Gott hat, schon im Alten Reich ausgestorben war und daher nach einem Ersatz gesucht werden mußte.

VII   Elefant

VII 1.   Der Elefant in der germanischen Überlieferung

VII 1. a)   Kenning

In einer Kenning in seinen Lausavisur umschriebt Thorleifr Jarl-Skalde Raudfeldar-son ein Drachenschiff mit 'Wogen-Elefant'. Vermutlich sollte an dieser Stelle dies Schiff lediglich als ganz besonders gewaltig und groß bezeichnet werden – oder Thorleifr wollte einfach, daß der betreffende Vers besonders bombastisch klang.

VII 1. n)   Zusammenfassung

Der Elefant hatte bei den Germanen keine mythologische Bedeutung – auch wenn er naheliegenderweise mit der Qualität 'riesengroß' verbunden wurde.

VIII   Die Hel-Haut

VIII 1.   Die Hel-Haut in der germanischen Überlieferung

VIII 1. a)   Landnamabok

Die 'Hel-Haut' taucht in dieser Saga über die Besiedlung Islands als Ausruf oder Beiname auf.

Als der König das nächste mal auf Wikinger-Raubfahrt war, lud die Königin Bragi den Skalden in ihr Haus ein und bat ihn, gut nach den Jungen zu sehen, die drei Jahre alt waren. Sie schloß die Jungen mit Bragi in einer Kammer ein und verbarg sich selber unter der Empore.
Da sang Bragi diese Verse:

„Zwei sind hier innen, / ihnen traue ich,
Hamund und Geirmund, / Hjors eigenen Nachkommen;
aber Leif, der dritte, / der Sohn der Lodhott:
ziehe ihn nicht auf, Königin – / nur wenige werden sich als übel erweisen!"

Dann schlug er mit seinem Stab auf die Empore, unter der sich die Königin versteckt hatte. Als der König heimkam, erzählte die Königin ihm dies und zeigte ihm die beiden Jungen und er schwor, daß er noch nie solche 'Hel-Häute' gesehen habe, weshalb die beiden Jungen danach stets so genannt wurden.

VIII 1. b)   Half und seine Recken

Dieselbe Szene wird in dieser Saga etwas ausführlicher beschrieben, sodaß die Bedeutung von 'Hel-Haut' hier etwas besser faßbar wird, auch wenn sie selber garnicht genannt wird.
Der Skalde Bragi, der hier auftritt, scheint entweder ein sehr guter Beobachter und Omendeuter oder ein wenig hellsichtig gewesen zu sein, wie die folgende Szene zeigt. Ob diese Fähigkeit etwas mit dem Gott Bragi zu tun hat, ist ungewiß.

König Hjor Halfsson nahm Hagny, die Tochter des Königs Haki Hamundsson, zur Frau. König Hjor zog zu einem Treffen der Könige und während er fort war, gebar Hagny zwei Söhne und sie waren schwarz und fürchterlich häßlich und einer von ihnen wurde Hamund genannt und der andere Geirmund.

Eine Dienerin gebar zur derselben Zeit einen Sohn, der Leif genannt wurde. Er war sehr hübsch. Die Königin vertauschte die Söhne mit der Dienerin und brachte Leif zu dem König.

Der König zog wieder fort. Die Jungen waren nun drei Jahre alt. Leif wurde immer zaghafter als er älter wurde, aber Hamund und Geirmund wurden riesig und sprachen sehr verständig.

Der Skalde Bragi kam zu einem Fest dorthin. Eines Tages waren alle Männer im Wald und die Frauen in den Haselgebüschen um Nüsse zu sammeln; niemand war in der Halle war außer Bragi, der auf dem Ehrenplatz saß, und der Königin, die sich unter einem Haufen von Kleidern versteckt hatte.

Leif saß auf dem Thron und spielte mit Gold, aber Hamund und Geirmund waren auf dem Stroh unten auf dem Fußboden. Aber dann gingen sie zu Leif hinüber und stießen ihn von seinem Stuhl und nahmen ihm all sein Gold. Er schrie.

Bragi stand auf und ging dahin, wo die Königin lag, stieß mit seinem Stab in die Kleider und sprach:

„Hier innen sind zwei / und ich vertraue beiden,
Hamund und Geirmund: / sie wurden dem Hjor geboren;
aber der dritte, Leif, / ist Lodhotts Sohn.
Du hast niemals / diesen Jungen geboren, Frau!"

Da tauschte Hagny die Söhne wieder mit der Dienerin.

Heute würde man in derselben Situation statt 'Hel-Haut' vermutlich 'Wechselbalg' sagen. Das Wort 'Wechselbalg' bedeutet 'ausgetauschter Säugling', wobei 'Balg' abwertend 'kleines Kind' bedeutet, aber eigentlich ein vollständiges Tierfell ist, das in der Regel wie bei einem Blasebalg zusammengenäht wurden ist.

Die Wechselbälger sind in den alten Geschichten stets Kinder der Trolle, der Elfen, des Teufels oder anderer Geister, also Wesen aus dem Jenseits. Es wäre also durchaus denkbar, daß sich die Bezeichnung 'Hel-Haut' ursprünglich auf das Fell des Herdentieres bezogen hat, in das man die Toten wickelte und in dem sie zur Hel reisten.

Ähnlich wie die Vogel-gestaltige Seele im Jenseits die Inspiration für den Storch als den Bringer der Seelen bzw. aus dem jenseits ins Diesseits war, könnte auch das Fell, in das man die Toten gewickelt hat, die Inspiration für die Wechselbälger gewesen sein – das, was der Seele auf ihrer Reise vom Diesseits in Jenseits passieren konnte, konnte ihr auch auf ihrer Reise vom Jenseits ins Diesseits geschehen …

VII 1. c)   Die Saga über Geirmund Hel-Haut

In der Saga über Geirmund, einen der beiden Zwillinge, wird noch einmal über die
die Entstehung des Beinamens 'Hel-Haut' berichtet.

*Geirmund Hel-Haut war der Sohn des Königs Hjor, Sohn des Half, Sohn des
König Hjorleif. König Hjors zweiter Sohn hieß Hamund und wurde ebenfalls 'Hel-
Haut' genannt.*

... ...

*Sie waren beide sehr groß und überaus häßlich anzusehen, aber das auffälligste an
ihrer Häßlichkeit war, daß jeder fand, daß er nie dunklere Haut als bei diesen Jungen
gesehen hatte.*

... ...

*Der König blickte auf die Jungen und sagte, „Ich bin mir ziemlich sicher, daß diese
Jungen mit mir verwandt sind, aber ich habe noch nie derartige Hel-Häute wie bei
diesen Jungen gesehen."*

Das ist der Grund, warum sie 'Hel-Haut' genannt wurden.

VIII 1. d)   Landnamabok

An einer anderen Stelle der Saga wird nur kurz über den zweiten Bruder mit dem
Beinamen 'Hel-Haut' berichtet.

*Hamund Hel-Haut heiratete Helga Helgi-Tochter, nachdem ihre Schwester Ingun
gestorben war.*

VIII 1. e)   Faröer-Lieder: Högni

In diesem Lied werden 'Elends-Häute' genannt, die mit den 'Hel-Häuten' verwandt
sein könnten.

*Antwort gab Gudrun Jukis Tochter: „Des will ich nun walten,
Gislar und jung Hjarnar sollen es beide entgelten."
„Hör' das, meine gewaltige Süße, schmiede mir dazu den Plan:
Wie sollen wir den starken Högni aus seinem Leben fah'n.*

Das ist nicht kleines Heldenwerk, Högni entgegen zu gehn:
Wo er sich im Kampfe befindet, da hat er ein Haupt am Spieß.
„Nehmen sollst Du drei Elendshäute und röten im Männerblute:
Hierüber soll Högni laufen, von großem Zorn abgemattet.

Hör' das, tapfrer König Artala, das sollst Du nicht vergessen:
„Schlagen sollst Du sie vor die Hallentür und fest mit Eisen heften."
Das war König Artala, er vergaß das nun nicht:
Er schlug sie vor die Hallentür und heftete sie mit Eisen fest.

Gudrun steht vor dem breiten Tisch und spricht nun von ihrem Schmerze:
„Nun soll Gislar, der Bruder mein, zuerst auf die Häute gehen."
Högni stieg vom Tische auf, nicht wollt' er Worte sparen:
Allein von allen Jukis Helden gibt er die Antwort.

Högni so zu den Worten greift, er spricht aus schwerem Kummer:
„Heim sollen Gislar und Hjarnar fahren, ihre Mutter zu erfreuen.
Gislar und Hjarnar waren beide daheim bei ihrer Mutter,
Als ich und Gunnar nahmen das Leben dem Sjurdur."

Gudrun so zu den Worten greift: „Dennoch sollen wir des walten:
Gislar und Hjarnar und die Brüder all sollen's gleich entgelten."
Gislar und Hjarnar mußten auf die Häute gehen:
Alle sahen sie niederfallen, keiner wieder aufstehen.

Gudrun steht vor dem breiten Tisch, und spricht nun von ihrem Schmerze:
„Nun soll Gunnar, der Bruder mein, darnach auf die Häute gehen.
Das war Gudrun Jukis Tochter, sie schuf ihnen Sorge und Harm:
Rückwärts schlug sich König Gunnar heraus aus der glänzenden Burg.

Das war der tapfre König Gunnar, der befand sich in großer Drangsal:
Spaltete Türen aus zähem Eisen, er konnte nicht zorniger sein.
König Gunnar sprang auf die Häute, es entstund nun noch größerer Schmerz:
Alle sahen ihn niederfallen, keiner wieder aufstehn.

Gudrun steht vor dem breiten Tisch, sie spricht von ihrem Schmerze:
„Nun soll Högni, der Bruder mein, zuletzt auf die Häute gehen."
Högni so zu den Worten greift, er faßt an sein geschmücktes Schwert:
„Besser war's in Jukis Höfen zu trinken gemischten Met!"

Das war Högni Jukis Sohn, der befand sich in großer Drangsal:
Zwölfhundert fällt' er nieder und räumt' vor sich den Durchgang.
Högni nimmt dann das Schwert – das will ich euch erzählen –
Geht so vorwärts in den Saal und denkt an seine Mutter.

Da sprach Högni Jukis Sohn, er stützt' sich auf das gezogene Schwert:
„Dennoch will ich gehn auf die Elendshäute und sehn wie's ergeht. "
Högni sprang über die Elendshäute, er ließ es also geschehen:
Sein Fuß stieß ihm nicht daran: das schien ihm nichts zu vollbringen.

Högni sprang über die Häute, er fand hier nicht den Tod:
Er kam nieder auf dem grünen Feld und stützte sich auf Schild und Schwert.
Högni sprang über die Elendshäute, doch hoffte er nicht auf Friede:
Da stund vor ihm gerüstet König Artalas ganzes Heer.

Das Betreten dieser 'Elends-Häute' scheint eine Art Gottesurteil zu sein. Da offenbar die Gefahr bestand, auf ihnen zu sterben, könnten sie eine Weiterentwicklung, d.h. eine praktische magische Anwendung der Symbolik der Hel-Haut als Bestattungsfell sein: Das Betreten des Bestattungsfelles, also der 'Hel-Haut' zeigte, wer auf ihm starb und dann in dies Fell gewickelt in das Jenseits reisen mußte.

In diesem Lied werden drei 'Elends-Häute' mit Männerblut gerötet und dann mit 'Eisen', also wohl mit Nägeln vor die Hallentür geschlagen. Derjenige, der die Probe zu bestehen hatte, mußte auf oder über diese Häute springen, wobei die meisten niederfielen und nicht wieder aufstanden. Der einzige, der bei dieser Probe nicht starb, sprang über die Häute ohne sich den Fuß an ihnen zu stoßen und landete 'auf dem grünen Feld', also auf der Wiese.

Dies klingt ein bißchen wie ein Weitsprung-Wettbewerb – nur daß diejenigen, die nicht über die Häute springen konnten, dabei starben. Wenn man davon ausgeht, daß eine 'Haut', also ein Fell, zwischen 1m (Ziege) und 3m (Stier) lang gewesen sein wird, kommt man auf eine Strecke von 3-9m, über die man springen mußte.

Es wäre auch denkbar, daß 'Hel-Haut' und 'Elends-Haut' einst einmal die Bezeichnung für das Fell gewesen sind, auf dem die beiden Männer bei einem Zweikampf gestanden haben (siehe dazu 'Zweikampf' in Band 73). Diese Funktion wäre dann im Högni-Lied allerdings schon nicht ganz verstanden worden.

Der einzige andere 'gefährliche Sprung' in der germanischen Überlieferung findet sich in der Sturlaug-Saga, in der Sturlaug über einen Graben voller Gift springen muß, um in einen Tempel zu gelangen, der eine Darstellung der Hel ist (siehe 'Kolfrosta' in Band 28). Möglicherweise ist dieser 'Sprung' der Abstieg in das Hügelgrab und das 'Gift' die Gase, die sich in einem solchen Hügelgrab bildeten und das Atmen sehr erschwerten.

Bei allen vier Deutungsversuchen der 'Hel-Haut' (Wechselbalg, Bestattungsfell, Zweikampf, Sprung) bleibt die Frage offen, warum diese Felle schwarz sind – einfach, weil sie mit der Unterwelt assoziiert worden sind?

VIII 1. f)   Blauland

Möglicherweise hat man sich auch einfach die Hel sowohl als Ort als auch als die Jenseitsgöttin schwarz vorgestellt und hat dunkelhäutige Menschen als 'Hel-Haut' bezeichnet. Das würde auch erklären, warum man sowohl das Jenseits im Norden als auch Afrika als 'Blau-Land' bezeichnet hat (siehe 'blau' in Band 46). Man unterschied nicht zwischen 'blau' und 'schwarz', d.h. man sah die Afrikaner nicht als schwarzhäutige Menschen, sondern als 'blauhäutige Menschen' an. Auch der tote Urriese Ymir wurde 'Blain', d.h. 'Blauer' genannt.

VIII 1. g)   Zusammenfassung

Die Bedeutung der schwarzen 'Hel-Haut' ist unklar. Sie könnte das Bestattungsfell sein, aber auch das Fell, das einen Zweikampfplatz markiert hat. Es könnte auch mit einem 'gefährlichen Sprung' in eine Hügelgrab hinein assoziiert worden sein. Schließlich könnte noch ein Zusammenhang zu den Wechselbälgern, also zu ausgetauschten Babys bestehen.

Sicher ist lediglich, daß die 'Hel-Haut' nichts Gutes gewesen ist, sondern etwas, was man lieber vermieden hat.

Möglicherweise ist 'Hel' in 'Hel-Haut' auch einfach die Farbbezeichnung 'dunkel' (germanisch: 'blauschwarz') gewesen.

Verzeichnis der Themen

(die Zahl ist die Nummer des Bandes, in dem sich das Thema findet)

296

Goi 34
Gold 55
Goldalter 55
Goldemar 7
golden 46
Goldhelm 66
Goldhörner von
Gallehus 57
Göll 31
Golnir 5
Göndul 31
Gorr 34
Görsemi 29
Götter 36
Götterdämmerung 55
Götterkampf 55
Göttermet 69
Götter-Tiere 44
Gottesurteil 64
Gurgelbiß 55
Grab 49
Grani 6
grau 46
Grendel 5
Grendels Mutter 35
Greppur 34
Grer 32
Grid 28
Grid 35
Grim 5
Grim 39
Grima 35
Grimhild 31
Grimling 5
Grimnir 5
Grim Struppig-Wange 79
Grip 35
Gripir 34
Grissa 35
Groa 28
Grottintanna 35

Grotunagard 52
grün 46
Gryla 35
Gudr 31
Gudrun 31
Gudmund 5
Gullnir 5
Gullveig 29
Guma 35
Gundelrebe 45
Gunn 31
Gunnlöd 28
Gunnthinga 31
Gürtel 60
Gusir 6
Gygr 35
Gylfaginning 77
Gyllir 5
Gyllir 34
Gyma 20
Gymir 5
Haarband 60
Haare 63
Habicht 40
Hafle 34
Hafli 5
Hafthi 39
Hagen 16
Hahn 40
Hala 35
Halfdan 39
Halfdan Brana-
Ziehsohn 79
Halfdan Eisteinson 79
Hamdir 39
Hamingja 50
Hammer 66
Hand 63
Handschuhe 60
Hanf 45
Hannar 32
Hantel-Symbol 55

Har 32
Hära 35
Hardbeen 6
Hardgreip 35
Hardgreipir 34
Hardverkr 34
Harek Eisenkopf 6
Harfe 57
Harz 45
Hase 44
Hasel 45
Hastingi 34
Hati 5
Hati 43
Hattatal 77
Haudr 20
Haugspori 32
Haym 34
Hecht 44
Hedin 39
Hedin und Högni 79
Hefring 35
Heid 35
Heiddraupnir 5
Heide 49
Heidrek 39
Heidungi 6
Heilige Hochzeit =>
Wiederzeugung 55
Heiliger Hain =
Weltenbaum 52
Heilung 64
Heilziest 45
Heimdall 8
Heimir 39
Heinir 34
Heith 35
Heithdraupnir 5
Hel 26
Helblindi 20
Helgi 39
Helgi Thorisson 79

Hel-Haut 49
Helidi 27
Hellebarde 66
Helreginn 5
Helm 66
Hengikefta 35
Hengiköpt 6
Hengjankapta 35
Hepti 32
Herbst 54
Herbsttagundnacht-
gleiche 54
Herche 20
Herdentiere 42
Herdentierfell 42
Herfjötur 31
Hergrim Halbtroll 5
Hergunnur 35
Heri 32
Herja 31
Herkir 6
Herkja 35
Hermodr 37
Hertha 28
Hervor => Heidrek
Hervor und Heidrek
=> Heidrek
Herz 63
Hexe 58
Hianka 31
Hidde 34
Hild 31
Hildolf 5
Hildolf 20
Himingläva 35
Himmel 52
Himmelsrichtungs-
Mandala 54
Himmelsträger-
Zwerge 32
Hirsch 42
Hjaltrimul 31

Hjortrimul 31
Hjötra 28
Hjuki 29
Hläwang 32
Hlebard 6
Hleidr 35
Hler 10
Hlidolf 32
Hlif 29
Hlifthursa 29
Hlin 29
Hlodyn 20
Hlödyn 20
Hloi 34
Hlöll 31
Hlora 35
Hnoss 29
Hochsitz 57
Hochsitzsäulen 57
Hoddraupnir 5
Hoddrofnir 5
Hödur 19
Hofund 19
Höggstari 32
Högni 16
Högni 39
höhere Mächte 36
Holmgang =>
Zweikampf 55
Holunder 45
Homöopathie 64
Honig 40
Honigtau 45
Hönir 18
Horn 57
Horn (Riesin) 35
Hörn 29
Hörn 35
Horn-Neb 35
Hornbori 32
Hraesvelgr 6
Hrafnhild 35

Hraudnir 6
Hraudungr 5
Hrede 29
Hreidmar 7
Hremsa 35
Hrimgerdr 28
Hrimgerdr 35
Hrimgrimnir 34
Hrimnir 34
Hrim-Riesen 34
Hrimthurs 34
Hringi 5
Hringvölnir 5
Hripstodr 34
Hrist 31
Hrist 29
Hrisungr 6
Hroarr 5
Hrod 35
Hrodwitnir 5
Hrodwitnir 43
Hrökkvir 6
Hrönn 35
Hrossthjofr 34
Hrotti 5
Hruga 28
Hrungnir 5
Hrungnir-Herz 67
Hryggda 35
Hyria 35
Hrym 34
Hrund 31
Hügelgrab 49
Hugin 40
Huhn 40
Huldar 28
Hund 43
Hundalfr 6
Hunding 16
Hvalr 6
Hvedra 35
Hvedrungr 16

Hymir 6
Hymnen an die Götter
80
Hyndla 26
Hypnose 64
Hyrrokkin 26
Idi 34
Idun 25
Igel 44
Illugi Grid-Ziehsohn
79
Ilmr 29
Ima 35
Imd 35
Imgerdr 35
Imr 6
Imsigul 34
Imth 35
In 20
Ingibjörg 29
Ingibiörg 31
Intuition 64
Inzest 51
Irmin 20
Irpa 29
Istwas 20
Itrek 5
Itreksjod 5
Itreksjod 20
Ividja 35
Iwaldi 5
Iwalt 5
Iwiedie 29
Jari 32
Jamtaland-Zwerg 7
Jarngerdr 28
Jarnglumra 35
Jarnhauss 6
Jarnnef 34
Jarnsaxa 28
Jarnvidja 35
Jenseits 49

Jenseitsbarke 49
Jenseitsberge 49
Jenseitsbrücke 49
Jenseitsfährmann 49
Jenseitsfluß 49
Jenseitsgrenzen-
Landkarte 49
Jenseitshalle 49
Jenseitsinsel 49
Jenseitsleiter 49
Jenseitsmauer 49
Jenseitsreise 49
Jenseitstor 49
Jenseitstor-Gitter 49
Jenseitstor-Hund 49
Jenseitswächter 49
Jenseitswald 49
Jenseitswasser =>
Wasser 49
Jenseitsweg 49
Johanniskraut 45
Jokul 34
Jokul Eisenrücken 34
Jörd 23
Jomali 20
Jörmungandr 41
Jörmunrek 39
Jorunn 29
Jötunn 6
Jotunbjorn 6
Julnacht 54
Käfer 40
Kaldgrani 34
Kamille 45
Kampfmagie 64
Kannibalismus 55
Kara 31
Karabin 34
Kari 6
Katze 43
Kausalität 55
Keila 34

Keiler 42	**Lachanfall** 64	Luchs 43	Miötwitnir 32
Kenningar 75	Lachen 55	Lutr 34	Mjoll 34
Kerbel 45	Lachs 44	Lyngheid 35	Modgudr 29
Kessel 57	Landgeister 36	**Magni** 19	Modgudr 31
Keule 66	Lauch 45	Malseron 34	Modi 19
Kiebitz 40	Laufey 26	Mana 35	Modrädnir 32
Kili 32	Laurin 7	Managarm 43	Modsognir 7
Kisi 34	Laus 40	Mannus 20	Mögthrasir 6
Kiste 57	Leber 63	Mardalla 27	Moin 32
Kjallandi 6	Leib 63	Marder 43	Mökkurkjalfi 6
Kjallandi 35	Leidi 34	Margerdr 35	Molda 35
Klaufi 34	Leifi 6	Margerthur 35	Mona 20
Klee 45	Leifnir 6	Mangold 45	Mond 48
Kleima 35	Leikn 35	Mantel 67	Mondul 32
Knochen 67	Leimrute 66	Mantel der Nanna 67	Moosfrau von
Knoten 64	Leiter 49	Marnar 29	Saalfeld 32
Kobolde 36	Leirvör 35	Märzviole 45	Moosleute von
Kol der Bucklige 39	Leopard 43	Maske => Helm	Arntschgereute 32
Kolfrosta 28	Lerche 40	Maus 44	Mörn 35
Kolga 35	Lidskialf 20	Meer 49	Möwe 40
Kopf 63	Liebestrank 70	Meer der Zeit 55	Mühle 66
Kormoran 40	Liebeszauber 64	Meer-Menschen 36	Mundilfari 6
Korn 45	Lif 39	Mehlbeere 45	Munin 40
Körperteile 65	Lifthrasir 39	Mehltau 45	Munnharpa 35
Köttr 34	Litr 6	Meili 9	Münze 67
Kraftgütel => Gürtel	Litr 32	Meise 40	Muspel 6
Krähe 40	Ljod 29	Menglöd 22	Muspelheim =>
Kraka 31	Ljota 35	Menja 28	Feuer 52
Kranich 40	Lodin 6	Menschenopfer 64	Myrkrida 35
Kräuter 45	Lodinfingra 35	Messer 66	Myrkvid 49
Kreppvör 35	Lodur 16	Midgard 52	**Nabbi** 32
Kriegerin 62	Lofar 7	Midgardschlange 41	Nacktheit 60
Kreuzblume 45	Lofn 29	Midi 6	Nadel 55
Kreuzkraut 45	Lofnheid 35	Midjungr 34	Nägel 55
Krönung 64	Logi 34	Midwitnir 6	Naglfar 49
Kröte 44	Loki 16	Mimir 6	Nain 32
Kuckuck 40	Loni 32	Mist 31	Nali 32
Kuril 6	Lopthoena 28	Mistel 45	Namensgebung 64
Kult 55	Lori 35	Mistkäfer 40	Nanna 21
Kundalini 64	Loricus 6	Mittelpfeiler =>	Nauma (Hel) 35
Kwasir 20	Löwe 43	Yggdrasil	Nar 32
Kyrmir 6	Löwenmäulchen 45	Mittsommer 54	Narfi 6